战略性新兴领域"十四五"高等教育系列教材

工业车辆及其自动化

主　编　高有山
副主编　杨　恒　陶元芳
参　编　卫良保　毕　胜　李文锋
　　　　王大宇　周利东　赵晓霞

机械工业出版社

本书围绕"工业车辆与自动化"主题,在介绍工业车辆基本原理、结构、设计内容的基础上,适当增加了一些实际参数和算例,并融入无人驾驶技术等内容,使读者在掌握基础知识的同时,也具备一定的设计和计算能力,了解行业前沿动态。本书共11章,内容包括绪论、内燃动力装置、传动系统、制动系统、转向系统、工作装置、总体设计、液压系统、蓄电池工业车辆、典型工业车辆、无人驾驶工业车辆。

本书可作为高等院校机械工程、车辆工程专业的"工业车辆"及相近课程的教材,也可作为高职高专等相关专业课程的教材,还可供工程技术人员参考。

图书在版编目(CIP)数据

工业车辆及其自动化 / 高有山主编. -- 北京:机械工业出版社,2024.12. -- (战略性新兴领域"十四五"高等教育系列教材). -- ISBN 978-7-111-77609-3

Ⅰ. U469.6

中国国家版本馆 CIP 数据核字第 20246HB150 号

机械工业出版社(北京市百万庄大街22号 邮政编码100037)
策划编辑:徐鲁融　　　　　责任编辑:徐鲁融　王　良
责任校对:张　薇　王　延　封面设计:王　旭
责任印制:单爱军
北京虎彩文化传播有限公司印刷
2024年12月第1版第1次印刷
184mm×260mm・16.5印张・407千字
标准书号:ISBN 978-7-111-77609-3
定价:59.80元

电话服务　　　　　　　　　　网络服务
客服电话:010-88361066　　　机 工 官 网:www.cmpbook.com
　　　　　010-88379833　　　机 工 官 博:weibo.com/cmp1952
　　　　　010-68326294　　　金 书 网:www.golden-book.com
封底无防伪标均为盗版　　机工教育服务网:www.cmpedu.com

前言

本书围绕"工业车辆与自动化"主题，在介绍工业车辆基本原理、结构、设计内容的基础上，适当增加了一些实际参数和算例，并融入无人驾驶技术等内容，使读者在掌握基础知识的同时，也具备一定的设计和计算能力，了解行业前沿动态。本书共11章，内容包括绪论、内燃动力装置、传动系统、制动系统、转向系统、工作装置、总体设计、液压系统、蓄电池工业车辆、典型工业车辆、无人驾驶工业车辆。

本书由太原科技大学高有山任主编，杨恒、陶元芳任副主编，具体编写分工为：高有山编写第1章、第8章、第11章，杨恒编写第9章，陶元芳编写第5章，卫良保编写第6章，毕胜（安徽合力股份有限公司）编写第7章，李文锋（杭叉集团股份有限公司）编写第3章，王大宇（中国工程机械工业协会）编写第2章、周利东（太原科技大学）编写第10章，赵晓霞（太原科技大学）编写第4章。

囿于编者水平，书中难免存在错误与不足之处，敬请各位读者批评指正。

编　者

目 录

前 言

第 1 章　绪论 / 1
    1.1　工业车辆的用途与特点 / 1
    1.2　叉车的分类与构造 / 3
    1.3　叉车的历史与发展 / 5
    1.4　叉车的基本参数 / 7
    1.5　叉车的技术要求及主要试验方法 / 11
    习题 / 14

第 2 章　内燃动力装置 / 15
    2.1　内燃机的构造和原理 / 15
        2.1.1　内燃机的构造 / 15
        2.1.2　内燃机的工作原理 / 15
        2.1.3　内燃机的主要性能指标 / 16
        2.1.4　内燃机的型号 / 17
    2.2　内燃机的特性 / 17
        2.2.1　汽油机的外特性曲线 / 17
        2.2.2　柴油机的外特性和调速特性曲线 / 18
        2.2.3　内燃机的工作情况 / 18
    2.3　叉车使用内燃机的特殊性 / 19
        2.3.1　转速与转矩 / 19
        2.3.2　额定功率 / 19
        2.3.3　散热问题 / 20
        2.3.4　液压泵传动 / 20
        2.3.5　其他问题 / 20
    习题 / 21

第 3 章　传动系统 / 22
    3.1　传动系统概述 / 22
        3.1.1　工业车辆对传动系统的一般要求 / 22
        3.1.2　叉车对传动系统的特殊要求 / 22

  3.1.3 理想的传动系统特性 / 23
  3.1.4 实际的传动系统方案 / 23
3.2 主离合器 / 26
  3.2.1 工业车辆对主离合器的一般要求 / 26
  3.2.2 叉车对主离合器的特殊要求 / 27
  3.2.3 离合器构造 / 27
  3.2.4 叉车主离合器设计 / 29
3.3 变速器 / 30
  3.3.1 变速器的功能 / 30
  3.3.2 叉车对变速器的要求 / 31
  3.3.3 实际的变速器方案 / 31
  3.3.4 叉车变速器设计 / 36
3.4 万向联轴器 / 38
  3.4.1 万向联轴器的特性 / 38
  3.4.2 万向联轴器设计 / 38
3.5 驱动桥 / 39
  3.5.1 车辆驱动桥的功能 / 39
  3.5.2 叉车驱动桥的特点 / 39
  3.5.3 叉车驱动桥的构造 / 39
  3.5.4 实际的驱动桥方案 / 46
  3.5.5 叉车驱动桥设计 / 47
习题 / 49

第4章 制动系统 / 51

4.1 制动系统概述 / 51
  4.1.1 制动系统的功能 / 51
  4.1.2 叉车对制动系统的要求 / 51
4.2 制动系统的组成及工作原理 / 52
  4.2.1 制动系统的组成 / 52
  4.2.2 制动系统的分类 / 57
  4.2.3 制动系统的性能 / 58
4.3 蹄式制动器 / 59
  4.3.1 蹄式制动器的类型与原理 / 59
  4.3.2 蹄式制动器的构造 / 61
  4.3.3 制动效能分析 / 63
4.4 盘式制动器 / 64
  4.4.1 盘式制动器的类型和构造 / 64
  4.4.2 盘式制动器的特点 / 66
4.5 制动系统设计 / 66

    4.5.1 制动效力系数的用途 / 66
    4.5.2 需要的制动力矩 / 67
    4.5.3 制动力矩限制 / 67
    4.5.4 综合计算 / 67
    4.5.5 参数选择 / 68
  习题 / 68

第5章 转向系统 / 70
  5.1 转向系统概述 / 70
    5.1.1 转向系统的功能 / 70
    5.1.2 叉车对转向系统的要求 / 70
    5.1.3 叉车转向的特殊性 / 71
    5.1.4 转向系统类型 / 71
    5.1.5 转向方式 / 73
  5.2 转向机构 / 75
    5.2.1 单梯形转向机构 / 75
    5.2.2 双梯形转向机构 / 76
    5.2.3 曲柄滑块式转向机构 / 77
  5.3 转向机构设计 / 78
    5.3.1 理论分析 / 78
    5.3.2 双梯形机构设计 / 79
    5.3.3 曲柄滑块式机构设计 / 81
  5.4 转向系统部件 / 83
    5.4.1 转向器 / 83
    5.4.2 转向盘 / 85
    5.4.3 转向节 / 85
    5.4.4 转向纵拉杆 / 86
    5.4.5 转向横拉杆 / 86
  5.5 转向系统设计 / 87
    5.5.1 形式选择 / 87
    5.5.2 转向阻力矩 / 87
    5.5.3 转向性能 / 88
  5.6 转向桥 / 88
    5.6.1 转向桥结构 / 88
    5.6.2 转向桥设计 / 92
  5.7 转向系统计算机辅助设计 / 92
  习题 / 95

第 6 章　工作装置 / 96

6.1　工作装置概述 / 96
　　6.1.1　工作装置的构成与原理 / 96
　　6.1.2　门架系统的安装位置与特性 / 97
6.2　门架构造 / 98
　　6.2.1　货叉 / 98
　　6.2.2　叉架的类型和构造 / 101
　　6.2.3　内外门架构造 / 102
　　6.2.4　自由提升 / 106
　　6.2.5　三级门架 / 109
　　6.2.6　链条链轮 / 110
　　6.2.7　与车架的连接 / 111
6.3　门架系统设计 / 111
　　6.3.1　高度几何尺寸设计 / 111
　　6.3.2　宽度几何尺寸设计 / 113
　　6.3.3　前后位置布置 / 114
　　6.3.4　立柱截面设计 / 115
　　6.3.5　起升液压系统 / 116
6.4　门架验算 / 117
　　6.4.1　计算工况与载荷 / 117
　　6.4.2　货叉强度与刚度 / 119
　　6.4.3　叉架强度 / 121
　　6.4.4　液压缸与链条强度 / 122
　　6.4.5　门架强度 / 123
　　6.4.6　门架刚度 / 125
　　6.4.7　其他问题 / 125
6.5　叉车属具 / 126
　　6.5.1　叉车属具的分类与构造 / 127
　　6.5.2　属具使用和设计的一般原则 / 130
　　6.5.3　属具的连接与控制 / 133
习题 / 134

第 7 章　总体设计 / 135

7.1　总体设计概述 / 135
　　7.1.1　总体设计内容 / 135
　　7.1.2　总体设计步骤 / 135
　　7.1.3　叉车新产品设计的技术趋势 / 136
7.2　确定叉车总体参数的基本原则 / 137

  7.2.1 轴距 / 137
  7.2.2 轮距 / 137
  7.2.3 轮胎 / 137
  7.2.4 其他总体参数 / 137
 7.3 重心与轴载 / 138
  7.3.1 叉车自重 / 138
  7.3.2 静轴载 / 138
  7.3.3 轴载转移的概念 / 139
  7.3.4 自重重心 / 139
  7.3.5 自重估算 / 139
  7.3.6 重心实算 / 140
  7.3.7 重心实测 / 140
 7.4 牵引计算 / 141
  7.4.1 牵引阻力 / 141
  7.4.2 牵引特性 / 141
  7.4.3 牵引计算内容 / 143
 7.5 制动性能计算 / 146
  7.5.1 选型 / 146
  7.5.2 制动力矩 / 146
  7.5.3 综合计算 / 147
  7.5.4 算例 / 147
 7.6 机动性能计算 / 148
  7.6.1 选型 / 148
  7.6.2 最大内轮转角 / 148
  7.6.3 转向操作系统 / 149
  7.6.4 算例 / 149
 7.7 稳定性计算 / 149
  7.7.1 稳定性试验原理 / 149
  7.7.2 稳定性试验 / 151
  7.7.3 稳定性计算内容 / 151
习题 / 154

第8章 液压系统 / 156

 8.1 液压系统组成与类型 / 156
  8.1.1 液压系统组成 / 156
  8.1.2 典型叉车液压系统 / 157
  8.1.3 双速起升系统 / 158
  8.1.4 转向液压系统 / 160
 8.2 液力传动 / 161

8.2.1 工作原理 / 161
8.2.2 液力变矩器 / 163
8.2.3 液力变矩器的匹配 / 166
8.2.4 液力传动系统设计 / 166
8.3 静压传动 / 170
8.3.1 工作原理 / 170
8.3.2 静压传动系统设计 / 171
8.4 液压元件 / 175
8.4.1 液压泵 / 175
8.4.2 液压缸 / 177
8.4.3 液压控制阀 / 178
8.4.4 液压转向器 / 180
8.4.5 辅助液压元件 / 182

习题 / 184

第9章 蓄电池工业车辆 / 185

9.1 蓄电池工业车辆概述 / 185
9.1.1 蓄电池工业车辆的特点 / 185
9.1.2 蓄电池工业车辆的种类 / 185
9.1.3 行业情况 / 186
9.2 电动机选择 / 186
9.2.1 蓄电池工业车辆对电动机的要求 / 186
9.2.2 串励直流电动机 / 187
9.2.3 异步交流电动机 / 190
9.2.4 永磁同步电动机 / 192
9.2.5 蓄电池工业车辆电动机选择方法 / 193
9.3 蓄电池 / 194
9.3.1 工业车辆蓄电池的种类 / 194
9.3.2 工业车辆对蓄电池的要求 / 194
9.3.3 铅酸蓄电池 / 195
9.3.4 锂电池 / 196
9.3.5 工业车辆蓄电池的选择原则 / 198
9.4 蓄电池工业车辆的总体设计 / 198
9.4.1 总体布置形式 / 198
9.4.2 牵引设计 / 199
9.5 蓄电池工业车辆电气控制系统 / 200
9.5.1 常用电气控制元件 / 200
9.5.2 CAN总线 / 201
9.5.3 典型电气控制电路 / 202

习题 / 203

第 10 章　典型工业车辆 / 204
    10.1　特殊用途叉车 / 204
        10.1.1　进箱叉车 / 204
        10.1.2　防爆叉车 / 205
        10.1.3　越野叉车 / 207
    10.2　集装箱叉车 / 209
    10.3　集装箱空箱堆高机 / 210
    10.4　伸缩臂式集装箱搬运车 / 212
    10.5　伸缩臂式叉车 / 214
    10.6　平衡重式集装箱堆高机 / 216
    10.7　非平衡重式叉车 / 217
        10.7.1　插腿式叉车 / 217
        10.7.2　前移式叉车 / 219
        10.7.3　侧面叉车 / 221
        10.7.4　侧面堆垛式叉车 / 222
        10.7.5　三向堆垛式叉车 / 222
    10.8　手动叉车 / 222
    10.9　氢燃料叉车 / 223
    习题 / 224

第 11 章　无人驾驶工业车辆 / 225
    11.1　自动引导车 / 225
        11.1.1　工作特点 / 225
        11.1.2　AGV 控制系统关键技术 / 225
        11.1.3　AGV 定位方法 / 226
        11.1.4　无人驾驶技术的应用 / 227
        11.1.5　关键技术 / 228
    11.2　移动机器人 / 230
        11.2.1　基于改进 A^* 算法的全局路径规划方法 / 231
        11.2.2　改进 DWA 算法实现局部路径规划 / 237
        11.2.3　基于 ROS 的导航仿真和障碍物视觉识别 / 243
    习题 / 251

参考文献　/ 252

第1章 绪论

1.1 工业车辆的用途与特点

"工业车辆"是指带有动力或非动力驱动装置,至少有三个及以上车轮的轮式车辆(轨道上运行的车辆除外),主要用于搬运、牵引、推顶、起升、堆垛货物,并由操作者或无人驾驶系统控制,工业车辆分类见表1-1。

表1-1 工业车辆分类

分类方式	类型	
作业方式	非起升车辆	固定平台搬运车
		牵引车
		推顶车
	起升车辆	堆垛用高起升车辆:侧面堆垛式叉车(两侧)、三面堆垛式叉车、平衡重式叉车、双层堆垛车、堆垛用高起升跨运车、平衡重式集装箱堆高机、货车便携式叉车、(步行)插腿式叉车、(步行式)托盘堆垛车
		伸缩臂式车辆:伸缩臂式叉车、越野型伸缩臂式叉车、越野型回转伸缩臂式叉车、伸缩臂式集装箱搬运车
		非堆垛用低起升车辆:托盘搬运车、平台搬运车、端部操纵式托盘搬运车、中心操纵式拣选车、非堆垛用低起升跨运车
		拣选车
	起升非堆垛	步行式托盘搬运车
动力源	步行式	步行插腿式叉车、步行式托盘堆垛车
	内燃机	汽油车辆、液化石油气车辆、天然气车辆、柴油车辆、氢能源车辆
	电动机	蓄电池车辆、外部电液电动车辆、燃料电池电动车辆
	混合动力	内燃-电动车辆、两种或多种预设动力运行车辆
控制方式	坐驾式车辆	面向运行方向、面向非运行方向
	站驾式车辆	面向运行方向、面向非运行方向
	步驾式车辆	步行插腿式叉车、步行托盘堆垛车
	无人驾驶车辆	AGV(自动引导车)、移动机器人

（续）

分类方式	类型
车轮型式	充气轮胎车辆、高弹性轮胎车辆、实心轮胎车辆、带金属轮辋轮胎的车辆
运行方式	单向运行、双向运行、多向运行、无导向运行、导向运行、无导向运行和导向运行两用

伸缩臂式集装箱搬运车　　非堆垛用低起升跨运车　　端部操纵式托盘搬运车　　推顶车

托盘堆垛车　　双层堆垛车　　中心操纵式拣选车　　平台堆垛车　　堆垛用高起升跨运车

工业车辆种类较多，各类型存在差异且不断有新的产品，故对各类型工业车辆的所有差异进行区别较为困难。根据 GB/T 6104.1—2018《工业车辆　术语和分类　第一部分：工业车辆类型》的划分，主要有叉车、堆垛车、搬运车、拣选车、载运车、牵引车、推顶车、跨车、堆高机及无人驾驶车辆 10 种。工业车辆一般由动力、传动、制动、转向等系统组合构成，并根据作业特点配备相应的工作装置和附属装置，同时根据相关法规和标准要求提供必要的安全保护装置和保障措施。

叉车在企业的物流系统中扮演着非常重要的角色，是物料搬运设备中的主力军，广泛应用于车站、港口、机场、工厂、仓库等国民经济部门，是机械化装卸、堆垛和短距离运输的高效设备。特别是随着我国经济的快速发展，大部分企业的物料搬运已经摆脱原始的人工搬运方式，取而代之的是以叉车为主的机械化搬运方式。因此，在过去的几年中，我国叉车市场的需求量每年都以两位数的速度增长，特别是 0.5~5t 的叉车，在工业车辆中占比很高。本书以典型的平衡重式叉车为例，详细介绍工业车辆的基本构成和设计的基本原理，并介绍工业车辆自动化的基本原理和发展趋势。

叉车过去被称为叉式装卸车或铲车，是一种以货叉为标准取物装置，通常能将货物起升 3m 左右的特殊车辆。叉车采用轮式底盘，属于流动式起重运输机械，或物料搬运机械，是物流机械的一种。叉车又是一类边缘产品，有时也被归入工程机械。作为车辆，叉车与蓄电池搬运车、牵引车、翻斗车、AGV 等同属于工业车辆或装卸搬运车辆。它们一般只在工厂内部或特定区域的场地内作业，不上路，因此也被称为场（厂）内机动车辆，属于特种设备。由于叉车关系到生产作业安全，其使用需服从国家质量技术监督部门的管理。

叉车机体紧凑，轴距较短，转向灵活，能在狭窄的场地和通道内作业，能通过比较低矮的仓门；货物的升降采用液压操纵，操作简单，动作平稳；在采用货叉搬运成件货物时自身具有装卸功能，无须辅助人员。因此，叉车非常广泛地应用于车间、仓库、港口、车站等场所，进行装卸、堆垛、拆垛和极短距离搬运，是现代物流系统的重要装备，如图 1-1 所示。采用特殊类型的叉车或换用不同的属具，能够进一步扩展叉车的用途。例如，侧面叉车广泛

a) 仓库　　　　　　　　　b) 港口　　　　　　　　　c) 铁路

图 1-1　工作在仓库、港口、铁路部门的叉车

应用于林业部门，集装箱叉车用于港口，蓄电池叉车用于食品冷库，三向堆垛式叉车用于立体仓库。由于叉车的自重大、稳定性差、速度低、越野性差，不适合代替载重汽车长距离运输货物。

叉车在仓库等狭小场地进行装卸工作的典型工作循环为：调整方向，对准货位；调整货叉高度，放平货叉；前进叉取货物，略微起升货物，后倾使货物稳定，后退，调整货物到离地 300mm 左右；将货物搬运出仓库；调整方向，对准运货的货车，起升货物到高于货车车厢的高度；前进到达货车的装载位置，前倾放平货叉，降下货物；后退抽出货叉，后倾门架并降下货叉到离地 300mm 左右；将叉车开入仓库叉取下一件货物，如图 1-2 所示。在上述每一作业循环中，司机要多次操作节气门、离合器、变速器、转向盘、制动器、多路换向阀等。作为车辆，作业时还要避让障碍和人员，司机的操作非常繁重。因此叉车的工作特点是：转向、离合、换档、制动、起升、倾斜等系统操作频繁。

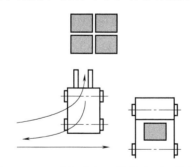

图 1-2　叉车进行装卸工作的典型工作循环

1.2　叉车的分类与构造

平衡重式叉车的构造和性能特点是货物重心位于四个车轮所围成的支撑平面之外，有稳定性问题；其底盘系统与汽车、拖拉机、运输车辆相比，有前轮驱动、后轮转向、车速较低、爬坡度大、机动性强、刚性悬挂、越野性差、结构紧凑、自重较大等特点。为了满足机动性能高的要求，叉车设计得非常紧凑，这也带来了一些布置和散热方面的问题，需要在设计时注意。

根据叉车的起重量，过去习惯将叉车分为小吨位（0.5t 和 1t）、中吨位（2t 和 3t）、大吨位 5t（当时没有更大吨位的叉车）。

根据动力来源，叉车分为手动叉车（起重量在 0.5t 以下）、内燃叉车（起重量为 0.5t~42t）和蓄电池叉车（起重量在 3t 以下）。

根据货物与叉车的位置关系，叉车分为正面叉车和侧面叉车。正面叉车包括平衡重式叉车（内燃与蓄电池动力）和前移式叉车（蓄电池动力、小吨位、室内使用）、侧面叉车、多向叉车（立体仓库用）、集装箱叉车、伸缩臂越野叉车等，如图 1-3 所示。

a) 平衡重式内燃叉车　　b) 平衡重式蓄电池叉车　　c) 前移式蓄电池叉车

d) 侧面叉车　　e) 多向叉车　　f) 多向侧面叉车

g) 集装箱空箱堆高机　　h) 集装箱正面吊运机　　i) 伸缩臂越野叉车

图 1-3　各种类型的叉车（一）

根据叉车主要部件的技术特点，叉车又可分为汽油叉车、柴油叉车、液化石油气叉车；机械传动叉车、液力传动叉车、静压传动叉车；机械转向叉车、助力式或全液压动力转向叉车；低起升门架叉车、高起升门架叉车、全自由提升叉车等，如图 1-4 所示。

叉车由发动机、轮式底盘和门架系统组成。叉车底盘与工程机械的底盘相仿，采用刚性悬挂，由传动系统、制动系统、转向系统和行走支撑装置组成。门架是叉车的工作装置，是叉车特有的部件。门架系统的工作需要液压系统的驱动。平衡重式叉车总体构造如图 1-5 所示。

a) 低起升门架叉车

b) 高起升门架叉车

c) 全自由提升叉车

图 1-4 各种类型的叉车（二）

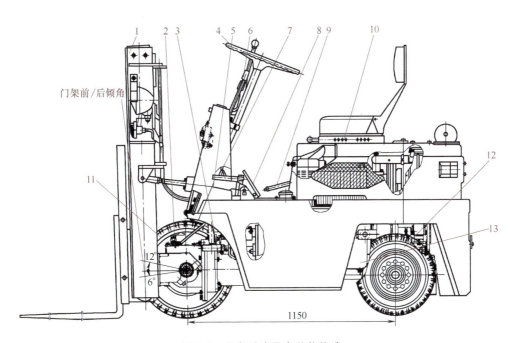

图 1-5 平衡重式叉车总体构造

1—门架　2—驱动桥　3—变速器　4—转向盘　5—倾斜液压缸　6—变速换向手柄　7—离合器和脚制动踏板　8—节气门踏板　9—驻车制动杆　10—车身　11—前轮　12—后轮　13—发动机

1.3　叉车的历史与发展

第二次世界大战期间搬运军事物资的需要促进了叉车的发展。20 世纪 50 年代，国内开始仿制苏联的5t机械传动叉车。20世纪60年代由于是测绘仿制了日本叉车，当时叉车的外观受日本叉车的影响较大。20世纪70年代的行业联合设计奠定了我国叉车行业的基础，影响深远。20世纪80年代的新系列设计，拓宽了品种系列，通过更新理念，大范围采用了宽视野门架、同步器换档、液力传动和动力转向等新技术。20世纪80年代以来，叉车行业引进国外产品技术，对其消化吸收和国产化，提高了行业的技术水平。20世纪90年代以来，一批中外合资与独资企业建立，形成了产品档次的多层次格局，使叉车行业百花齐放，如图1-6所示。

图 1-6 国外叉车

如今，以安徽叉车集团公司（合力）、杭叉集团股份、大连叉车有限责任公司为首的国内叉车行业蓬勃发展。随着中国一拖集团有限公司、广西柳工集团有限公司、厦门厦工机械股份有限公司、山推工程机械等著名企业的加入，叉车行业进入了新的竞争发展期。

叉车行业与技术的进步体现在：走汽车工业专业化生产、零部件全球化采购的道路，中、小吨位叉车的变速器与驱动桥、转向桥、门架逐渐转向专业化生产；通过改制、兼并、重组，叉车生产厂家向万台以上的经济规模发展；增加5t以上大吨位叉车的产量，运用工程机械底盘技术，开发堆高机、正面吊等产品；增加蓄电池叉车，交流蓄电池叉车的品种与产量；增加防爆等特殊用途叉车的品种与产量；提高叉车的外观设计水平，提高叉车的可靠性，改善司机的舒适性与作业条件；发挥信息技术的优势，利用CAD技术提高特型叉车的设计速度与水平，使叉车生产向多品种、小批量、用户定制化的方向发展。

根据《中国工程机械工业年鉴》数据，2022年全球叉车销量为200.63万台，我国销量为104.8万台（电动叉车销量占比为64.39%，内燃叉车销量占比为35.61%），比2021年下降4.7%。而2023年销量比2022年增长12%，产量达117.38万台，是2000年销量的69.87倍。可知我国叉车的发展非常迅猛。

1.4 叉车的基本参数

1. 额定起重量 Q

额定起重量 Q 是货物重心位于规定的载荷中心距和最大起升高度时，叉车应能举升的最大质量（t）。额定起重量按系列值，传统叉车吨位与额定起重量见表 1-2。

表 1-2 传统叉车吨位与额定起重量

吨位	额定起重量系列值/t	主导产品 额定起重量/t	次主导产品 额定起重量/t
小吨位	0.5,0.75,1,1.25,1.5,1.75	0.5,1	1.5
中吨位	2,2.25,2.5,2.75,3,3.5	2,3	2.5
大吨位	4,4.5,5,6	5	6,7
特大吨位	7,8,10,(11.5),12,(13.5),14,(15),16,18,20,25,28,32,37,42,45,48,50,52,55,58,60,62	—	10,25,42

2. 载荷中心距 C

载荷中心距 C 是货物重心到货叉垂直段前表面的规定距离（mm），如图 1-7 所示。

叉车的载荷中心距是标准值，见表 1-3，括号内为非优选值。

目前有些产品采用非标的载荷中心距，例如，5t 叉车不采用 600mm 而仍采用 500mm 的载荷中心距，谓之"小 5 吨"。当实际的载荷中心距大于标准值时，

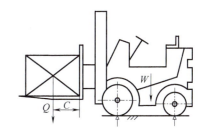

图 1-7 载荷中心距

叉车将不能处理额定载荷，这时的起重量必须折减，如载荷曲线图 1-8 所示。而当实际的载荷中心距小于标准值时，叉车仍只能处理额定载荷，不能增大起重量。

表 1-3 叉车的标准载荷中心距

额定起重量 Q/t	标准载荷中心距 C/mm
$Q<1$	400
$1 \leq Q<5$	500
$5 \leq Q<12$	600
$12 \leq Q<18$	900
$18 \leq Q<20$	900,1200
$20 \leq Q<25$	(900),1200
$25 \leq Q<50$	1200
$50 \leq Q \leq 65$	(1200)、1500

3. 最大起升高度 H_{max}

叉车处于平实地面，承载额定起重量，门架竖直，货叉升到最大高度时，货叉水平段上

表面至地面的距离（mm）。

标准值：3000mm。

系列值：1500mm、2000mm、2500mm、2700mm、3000mm、3300mm、3600mm、4000mm、4500mm、5000mm、5500mm、6000mm、7000mm。

叉车的起升是托举，不同于起重机，起升高度不同于实际起升量，也不是货物起升后的重心高度，如图1-9所示。

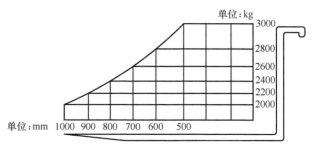

图1-8　3t叉车载荷曲线图

图1-9　最大起升高度

4. 自由提升高度

自由提升高度是内门架顶端不伸出外门架，即在叉车高度不增大的情况下能获得的起升高度，主要用于满载出入低矮仓门的情况，以及在低矮的库房、火车车厢或集装箱内部工作的情况。典型值为110~300mm，当达到$H_{max}/2$（或三级门架$H_{max}/3$）时称为全自由提升，如图1-10和图1-11所示。

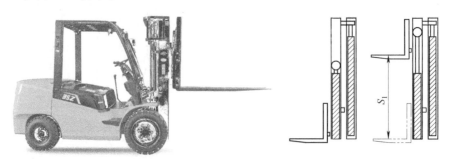

a) 全自由门架的工况　　　　　　b) 两级全自由结构及自由起升运动原理

图1-10　全自由提升

5. 满载最大起升速度

满载最大起升速度是叉车停止、节气门最大、额定起重量下，货物所能达到的最大平均起升速度，典型值为 300~500mm/s。为了提高生产率，近年来大吨位叉车的起升速度有增大的趋势，如图 1-12 所示。

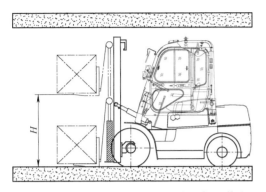

图 1-11　全自由提升堆码货物（内门架不伸出）

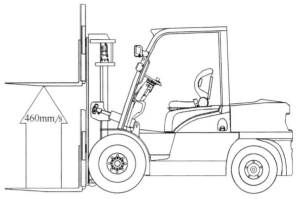

图 1-12　起升速度

6. 满载行驶速度

满载行驶速度是叉车在额定起重量、最高档下，在平直干硬的道路上能达到的最高稳定行驶速度。典型值为 20km/h，大吨位和液力传动的叉车略大，小吨位叉车和蓄电池叉车较小。由于叉车是刚性悬挂的，因此行驶速度不宜过高。

7. 门架前后倾角

通常为前倾 6°，后倾 12°，如图 1-13 所示。蓄电池叉车、高起升或大吨位叉车可适当减小，如前倾 3°，后倾 6°。

8. 最大爬坡度

最大爬坡度是叉车在额定起重量下，以最低稳定速度（>2km/h）所能爬上的长为规定值的最陡坡道的坡度值，如图 1-14 所示，典型值为 20%，液力传动和静压传动叉车略大，小吨位叉车和蓄电池叉车较小。

叉车一般不会爬那么陡的坡，最大爬坡度主要反映叉车的加速能力或功率储备。

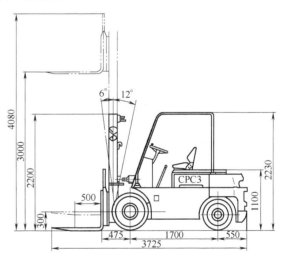

图 1-13　门架前后倾角

图 1-14　最大爬坡度

9. 最小外侧转弯半径 R_{min}

最小外侧转弯半径是叉车转向轮转至极限，以最低稳定车速行驶时，瞬时中心与车体最外侧之间的距离，如图 1-15 所示，最小外侧转弯半径反映叉车的机动性，是一个非标参数，根据起重量从 1550mm 到 3400mm 不等，而且它比最外侧车轮的痕迹还要大一些。

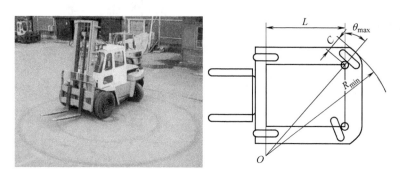

图 1-15 最小外侧转弯半径

10. 最小离地间隙

最小离地间隙是叉车除直接与车轮相连接的零件外，车体上最低点（通常是门架下端）距地面的最小间隙。如图 1-16 所示，最小离地间隙反映叉车的通过能力，范围为 70~160mm。

最小离地间隙可能位于门架下方，也可能位于驱动桥下方、车架下方或转向桥下方。叉车由于其结构特点，离地间隙不可能大。

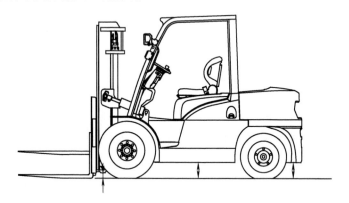

图 1-16 最小离地间隙

11. 蓄电池额定电压

蓄电池叉车的动力蓄电池额定电压推荐使用：80V，96V，120V，144V，168V，192V，216V，240V，264V，288V，312V，336V，360V，384V，408V，540V，600V，650V，700V，750V。

在叉车的基本参数当中，额定起重量体现叉车的装卸搬运能力，直接决定叉车的载荷中心距，间接决定叉车的外形尺寸和整机重量，是叉车的主参数。最大起升高度、自由提升高度和门架前后倾角反映叉车的起升和堆垛能力。最大起升速度、满载行驶速度和最大爬坡度反映叉车的生产率和动力性能。而最小外侧转弯半径和最小离地间隙则反映叉车的机动性能

（通过性能），说明叉车对工作场所的要求或适应能力。由于叉车的结构特点和工作特点，许多参数都有其合理的范围，盲目追求高指标是没有意义的。

叉车型号中各位字母（数字）的含义见表1-4，例如，CPCD50（旧型号为CPCD5）中，C表示叉车，P表示平衡重式，C表示柴油发动机，D表示液力传动，50（5）表示起重量为50kN（5t）。

表1-4 叉车型号中各位字母（数字）的含义

第一位	第二位	第三位	第四位	第五位	第六位
C 叉车	P 平衡重式	C 柴油发动机	机械传动不表示	额定起重量(kN)，防爆型加字母B	改进代号
	C 侧面叉车	Q 汽油发动机	D 液力传动		
	Q 前移式	Y 液化石油气	J 静压传动		
	T 插腿式	D 蓄电池叉车			
	D 托盘式				

1.5 叉车的技术要求及主要试验方法

1. 环境工作条件

叉车连续运行条件下的平均环境温度为25℃，短期内（不大于1h）的最高环境温度为40℃，正常室内条件下使用叉车时的最低环境温度为5℃，正常室外条件下使用叉车时的最低环境温度为-20℃，海拔应不大于2000m。如果使用环境条件超出上述范围时，由用户与制造商协商确定。

2. 基本要求

叉车的稳定性应符合GB/T 26949.1、GB/T 26949.2、GB/T 26949.8、GB/T 26949.10和GB/T 26949.20的规定。叉车护顶架应符合GB/T 5143的规定。若用司机室代替护顶架，其也应符合护顶架的要求。叉车用货叉应符合GB/T 5182的规定。发动机的功率应采取1h标定功率。蓄电池叉车直流或交流驱动装置中，行走电动机宜采用S260min或S9工作制。电动机的绝缘等级均应不低于F级。电气外壳防护等级应不低于GB/T 4208—2017规定IPXXD。叉车传动系统工作时不应有异常响声，变速器不应有自动脱档、串档、滞后现象。动力换档应平稳无冲击，液力传动应具有微动或起步缓冲功能。叉车用制动器的性能应符合GB/T 18849的有关规定。叉车电气控制系统应符合GB/T 27544的规定。叉车信号和照明装置至少应包括前照灯、制动灯和转向灯，并应符合GB 4785的规定。叉车工作过程中液压油的清洁度应达到GB/T 14039—2022规定的—/19/16级要求。

3. 强度要求

叉车用起升链条的最小安全系数应符合$K_1 = 5-0.2(Q-10)$，但不应低于4，式中，Q为叉车的额定起重量，单位为吨（t）。软、硬管和连接件应能承受液压回路3倍的额定工作压力1min而不破裂，且无异常现象。叉车结构应具备足够的强度，进行1.33倍额定起重量及1.33倍最大起升高度起重量的静载试验后不应有永久性变形和损坏。叉车门架经偏载试验后，门架、货叉架、货叉不应有永久性变形；试验过程中，门架之间、货叉架与内门架之间应运动自如，无阻滞现象及异常响声。

4. 安全要求

1）叉车应具备门架前倾自锁功能，在标准载荷状态下叉车门架（或货叉架）前倾速度最大值应不大于8°/s。货叉架下降速度在任何情况下（包括在液压管路系统出现破裂时）不应超过600mm/s。叉车在液压油处于正常工作温度、门架竖直、满载的情况下，前10min内由于液压起升系统内部泄漏造成的载荷下降不应超过200mm。叉车液压倾斜系统在其液压油处于正常工作温度时，门架（或货叉）倾角的自然变化量前10min内不应大于2°。内燃叉车应具备当传动装置处于接合状态时能防止发动机起动的功能，且在起动时，需要有钥匙、密码或磁卡等才能起动，加速踏板的操作只有在挂档后才能使叉车运行。叉车行车制动器的供能发生故障时，不应导致整个制动系统立即失效，制动系统应能控制停车。

2）叉车应在罩壳（即蓄电池或发动机罩）处提供防止意外关闭的装置，并永久地固定在叉车上或安装在叉车的安全处。操作者座椅或站立位置的布置应保证：在叉车轮廓线之内有足够的空间供操作者操纵叉车。该尺寸应合适且符合人类工效学原理，至少能满足GB/T 8420—2011中图1~图3所示第5百分位~第95百分位的人群要求。座椅不应超出叉车的轮廓线。从座椅靠背的顶端边缘至叉车轮廓线的最小距离应为50mm。座椅的设计应能减轻传递到操作者身体上的振动。座椅应装有符合GB/T 26948.1规定的安全带。高于地面350mm的踏脚应提供蹬踏板和抓手（如握柄），以便在所有高度提供三点支撑（即一只手和两只脚或两只手和一只脚）。抓手的外形尺寸、踏脚宽度、梯级高度和踏面深度应符合GB/T 17300的规定。踏脚应具有防滑面或覆盖物（如金属网、防滑涂层钢板等）。第一级踏脚不应高于地面550mm，梯级高度应在250mm至350mm之间，且应间距相等。高于地面2000mm的通道应安装900~1100mm高的防护栏，并应设置中护栏。防护栏杆应能承受从内至外水平方向施加的900N的力而不发生永久变形。

3）处于正常操作位置的操作者应避免与车轮接触以及被车轮甩出的物体（如泥浆、沙砾和杂物等）击中。操作者在正常操作位置或进出其操作位置时，可触及的所有车辆部件均应隔热，受叉车热源影响的裸露金属部件表面温度应不超过65℃，涂漆件或塑料件表面温度应不超过83℃。加热器出口（若安装）的空气温度应不超过60℃。叉车应装备扬声器、倒车蜂鸣器，以及应用于燃料箱燃料液位过低、发动机冷却液温度过高、变矩器油温过高、制动系统压力过低等情况的警示装置。

4）叉车应具有良好的视野，以便驾驶员能实施各种行驶和操作动作。当视野受到限制时，应采用辅助设施，如反光镜、摄像装置、监控器、传感器等。叉车应设有防止货叉架和运行的门架升到最高位置时从门架上端意外脱出的限位装置，以及防止货叉意外侧向滑移或脱落的装置。蓄电池额定电压超过120V的叉车，蓄电池外壳上应采取防触电措施并设有警示标识。蓄电池叉车上蓄电池金属盖板与电池带电部分之间应有30mm以上的空间。若盖板与带电部分之间具有绝缘层，则其间隙至少要有10mm，且绝缘层应牢固，以免在正常使用时发生绝缘层脱落或移动。

5）蓄电池叉车总电源应设有紧急断电装置，电动机控制电路应设有过电流保护装置。内燃叉车机外辐射噪声值应按声功率级计，其值不应超过 $(85+11\lg P)$ dB（A），其中 P 为发动机功率。叉车应按GB/T 38893—2020中表1的规定加装人员警示装置、停车制动状态传感器、操作者站/坐姿传感器、倒车状态传感器、操作权限信息采集器和视频装置。

5. 试验方法

叉车的一般试验条件应符合 JB/T 3300 的相关规定。标准无载状态是按规定加满燃料、蓄电池液、冷却液、液压油、润滑油等，蓄电池按规定充足电量，充气轮胎压力为规定气压。门架竖直，货叉水平段上表面距离地面 300mm。标准无载运行状态是在标准无载状态且门架最大后倾的条件下运行。标准载荷状态是按规定加满燃料、蓄电池液、冷却液、液压油、润滑油等，蓄电池按规定充足电量，充气轮胎压力为规定气压。叉车装载有试验载荷时，门架竖直，货叉水平段上表面距离地面 300mm。标准载荷运行状态是在标准载荷状态且门架最大后倾的条件下运行。

（1）最大起升速度　叉车呈标准无载和标准载荷状态，并停车制动。货叉全速起升，测量行程中段 2000mm 距离上货叉的通过时间，计算最大起升速度（设计起升高度低于 2000mm 时，按通过全行程的时间计算）。同时测定发动机转速或起升电动机的工作电流、电压，以及起升液压缸工作油压。

（2）最大下降速度　叉车呈标准无载和标准载荷状态，并停车制动。在液压分配阀全开时，货叉全速下降，测量行程中段 2000mm 距离上货叉的通过时间，计算最大下降速度（设计起升高度低于 2000mm 时，按通过全行程的时间计算）

（3）最大运行速度　叉车分别呈标准无载和标准载荷运行状态，变速器（或加速踏板）置于所测档位，直线运行。以最大运行速度通过 30m 测量区段的时间来测定速度。辅助运行距离应保证叉车达到最大运行速度。最大运行速度

$$v_{max} = 3.6 L_0 / t \tag{1-1}$$

式中　v_{max}——最大运行速度，单位为 km/h；

　　　L_0——测量区段距离，单位为 m；

　　　t——通过测量区段时间，单位为 s。

（4）爬坡度　叉车呈标准载荷运行状态，以最低稳定车速通过设计规定坡度的坡道；或者不进行坡道试验，按最大牵引力折算最大爬坡度（叉车的最大牵引力应在车速不小于 2km/h 时测得）。近似计算最大爬坡度

$$\alpha_m = \tan\left[\arcsin \frac{F_m}{9.8(G_0+Q)}\right] \tag{1-2}$$

式中　α_m——最大爬坡度，通常取百分数；

　　　F_m——最大牵引力，单位为 N；

　　　G_0——叉车自重，单位为 kg。

（5）货叉自然下滑量和门架倾角自然变化量测定　叉车液压系统液压油温应预热到 40~50℃，叉车呈标准载荷状态，并停车制动，门架竖直。将载荷起升到离地面 2500mm（误差为±1%）高度位置（起升高度小于 2500mm 的叉车，取其最大起升高度位置）。发动机或电动机停止运转，并在关闭液压分配阀的同时开始计时。静止 10min 后，分别测量货叉自然下滑量和门架倾斜角的变化量。

习题

1-1 工业车辆主要用途是什么？

1-2 平衡重式内燃叉车总体构造主要包括那些部分？

1-3 当一台叉车将货物起升到标准的 3m 起升高度时，货物实际上被升高了多少？这时的货物重心离地面有多高？设货叉厚度为 δmm，载荷中心距为 Cmm。

1-4 什么是工业车辆的最大爬坡度？该指标反映了工业车辆哪些性能指标？

1-5 什么是工业车辆的最小外侧转弯半径 R_{min}？该指标反映了工业车辆哪些性能指标？

第 2 章　内燃动力装置

由于流动作业、动力性能和经济性方面的原因，目前大多数叉车采用内燃机驱动。内燃机在叉车上作为一个选用的部件，设计人员只需要关心它的特性与安装尺寸即可。内燃机一般应满足如下要求。

1）机动性：起动方便，功率大，重量轻，体积小。
2）机械特性：尽可能适应行驶阻力的变化。
3）环保特性：污染小，噪声低。
4）经济性：耐久可靠，维修方便，使用费用低。

2.1　内燃机的构造和原理

2.1.1　内燃机的构造

内燃机分为汽油机和柴油机两种，一般由机体、曲柄连杆机构、配气机构、供给系、润滑系、冷却系、点火系（柴油机无）和起动系等部分组成。汽油机的供给系有进气歧管等机件，将过滤清洁的空气与汽油按不同的比例进行混合，进入气缸燃烧做功。柴油机的供给系由喷油泵、喷油嘴等组成，用来使过滤后清洁的空气进入气缸，并根据各气缸工作情况，按时将清洁的高压柴油喷入气缸，使之燃烧做功。汽油机的点火系由分电器、火花塞等机件组成，用来将电源的低压电变成高压电并分配给应当点火的气缸火花塞，点燃可燃混合气体。由于柴油机是压燃式发动机，因而没有点火系。从外形上看，分电器和火花塞构成汽油机明显的外部特征，而喷油泵、喷油嘴构成柴油机明显的外部特征，如图 2-1 所示。

2.1.2　内燃机的工作原理

一般将完成一次吸气、压缩、做功和排气的过程称为内燃机的一个工作循环。对于活塞式内燃机，活塞在气缸内往复运动四次完成一个工作循环的，称为四冲程发动机。单缸四冲程汽油机经历活塞上下往复各两次的四个冲程，完成由进气、压缩、做功和排气等过程所组成的一个工作循环。接着，曲轴在飞轮的旋转惯性作用下继续旋转，上述四个冲程重复进行，周而复始的一个又一个的工作循环使汽油机连续不断地运转并输出动力，如图 2-2 所

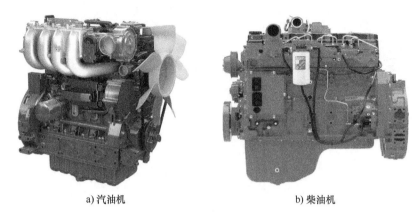

a) 汽油机　　　　　　　　　b) 柴油机

图 2-1　汽油机和柴油机的外部特征

示。四冲程柴油机与汽油机一样,每个工作循环也要经过进气、压缩、做功和排气四个冲程。但在进气过程中,柴油机吸入气缸的是纯空气,柴油在压缩冲程终了时喷入气缸,形成可燃混合气。混合气不是靠电火花点燃,而是靠其自身温度的升高达到自燃,又称为压燃。所以,为了使喷入气缸内的柴油能够迅速与气缸内的空气混合并着火燃烧,一般采用比汽油机大的压缩比。

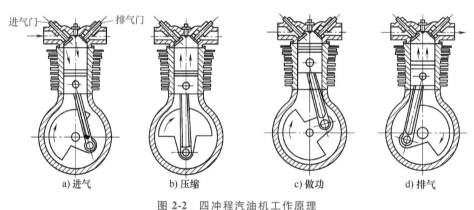

a) 进气　　　b) 压缩　　　c) 做功　　　d) 排气

图 2-2　四冲程汽油机工作原理

2.1.3　内燃机的主要性能指标

内燃机的性能主要用它的动力性和经济性表示。在内燃机产品出厂的铭牌和使用说明书中,都标注有代表性的性能指标,以便于使用人员了解内燃机的性能,达到正确合理使用的目的。下面介绍几个主要性能指标。

(1) 有效转矩　内燃机飞轮对外输出的转矩称为有效转矩,它是指燃料在气缸内燃烧发热、膨胀做功所产生的力,除了克服各部分摩擦阻力和驱动各辅助装置(水泵、喷油泵、风扇、发电机等)之外,最后可以由飞轮供给外界使用的转矩。常用单位为 N·m。

(2) 有效功率　内燃机在单位时间内对外所做的功称为有效功率,单位为 kW。当由台架试验测得内燃机的有效转矩 (N·m) 和转速 (r/min) 后,内燃机的有效功率便可按下式计算:

$$有效功率 = \frac{2\pi}{60} \times 有效转矩 \times 转速 \times 10^{-3} = \frac{有效转矩 \times 转速}{9550}$$

我国根据内燃机的不同用途规定有四种标定功率,其名称定义和主要用途如下。

1) 15min 功率:为内燃机允许连续运转 15min 的最大有效功率。适用于汽车、摩托车、摩托艇等用途的内燃机功率标定。

2) 1h 功率:为内燃机允许连续运转 1h 的最大有效功率。适用于叉车、工业用拖拉机、工程机械、内燃机车、船舶等用途的内燃机功率标定。

3) 12h 功率:为内燃机允许连续运转 12h 的最大有效功率。适用于农业用拖拉机、农业排灌、内燃机车、内河船舶等用途的内燃机的功率标定。

4) 持续功率:为内燃机允许长期连续运转的最大有效功率。适用于农业排灌、船舶、电站等用途的内燃机功率标定。

还需指出,在标定任一功率时,必须同时标定出相应的转速,该转速称为标定转速。

(3) 有效燃料消耗率(简称油耗比) 内燃机对外做相同的功,所消耗的燃料越少,其经济性越好。内燃机每发出 1kW 有效功率,在 1h 内所消耗的燃料量(g)称为有效燃料消耗率,单位为 g/kW·h。

2.1.4 内燃机的型号

内燃机的型号含义见表 2-1。

表 2-1 内燃机型号含义

型号	各位含义				
	4		85	Q	C
485QC	气缸数	二冲程 E,四冲程不表示	缸径(mm)	汽车用 Q,拖拉机用 T,风冷 F	变型符号

2.2 内燃机的特性

内燃机的特性分析主要利用特性曲线。通过特性曲线来分析和表达事物的特性,具有直观清楚、信息量大、变化趋势明显、便于总体掌握、便于分析对比的优点,是一种常用的分析、表达方式。

2.2.1 汽油机的外特性曲线

汽油机在节气门开度不变的情况下,转矩、功率、燃油消耗率等随转速变化的关系称为速度特性。节气门全开时的速度特性称为外特性,节气门部分打开时的速度特性称为部分负载速度特性。外特性反映发动机的最大负载能力,如图 2-3 所示。

在转速较低的情况下,由于充气效率低、摩擦和热损耗

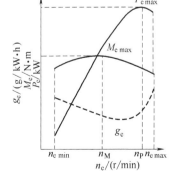

图 2-3 汽油机外特性曲线

所占的比重大等原因，转矩输出较低。转速太高时，由于充气效率低，转矩也会下降。

2.2.2 柴油机的外特性和调速特性曲线

柴油机的原始速度特性与汽油机相似，只是更平直一些。为了提高柴油机工作的稳定性，防止熄火，通常安装调速器，这时的特性称为调速特性。安装离心式全程调速器的柴油机的调速特性变得很"硬"，在调速区间转速非常稳定，如图2-4所示。

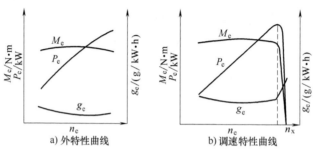

图 2-4 柴油机的调速特性

2.2.3 内燃机的工作情况

内燃机外特性曲线中转矩随转速的变化不大，功率在一定范围内与转速成正比，燃油消耗率在一个中等转速下最低。外特性曲线上的几个关键点是：最小稳定转速点 N_{emin}（怠速）、经济油耗点（经济转速及其对应的最低油耗比）、最大转矩点（最大转矩及其对应的转速）、最大功率点（额定功率及其对应的转速）和最大转速点。内燃机的使用范围应在其最大转矩与最大功率转速之间为好，这时的油耗比也比较低。

外特性曲线以下的部分是汽油机的工作区域，其中的每一个点，代表一种工作状态。汽油机的每一个节气门开度都有一条特性曲线与之对应，其形状与外特性曲线相仿，称为部分特性，如图2-5所示。内燃机的原始特性很软，也就是运转阻力的微小变化会引起很大的转速变化。反映在驾驶操作上就是要不断根据道路情况调整节气门开度，以便适应不同的道路阻力，避免发动机熄火。

由于人对于节气门的操作，汽油机在车辆实际工作当中的特性是一种人机联合特性。这

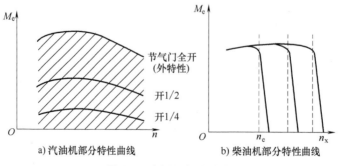

图 2-5 内燃机部分特性

就要求司机具有一定的操作技术水平：要根据道路情况经常变换档位，使发动机工作在经济转速下，并充分发挥其功率；上坡时一定要用低速档，避免发动机冒黑烟；要靠变速器换档来调节车速，不要一味地靠节气门调节车速，节气门是用来调节发动机功率输出的。通常情况下，汽油机装有两极调速器，柴油机装有全程调速器。

2.3 叉车使用内燃机的特殊性

由于叉车在构造与工作上的特殊性，对发动机有一些特殊的要求，在选用时需要注意。

2.3.1 转速与转矩

叉车的车速较低，一般最大车速不超过20km/h，为了便于传动系统的设计，需要选用低速大转矩的发动机，如图2-6所示。叉车的稳定性差，尤其在转向的时候，车速太高容易引起侧翻；另外底盘采用刚性悬挂，没有什么越野能力，也不允许车速太高，往往需要发动机加装限速器。安装限速器会影响发动机功率，选择发动机时要注意。选用发动机时，其转速与叉车传动系统的传动比、车轮半径、液力变矩器的特性（有变矩器时）等都要匹配好，功率、转速、转矩三者都要合适才行。

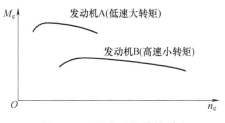

图 2-6 不同发动机特性对比

2.3.2 额定功率

通常依据用途按标定功率确定内燃机额定功率，例如，汽车按15min功率选发动机，拖拉机按12h功率选发动机，发电设备按持续功率选发动机。叉车的工作比较繁重，负载率比较高，要按1h功率来选发动机。当选用同一台内燃机时，各种标定功率若未直接给出，可按逐级折减到上一级的90%近似换算，见表2-2。内燃机的标定功率类似于电动机的工作制，反映一种热容量和热平衡的过程。

表 2-2 四种标定功率

标定功率	15min 功率	1h 功率	12h 功率	持续功率
典型应用	汽车	叉车	拖拉机	发电设备
功率换算	100%	90%	81%	72.9%

由于叉车的车速低，发动机后置，结构又非常紧凑，在一定程度上妨碍了发动机的散热，这些因素在选择发动机功率时也需要考虑。另外，对于动力转向的叉车来说，还要考虑动力转向这部分的动力消耗。具体的功率计算见第7章总体设计。

2.3.3 散热问题

由于叉车中发动机是后置的,因此应该采用排风扇进行散热。此外,发动机一般位于司机座下方,一些减振、隔热设施也会影响发动机散热。改善叉车发动机散热的措施有:提高风扇转速、增加风扇叶片、加大叶片扭角、选用散热能力强的散热器(水箱)。

2.3.4 液压泵传动

叉车门架的起升和倾斜采用液压缸驱动,此部分动力由发动机提供。解决液压泵传动问题有以下几种方案。

1)低速齿轮泵结合液压泵减速器:如图2-7a所示,在原发动机起动爪(对应发动机曲轴)的位置带动一个传动比为1.3~1.5的液压泵减速器,减速器输出侧的高速轴(与输入侧同轴)做出一个新的起动爪,低速部分带动常规的低速齿轮泵。这是传统的解决方案,现在已不常见。

2)高速齿轮泵直连发动机:如图2-7b所示,选用高速齿轮泵,将其直接连接在发动机起动爪处,省去一个液压泵减速器。同样,在齿轮泵输入轴的对侧做出一个新的起动爪。

3)发动机带泵:如图2-7c所示,与配套的发动机厂协商,在发动机的适当部位带泵。

4)变矩器带泵:如图2-7d所示,液力传动的叉车可选用可带泵的液力变矩器。

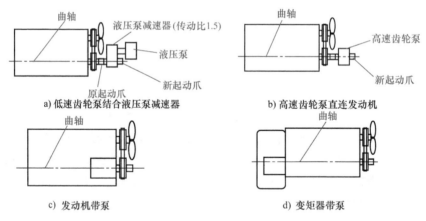

图 2-7 几种油泵传动方案

2.3.5 其他问题

在确定是选择汽油机还是柴油机时,从经济性方面考虑,一般中吨位和大吨位叉车多选用柴油发动机。汽油机轻巧,易起动(压缩比低,通常为7~8),噪声振动较小,油费高,转速高,可使用液化石油气,有利于减轻环境污染,延长发动机使用寿命,用于中小功率的场合。柴油机笨重,难起动(压缩比大,通常可达20),噪声振动较大,油费低,转速适中,用于大功率的场合。

当对噪声的控制较严格时，需要选用效果较好的消声器，但效果越好的消声器，其功率损失也就越大，例如，轿车消声器的消声效果好但功率损失大，拖拉机消声器的消声效果差但功率损失小。具有共振消声和催化除污染的消声器能够较好地解决这个矛盾，只是成本较高。当对污染的控制较严格时，可考虑使用液化石油气（发动机为汽油机）。当对污染的控制极其严格时，如用于食品冷库作业，则只能采用蓄电池叉车。

由于叉车生产的批量较小（轿车年产几百万辆，叉车年产十几万台），在选择时会得不到发动机配套厂家的重视，缺少专用的发动机，可供选择的品种规格少，选择余地小。往往只能借用一些汽车或工程机械用的发动机，这时需要特别重视传动系统的设计或选用，通过合理匹配参数，使其适应叉车的特殊工况。借用汽车发动机的优点是价格低、质量好、货源和配件有保证，缺点是转速太高、风扇要改、挂泵不方便。若研制叉车专用的发动机，则研制费用高，在试制阶段，生产批量较小时，工艺往往不过关，影响发动机的质量。若选择进口发动机，其价格往往接近叉车整车价格的一半。

习题

2-1 工业车辆用内燃机的一般要求是什么？
2-2 四冲程内燃机一个工作循环包含哪些过程？
2-3 汽油机和柴油机主要工作原理的区别有哪些？
2-4 什么是柴油机的外特性和调速特性？
2-5 工业车辆用内燃机的特殊性有哪些？

第 3 章 传动系统

3.1 传动系统概述

3.1.1 工业车辆对传动系统的一般要求

工业车辆要克服不同的阻力,以不同的速度行驶,这都需要从发动机到驱动车轮的传动系统来完成。工业车辆对传动系统一般有如下要求。

1) 减速增矩:相对于驱动车轮来说,发动机的转速非常高,需要有一部分固定的减速。从另一个角度来说,减速的目的在于增大转矩,否则驱动车轮将无法克服道路阻力。

2) 改变传动比:用来提供不同的车速或适应不同的道路阻力情况。

3) 提供倒档:内燃机不能倒转,倒车需要由传动系统来实现。

4) 提供空档:被牵引或维修时,较长时间切断转速与转矩的传递。

5) 平稳起步:内燃机不能带载起动,而且车辆起步时要逐渐加载,避免冲击。

6) 提供差速:转弯或通过不平路面时允许两个驱动车轮的转速不同。

3.1.2 叉车对传动系统的特殊要求

由于叉车工作性质的特殊性,对传动系统通常有如下特殊要求。

1) 较大的传动比:叉车的车速较低,最大车速一般不超过 20km/h,要求传动系统总的传动比比较大。

2) 较多的倒档:叉车在作业时约有一半的时间使用倒档,因此倒档数应等于或略少于前进档数。

3) 操作频繁:从典型工作循环的需求出发,叉车离合器和变速器的操作会十分频繁。在有条件的情况下,最好采用同步器换档或动力换档。

4) 提供辅助维修手段:由于叉车结构紧凑,传动系统零部件的维修与更换非常困难,在设计时要注意提高其可靠性。对于机械传动方式,要提供更换离合器衬片的辅助手段(如变速器第一轴的抽轴构造)。

5）特殊的结构形式：由于结构紧凑，中小吨位的叉车传动系统多采用刚性连接，无万向联轴器，如图 3-1 所示。此外，液力传动用得较多。

图 3-1　刚性连接的传动系统

3.1.3　理想的传动系统特性

理想的传动系统应能够自动改变传动比以适应道路阻力情况，充分发挥发动机的功率，即"恒功率，变转矩"，也就是从驱动车轮处观察速度特性（牵引力特性），其形状是双曲线。如图 3-2 所示，显然内燃机的转矩外特性与理想的传动系统特性相去甚远，需要通过传动系统来加以改变，以便适应道路阻力的变化。

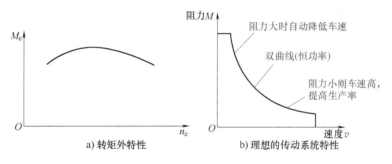

图 3-2　内燃机外特性和理想的传动系统特性

3.1.4　实际的传动系统方案

实际的传动系统不可能完全实现理想的传动系统特性，只能近似实现，一般有如下几种方案。

1. 机械传动

机械传动一般由离合器、变速器（万向联轴器）、驱动桥中的主传动（轮边减速）等组成，如图 3-3 所示。对应变速器不同的档位，各有一条牵引力曲线，其特性如图 3-4 所示。机械传动在档位一定的情况下并不改变发动机的特性，因此牵引力曲线的形状与发动机外特性曲线是相似的。当档位数足够多且传动比分配合理时，通过及时的人工换档，可以分段逼近理想的传动系统特性曲线。可见机械传动系统的操作工作非常繁重,对司机的技术要求很高。若不能及时换档,发动机会熄火、冒黑烟或油耗高。

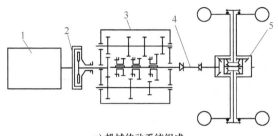

a) 机械传动系统组成

1—内燃机　2—离合器　3—变速器　4—万向联轴器　5—驱动桥

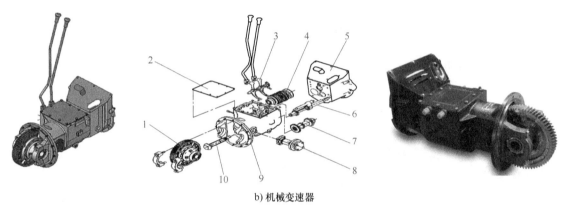

b) 机械变速器

1—差速器　2—盖板　3—换档杆与拨叉　4—同步器　5—机械离合器壳体
6—输入轴　7—惰轮　8—齿轴　9—变速器壳体　10—输出轴

图 3-3　机械传动系统

2. 液力机械传动

液力机械传动相当于用液力变矩器取代离合器,动力换档变速器取代人力换档变速器,驱动桥部分不变,简称液力传动,如图 3-5 所示。液力变矩器特性如图 3-6 所示,液力传动系统特性如图 3-7 所示。液力传动的特性与传动系统的理想特性比较接近,能够自动适应行驶阻力的变化,低速牵引力大,加速快;能自动调速,不需经常换档,操作方便;发动机不易熄火。采用液力变矩器的车辆可以简化变速器的档位设置并采用动力换档,操作起来很方便,在轿车上称为"自动档",但总体传动效率较低。

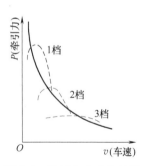

图 3-4　机械传动系统特性

3. 静压传动

静压传动有高速液压马达结合机械驱动桥和低速液压马达(双马达液压差速)等不同方案,如图 3-8 和图 3-9 所示。静压传动依靠液压系统的控制回路来实现调速,操作起来很方便,能够完全实现理想特性,还具有布置方便的优点,但成本较高。

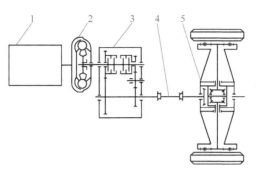

a) 液力传动原理

1—内燃机　2—变矩器　3—变速器　4—万向联轴器　5—驱动桥

b) 液力变速器

c) 变速器传动及液力离合器

图 3-5　液力传动

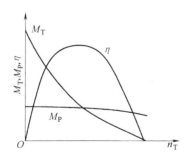

图 3-6　液力变矩器特性

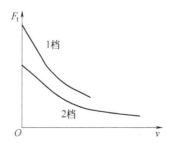

图 3-7　液力传动系统特性

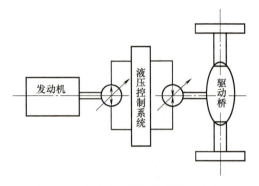
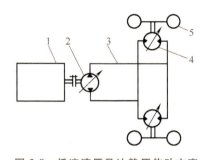

图 3-8　高速液压马达静压传动方案

图 3-9　低速液压马达静压传动方案
1—内燃机　2—变量泵　3—管路　4—液压马达　5—车轮

4. 内燃电传动

如图 3-10 所示，内燃电传动由内燃机带动直流发电机，然后用发电机输出的电能驱动装在车轮中的直流电动机。车轮和直流电动机（包括减速器）装成一体称为"电动轮"。电动轮的结构如图 3-11 所示。这种传动系统的优点是其调速和制动由电气系统实现，能够完全实现理想特性，布置方便。内燃电传动的成本非常高，只用于大型的特殊车辆，如内燃机车、大功率的矿用车辆等。

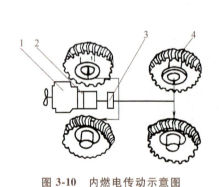
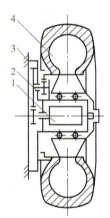

图 3-10　内燃电传动示意图
1—内燃机　2—发电机　3—操纵装置　4—电动轮

图 3-11　电动轮结构图
1—电动机　2—减速器　3—车架　4—车轮

3.2　主离合器

3.2.1　工业车辆对主离合器的一般要求

1）结合平顺。保证内燃工业车辆的平稳起步和平稳换档，这一方面要由司机操作的熟练程度来保证，即所谓的"油离配合"，另一方面也要在离合器的构造上加以保证。

2）分离彻底。在起动或换档过程中需要暂时切断动力传递时，分离状态要彻底，不要有连带，不能"拖泥带水"，这需要由离合器构造和操纵机构来保证。

3）传力可靠。工业车辆用的主离合器都是常合的，自由状态为结合状态，由弹簧来压紧，要能够将发动机的输出转矩可靠地传递给传动系统，正常工作状态下不打滑。

4）防止过载。在工业车辆起步、制动或阻力突然增大时，利用摩擦副之间的打滑来保护传动系统的零部件不过载，起极限力矩联轴器的作用。

3.2.2 叉车对主离合器的特殊要求

1）更换方便：由于叉车结构紧凑，更换离合器摩擦衬片非常困难，需要一定的辅助手段，如配合变速器第一轴的"抽轴构造"。所谓"抽轴构造"，是指变速器第一轴能轴向移动一段距离，使其与离合器从动盘之间的花键脱开，使离合器从动盘可从上方取出，从而快速、方便地拆换摩擦衬片。变速器第一轴的抽轴构造如图 3-12 所示。

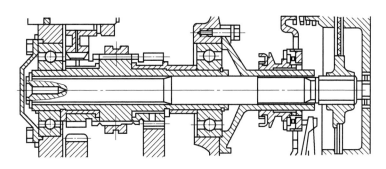

图 3-12 变速器第一轴的抽轴构造

2）结合可靠：转矩储备系数应为 1.6~2.5。

3.2.3 离合器构造

1. 离合器的种类

1）干式离合器：不允许油、水等液体进入，用作机械传动的主离合器。
2）湿式离合器：浸泡在油液中工作，散热好，用于动力换档变速器。
3）单片离合器：通常由一个从动片和两个摩擦面构成。
4）多片离合器：摩擦面多但容易压力分布不均匀，分离不彻底，用于动力换档变速器。
5）常合离合器：用作车辆的主离合器。
6）常分离合器：用于特殊装置。

叉车采用的主离合器一般为干式、单片、常合离合器。

2. 离合器构造

离合器由摩擦衬片、压盘、分离杠杆、分离拨叉、分离轴承和壳体等组成，如图 3-13 所示，离合器构造原理如图 3-14 所示。图 3-15 所示为离合器的实物照片。

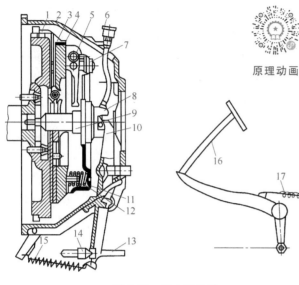
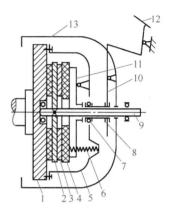

图 3-13 离合器构造

1—飞轮 2—外壳 3—从动片 4—压盘 5—分离杠杆 6—油杯 7、14—调整螺母 8—分离套筒 9—从动轴 10—分离拨叉 11—离合器盖 12—压紧弹簧 13—拉杆 15、17—复位弹簧 16—踏板

图 3-14 离合器构造原理

1—内燃机飞轮 2—从动片 3—摩擦片 4—压盘 5—离合器盖 6—压紧弹簧 7—分离轴承 8—分离套筒 9—从动轴 10—分离拨叉 11—分离杠杆 12—踏板 13—离合器罩

图 3-15 离合器盖（左）和从动盘实物照片（右）

在离合器从动盘上还有一些细部构造，例如，布置在圆周方向的压紧弹簧起转矩缓冲作用，从构造上保证结合平顺；波状的从动盘在结合过程中被逐渐压平，使压力逐渐增大，进一步保证结合平顺。

3. 离合器原理

如图 3-14 所示，离合器的主动部分有内燃机飞轮 1、离合器盖 5 和压盘 4 等构件。离合器的从动部分是带有摩擦片 3 的从动片 2，从动片 2 通过花键与从动轴 9 相连，从动轴 9 即变速器输入轴。当从动片 2 被压紧弹簧压紧在内燃机飞轮 1 与压盘 4 之间时，产生摩擦力而传递转矩。需要中断转矩的传递时，迅速踏下踏板 12，经过分离套筒 8 及分离杠杆 11，使压盘 4 进一步压紧压紧弹簧 6 并离开从动片 2，离合器处于分离状态，不再传递转矩。这些构件统称为分离机构。

当需要离合器结合时，缓慢地放松踏板，这时，压盘在弹簧力的作用下，向左移动而将从动片逐渐压紧,随着踏板的放松,压力逐渐加大,主、从动片间的摩擦力也逐渐加大,传递的转矩也加大。从动件将在摩擦转矩作用下逐渐加速,直至与主动件的转速完全一致。在踏板完全放松的条件下,离合器的摩擦转矩必须大于发动机的最大转矩,以保证可靠地传递发动机转矩。

4. 离合器操纵机构

(1) 种类 机械式(图3-16a),机械液压式(图3-16b),助力式。

(2) 操纵轻便 脚踏板力不应超过200~250N;踏板行程应在100~150mm范围内,最大不超过180mm,否则要采用气、液等助力方式。

(3) 摩擦片磨损后仍能保证离合器的完全结合 分离轴承要有自由行程,反映为离合器踏板的自由行程,应便于调整。

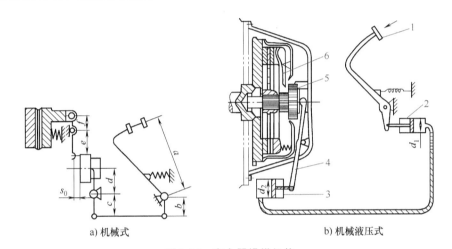

图 3-16 离合器操纵机构

1—脚踏板 2—主液压缸 3—工作液压缸 4—分离拨叉 5—分离套筒及轴承 6—分离杠杆

3.2.4 叉车主离合器设计

离合器一般附在发动机上,所谓的"设计"通常只是验算,即验算离合器的许用比压、踏板力等。离合器的主参数是它的摩擦片外径。

1. 转矩储备系数

主离合器的最大摩擦力矩 M_c 必须保证传递内燃机的最大转矩 M_{emax} 并有一定的储备,$M_c = \beta M_{emax}$,其中,$\beta = 1.6 \sim 2.5$,为转矩储备系数。

2. 摩擦力矩的验算

摩擦力矩的计算式为

$$M_c = F_p \mu R_c z \tag{3-1}$$

式中 F_p——压盘上的总压力(N),注意压强有限制;

μ——摩擦系数,钢对铜丝石棉干式摩擦时为0.25~0.35,钢对粉末冶金干式摩擦时为0.4~0.55;

R_c——摩擦面等效半径 $R_c = \dfrac{D^3 - d^3}{3(D^2 - d^2)}$；

D——离合器摩擦片的外径；

d——离合器摩擦片的内径；

z——摩擦面数目，单片为2，双片为4。

3. 离合器直径

总压紧力

$$F_p = p_0 A = \frac{p_0 \pi (D^2 - d^2)}{4} \tag{3-2}$$

式中 p_0——许用压强，钢对铜丝石棉为0.1~0.25MPa，钢对粉末冶金为0.4~0.6MPa；

A——摩擦片面积。

令 $c = d/D$，然后将 $d = cD$ 代入摩擦力矩表达式得

$$\begin{aligned}
M_c &= F_p \mu R_c z \\
&= \frac{p_0 \pi (D^2 - d^2)}{4} \mu \cdot \frac{D^3 - d^3}{3(D^2 - d^2)} \cdot z \\
&= \frac{p_0 \pi \mu z (D^3 - d^3)}{12} \\
&= \frac{p_0 \pi \mu z D^3 (1 - c^3)}{12}
\end{aligned} \tag{3-3}$$

根据 D 选用产品即可（验算）。

离合器本身通常只需要选用，甚至用发动机自带的即可，但操纵机构却需要认真对待。

解出

$$D = 1.56 \left[\frac{M_c}{p_0 \mu z (1 - c^3)} \right]^{\frac{1}{3}}$$

3.3 变速器

3.3.1 变速器的功能

1）变速变矩：通过换档改变内燃机到驱动车轮之间的传动比，改变驱动力和车速，以适应不同路面，尽量接近发动机的理想特性。

2）提供倒档：解决内燃机不能倒转的问题，使车辆能够后退行驶。

3）提供空挡：较长时间切断动力传递，以便让内燃机无载起动或短暂停车时怠速运转。

3.3.2 叉车对变速器的要求

1) 档位合理：档位数量合适，各档传动比分配合理。液力传动时档位数可少一些。
2) 倒档要多：叉车不同于汽车，倒档应接近于前进档的数量（2前+2倒或3前+2倒）。
3) 换档轻便：采用合适的换档机构，减小冲击，减轻驾驶员疲劳。
4) 效率高：传动效率高，工作可靠，噪声小，寿命长。
5) 制造简单：叉车的成本较低，要求变速器结构简单，维修方便。

3.3.3 实际的变速器方案

1. 变速器类型

1) 有级与无级：变速器通常是有级的，有时也把液力变矩器称为无级变速器（自动档）。
2) 定轴式与行星式：叉车上定轴式变速器用得较多，工程机械上行星式变速器用得较多，大吨位叉车或采用动力换档时也有用行星式变速器。
3) 人力换档与动力换档：一般机械传动采用人力换档，液力传动采用动力换档。

2. 变速原理（换档机构）

1) 直齿滑移齿轮换档：如图3-17所示，这种换档机构构造简单，但换档操作不当时容易打齿，需要较高的驾驶技术。变速器只能使用直齿轮，传动不够平稳。
2) 斜齿轮加换档结合套：如图3-18和图3-19所示，这种换档机构构造比同步器简单，换档时不会使齿轮打齿，但当齿轮

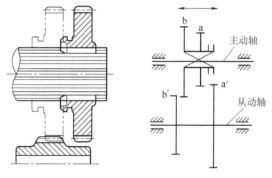

图3-17 直齿滑移齿轮换档方式

a、a′、b、b′—齿轮

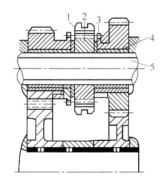

图3-18 斜齿轮加换档结合套结构

1—结合套 2—结合毂 3—齿轮侧外花键
4—轴套 5—花键轴

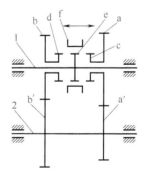

图3-19 斜齿轮加换档结合套换档方式

1—主动轴 2—从动轴 a、a′、b、b′—齿轮
c、d—齿轮侧外花键 e—结合毂 f—结合套

之间的转速差较大时换档仍然困难；变速器能使用常啮合的斜齿轮，传动平稳。

3）换档同步器：如图 3-20 所示，换档同步器结构复杂，通过同步锁环的锥面摩擦使要进入啮合的齿轮转速同步，使换档更容易，无冲击；变速器能使用常啮合的斜齿轮，传动平稳。

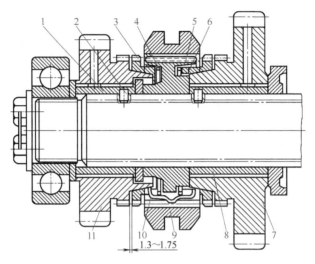

图 3-20 锁环式惯性同步器换档方式

1—轴套 2—定位销 3、6—锁环（同步器） 4—弹簧胀圈
5—结合毂 7—齿轮 8—衬套 9—结合套 10—滑块 11—齿轮

4）离合器换档：如图 3-21 所示，这种换档方式换档容易，通过离合器之间的摩擦，使齿轮之间强行同步，换档无冲击；能使用常啮合的斜齿轮，传动平稳，用于动力换档变速器。

3. 换档操纵机构

动力换档变速器的操纵机构操纵的是一些用来控制换档离合器的液压阀，而人力换档变速器的操纵机构则相对复杂一些。操纵机构在结构上应满足下述要求。

1）处于空档的变速器不能自动挂档。

2）挂档后的变速器不会脱档，并保证齿轮的全齿长均能有效啮合。

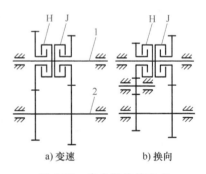

图 3-21 离合器换档方式
1—主动轴 2—从动轴 H、J—换档离合器

3）变速器不能同时挂入两个档位。

变速杆的下端插入拨叉上部的槽中，各拨叉固定在相应的拨叉轴上，拨叉轴可轴向移动。若横向扳动变速杆，其下端就进入某个拨叉的槽内，再纵向扳动变速杆时，就推动拨叉轴和拨叉，拨动齿轮或啮合套挂入相应的档位。

在换档过程中，驾驶员扳动变速杆时，必须克服自锁弹簧的压力，挤开钢球，才能拨动拨叉轴，起到不能自动挂档的作用。当进入某一档位时，钢球会落入拨叉轴上的另一个凹坑，从而防止脱档，这就是自锁机构的作用。

在拨叉轴之间的小孔通道中，有几个互锁钢球和销，拨叉轴侧面的相应位置也有凹坑，只要有一根拨叉轴移开空档位置,这些钢球和销之间就不再有空隙,能够阻止其他拨叉轴的移动,从而防止同时挂入两个档位,这就是互锁机构的作用,如图3-22和图3-23所示。

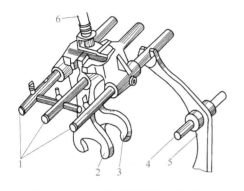

图3-22 人力换档变速器操纵机构
1—拨叉轴 2、3、5—拨叉 4—导向杆 6—变速杆

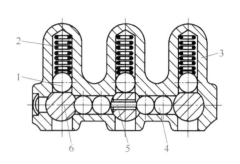

图3-23 变速器换档自锁和互锁
1—自锁钢球 2—自锁弹簧 3—变速器盖
4—互锁钢球 5—互锁销 6—拨叉轴

4. 变速器典型构造

1)采用直齿滑移齿轮换档的老3吨叉车人力换档变速器如图3-24所示,该变速器具有三档前进档和两档倒退档,由一个手柄操纵。除齿轮3和4为斜齿齿轮外,其他齿轮均为直齿齿轮。该变速器具有所谓"抽轴"构造:将螺母15和紧定螺钉16拆下,换用M12×105螺钉和M12螺母拧入输入轴2尾端,将其拉出一段距离,便可快速、方便地拆换离合器摩擦片。老3吨叉车变速器传动路线见表3-1。

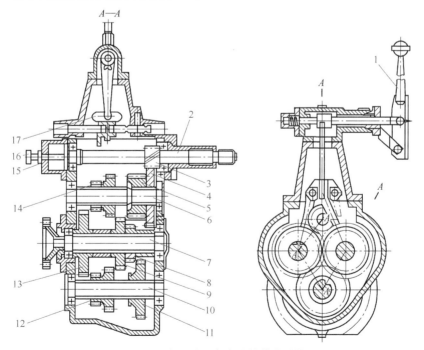

图3-24 老3吨叉车人力换档变速器
1—操纵手柄 2—输入轴 3、4—小、大斜齿齿轮 5—惰轮 6—倒退中间轴 7—输出轴
8、9、11~14—直齿轮 10—前进中间轴 15—螺母 16—紧定螺钉 17—拨叉

表 3-1 老 3 吨叉车变速器传动路线

档位	操纵情况	传动路线
前进一档	移动齿轮 12 向左	2→3→4→6→5→11→10→12(左)→13→7
前进二档	移动齿轮 12 向右	2→3→4→6→5→11→10→12(右)→9→7
前进三档	移动齿轮 11 向左	2→3→4→6→5→11→8→7
倒退一档	移动齿轮 14 向左	2→3→4→6→14(左)→13→7
倒退二档	移动齿轮 14 向右	2→3→4→6→14(右)→9→7

2）采用斜齿轮和换档啮合套的老 2 吨叉车人力换档变速器如图 3-25 所示，该变速器具有两档前进档和两档倒退档。所有齿轮均为斜齿齿轮。该变速器也具有类似的"抽轴"构造，能将第一轴从一轴套管中拉出一段距离，可快速、方便地拆换离合器摩擦片。由于采用变速传动和换向传动串联的结构，齿轮的个数少，但要用两个手柄操纵，不太方便。老 2 吨叉车变速器传动路线见表 3-2。

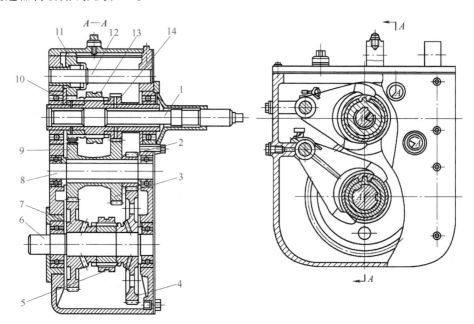

图 3-25 老 2 吨叉车人力换档变速器

1—输入轴　2、3、4、9、10、11、14—齿轮　5、13—啮合套　6—输出轴
7—齿轮　8—中间轴　12—倒退惰轮轴

表 3-2 老 2 吨叉车变速器传动路线

档位	操纵情况	传动路线
前进一档	拨动啮合套 13 和 5 右移	1→14→3→2→4→6
前进二档	拨动啮合套 13 右移 5 左移	1→14→3→9→7→6
倒退一档	拨动啮合套 13 左移 5 右移	1→10→11→9→2→4→6
倒退二档	拨动啮合套 13 和 5 左移	1→10→11→9→7→6

3）采用斜齿轮和离合器的 5 吨叉车动力换档变速器如图 3-26 所示，该变速器具有两个自由度，具有两档前进档和一档倒退档。5 吨叉车变速器传动路线见表 3-3。

表 3-3　5 吨叉车变速器传动路线

档位	操纵情况	传动路线
前进一档	中间的离合器结合，其他分离	输入轴→中右齿轮→下右齿轮→输出轴
前进二档	下边的离合器结合，其他分离	输入轴→中左齿轮→下左齿轮→输出轴
倒退一档	上边的离合器结合，其他分离	输入轴→中左齿轮→上左齿轮→上右齿轮→下右齿轮→输出轴

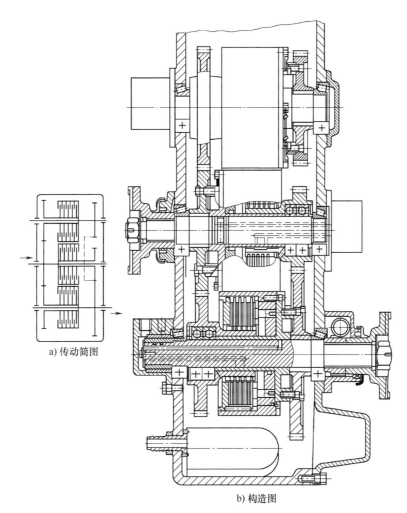

a) 传动简图

b) 构造图

图 3-26　5 吨叉车动力换档变速器

4）串联动力换档变速器如图 3-27 所示，该变速器由换向传动组和变速传动组串联，具有两个自由度，采用五个离合器换档，有三档前进档和三档倒退档。串联动力换档变速器传动路线见表 3-4。

表 3-4 串联动力换档变速器传动路线

档位	结合的离合器	传动路线
前进一档	F、I	$1 \to Z_2 \to Z_5 \to Z_{11} \to Z_{12} \to Z_{10} \to 2$
前进二档	F、II	$1 \to Z_2 \to Z_5 \to Z_6 \to Z_7 \to Z_{10} \to 2$
前进三档	F、III	$1 \to Z_2 \to Z_5 \to Z_6 \to Z_8 \to Z_9 \to 2$
倒退一档	R、I	$1 \to Z_1 \to Z_3 \to Z_4 \to Z_5 \to Z_{11} \to Z_{12} \to Z_{10} \to 2$
倒退二档	R、II	$1 \to Z_1 \to Z_3 \to Z_4 \to Z_5 \to Z_6 \to Z_7 \to Z_{10} \to 2$
倒退三档	R、III	$1 \to Z_1 \to Z_3 \to Z_4 \to Z_5 \to Z_6 \to Z_8 \to Z_9 \to 2$

3.3.4 叉车变速器设计

1. 前提条件

前提条件由总体设计中的牵引计算给出，具体包括如下条件。

1) 选出发动机，得到其最大转矩 M_{emax}。
2) 确定最大车速、爬坡度、驱动轮直径，算出传动系统总速比。
3) 确定主传动（轮边减速）速比，算出变速器各档速比。
4) 确定各档时间利用率，计算疲劳载荷。
5) 确定布置尺寸，如设计中心距、箱体尺寸等。
6) 给出其他要求，如换档方式、抽轴构造等。

设计条件不够怎么办？设法确定后验算即可。

2. 一般性步骤

1) 设满载叉车总重力为 $(G+Q)$（N），发动机最大转矩为 M_{emax}（N·m），主传动传动比为 i_0，最大爬坡度为 α_{max}，道路阻力系数为 f，驱动车轮滚动半径为 r（m），传动效率为 η_t，则一档传动比为

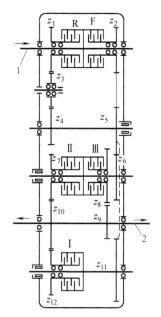

图 3-27 串联动力换档变速器
1—输入轴 2—输出轴

$$i_{g1} = \frac{(G+Q)(\alpha_{max}+f)r}{M_{emax} i_0 \eta_t} \tag{3-4}$$

2) 设最大车速为 V_{max}（km/h），发动机额定转速为 n_e（r/min），限速影响系数为 β（可取为 1.1），则高档传动比为

$$i_{gh} = 0.377 n_e r / (\beta i_0 V_{max}) \tag{3-5}$$

式中，0.377 为 $1000/(60\times 2\pi)$ 的倒数。

3) 总传动比 $i_总$ 由变速器传动比 $i_变$、主传动传动比 $i_主$、轮边减速器传动比 $i_轮$ 定义，即

$$i_总 = i_变 \; i_主 \; i_轮 \tag{3-6}$$

最小总传动比 $i_{总min}$ 由最大车速计算，最大总传动比 $i_{总max}$ 由最大爬坡度计算，有

$$i_{总min} = i_{变高} \; i_主 \; i_轮, \quad i_{总max} = i_{变低} \; i_主 \; i_轮$$

各传动比由设计者来分配。

4) 按等比级数分配变速器各中间档传动比。如 $i_{g1}=4$，$i_{gh}=i_{g3}=2$，则 $i_{g2}=2.828$。这样可以保证车辆在加速换档过程中能够充分利用发动机的功率。

5) 确定传动方案。传动方案中应明确：是定轴式还是行星式；是通过直齿滑移齿轮换档，还是通过斜齿轮加换档结合套换档；用不用同步器；是否采用动力换档方式。

6) 确定具体结构与内部传动比分配（配齿）。

7) 验算。验算齿轮的齿根弯曲疲劳强度和齿面接触疲劳强度，轴的脉动载荷或交变载荷疲劳强度，轴承的静强度与疲劳寿命。

3. 一般性原则

1) 通常经过两级外啮合齿轮减速，倒档时需要再增加一个惰轮。

2) 倒档车速略低于前进档车速。

3) 每一级齿轮的减速比接近一些，避免某个大齿轮过大，增大整个变速器的体积。

4) 变速器与减速器相比齿数少，中心距小，结构复杂而紧凑，多用硬齿面齿轮，一般不用剖分式箱体。

4. 参数确定

(1) 中心距（中间轴到输出轴） 可以由经验公式 $A_1 = KM_{emax}^{1/3}$ 确定中心距，系数 K 随参数的单位而不同。也可参考现有结构确定中心距，或者由布置和验算确定中心距。此外，如下因素影响中心距。

1) 齿轮的齿数之和影响中心距。

2) 齿轮的模数影响中心距。

3) 齿轮的螺旋角影响中心距。

4) 齿轮的变位系数影响中心距。

(2) 齿轮模数 模数大一些则齿数少，齿根抗弯性好；模数小一些则齿数多，重叠系数大，传动平稳；车辆变速器的失效方式是点蚀，属于疲劳破坏，齿轮模数取小一些好。

(3) 齿宽 大一些看上去承载好，但载荷分布不均匀，不如小一些。

(4) 螺旋角 采用斜齿轮可以增大重叠系数，使传动平稳，还可以用来凑中心距，螺旋角可取 $10°\sim30°$。

(5) 材料 齿轮通常采用 20CrMnTi（渗碳淬火），轴通常采用 45 或 40Cr（调质），齿轮轴通常按齿轮选材料，箱体通常采用灰铸铁或铸钢 ZG 270-500。

5. 验算

(1) 载荷 强度验算的载荷要从如下两个方向计算。

1) 从发动机最大转矩 M_{emax} 算过来，有

$$M_j = \frac{M_{emax}}{i_x \eta_x}$$

式中，i_x 和 η_x 分别为从发动机到计算点的传动比和效率。

2) 从车轮附着力倒算过来，也就是假设车轮打滑，将车轮打滑的力作为最大负载反算回来，有

$$M_j = \frac{G_1 \varphi r}{i'_x \eta'_x}$$

式中，G_1 为驱动桥桥载；φ 为地面与车轮之间的附着系数；i'_x 和 η'_x 分别为从计算点到车轮的传动比和效率。

两者取小值，该原则适用于传动系统各零部件。

疲劳载荷：根据各档位的时间利用率折算。

（2）齿轮　验算齿根弯曲疲劳强度和齿面接触疲劳强度，查机械设计手册。

（3）轴　进行精确的脉动或交变疲劳强度验算。

（4）轴承　进行静强度和疲劳寿命验算。

6. 结构设计

叉车设计中，很大一部分设计工作是结构设计，如轴肩、换档机构、换档操纵机构、箱体的结构设计，以及各零件的周向、径向、轴向定位，运动干涉、安装等干涉检查，这些往往不是靠计算，而是靠画图布置确定。

3.4　万向联轴器

3.4.1　万向联轴器的特性

由两个万向联轴器叉和一根可伸缩的传动轴就构成了一套万向联轴器装置，其构造如图 3-28 和图 3-29 所示。万向联轴器能够"容忍"非常大的距离偏差和角度偏差，可靠地传递动力，因而被广泛应用。

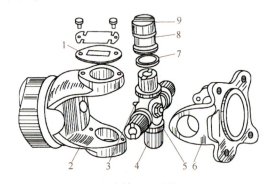

图 3-28　十字轴万向联轴器的构造

图 3-29　万向联轴器轴实物照片

1—定位盖　2、6—万向联轴器叉　3—注油嘴　4—十字轴
5—安全阀　7—油封　8—滚针　9—套筒

当叉车吨位较大，轴距也较大时，布置上可以采用万向联轴器，优点是可以让发动机靠后，起到一部分平衡重的作用；利用万向联轴器的特性，安装调试也比较方便。

3.4.2　万向联轴器设计

在图 3-30 所示的两种情况下，当符合下列两个条件时，万向联轴器能实现等角速度传动。

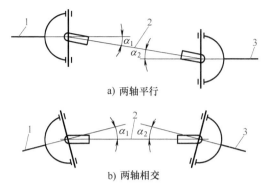

原理动画

图 3-30 万向传动等角速度条件
1—输入轴　2—中间轴　3—输出轴

1) 与中间轴相连的两万向联轴器叉必须在同一平面内。
2) 被连接的两根轴与中间轴的夹角 α_1 和 α_2 数值相等。

3.5 驱动桥

3.5.1 车辆驱动桥的功能

1) 减速增矩：通过主传动、轮边减速，进一步降低转速、增大转矩，满足驱动要求。
2) 差速：适应转弯、路面不平、轮胎气压不等造成的滚动半径差别。
3) 承装：承装驱动桥机构，承装车轮、制动器，连接门架、车架。
4) 传力：支承车架，传递重力、驱动力、制动力、侧向力。

3.5.2 叉车驱动桥的特点

1) 由于车速较低，主传动传动比往往较大，常采用二级主传动或轮边减速。
2) 多采用全浮式半轴，驱动桥只承受转矩，其他载荷由桥壳承担。
3) 有时通过剖分轴瓦直接承装门架，并通过剖分轴瓦直接安装在车架上。
4) 由于叉车结构紧凑，中小吨位叉车的驱动桥往往与变速器刚性连接，无万向联轴器。

3.5.3 叉车驱动桥的构造

1. 主传动

主传动又称为主减速器，通常是一对锥齿轮，使传动方向转 90°，如图 3-31 所示，一些细部构造如图 3-32 所示。主传动承担固定部分的传动比，一般单级传动比为 5~7，双级时可达 8~12。由于叉车的车速低，传动系统的总传动比大，因此希望主传动部分的传动比大一些。增大主传动部分的传动比可以减小变速器部分的传动比和转矩，有利于减小变速器的尺寸，便于设计和布置。

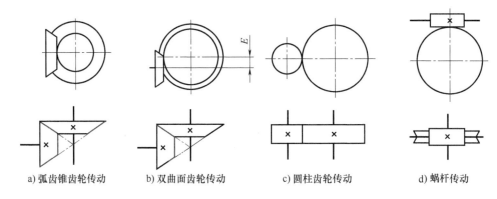

a) 弧齿锥齿轮传动　　b) 双曲面齿轮传动　　c) 圆柱齿轮传动　　d) 蜗杆传动

图 3-31　主传动齿轮的型式

主传动一般采用弧齿锥齿轮副，其优点是不发生根切的最小齿数少，只有 5~6 个齿，有利于提高传动比，减小尺寸。若采用双曲面齿轮副，如图 3-31 和图 3-33 所示，输入轴与驱动桥中心会有一个偏距，给传动系统的布置带来方便。另外，双曲面齿轮副的主动齿轮的螺旋角比从动齿轮的大，可增大小锥齿轮的节圆直径，有利于提高啮合刚度。但双曲面齿轮的加工和装配精度要求高，啮合过程中沿齿长方向的滑动大，需要采用特殊的双曲面齿轮油来润滑。

二级主传动是在一对锥齿轮的后面再加一对斜齿圆柱齿轮传动，这样可以大大减小锥齿轮的受力，也便于增大主传动速比，但驱动桥的构造要复杂些，如图 3-34 所示。

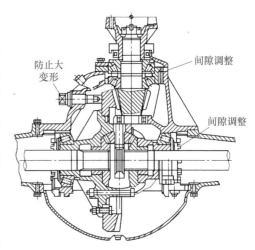

图 3-32　双曲面齿轮

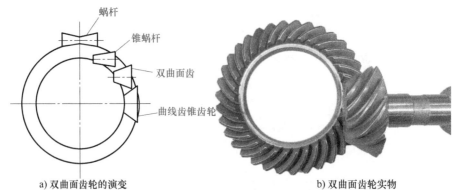

a) 双曲面齿轮的演变　　　　　b) 双曲面齿轮实物

图 3-33　一级主传动

2. 差速器

（1）差速器的作用 当叉车转弯、在不平路面上行驶、左右轮胎载荷或气压不等而使其滚动半径有差异时，应允许左、右驱动车轮以不同的速度旋转，以保证正常行驶。因此左、右驱动车轮分别由左、右两根半轴驱动，中间用差速器相连。差速器的作用是将动力分别传递给两根半轴，并使其有可能以不同的速度旋转，从而保持车轮与地面之间在圆周方向的纯滚动。

（2）差速器的构造（图3-35） 差速器位于主传动大锥齿轮的中间，是一种空间行星齿轮机构，由十字轴及其上的4个行星齿轮，以及与之啮合的两个半轴齿轮及相应的支承结构组成。主传动大锥齿轮的齿圈安装在差速器壳上，并为其提供动力，半轴齿轮通过花键与半轴连接，把动力传递给车轮。

（3）差速器的工作原理 正常情况下，差速器壳带动十字轴并带动行星齿轮公转，行星齿轮拨动半轴齿轮转动，这时行星齿轮只有公转没有自转，两个半轴齿轮的转速相同。当有差速的需要时，行星齿轮既有公转又有自转，使两个半轴齿轮的转速不同，但其速度和不变，等于差速器壳速度的两倍，而且所传递的转矩相等（图3-36和图3-37）。实际上，差速器是一种有两个自由度的差动轮系，车辆行驶时是靠路面与驱动车轮之间的切向附着力来约束多余自由度的。

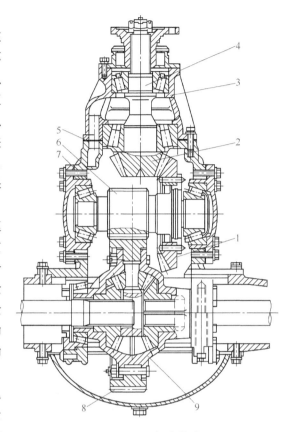

图3-34 二级主传动

1—从动圆锥齿轮 2—主动圆锥齿轮 3—减速器壳 4—主动轴 5、7—调整垫片 6—小圆柱齿轮 8—大圆柱齿轮 9—差速器壳

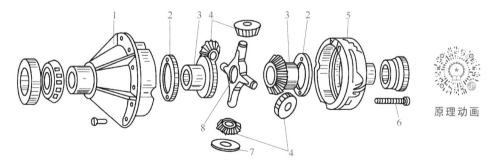

图3-35 差速器构造

1、5—差速器壳 2—半轴齿轮垫圈 3—半轴齿轮 4—行星齿轮 6—螺栓 7—行星齿轮垫片 8—十字轴

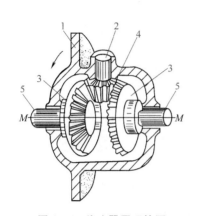 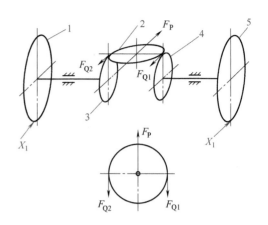

图 3-36 差速器原理简图
1—差速器壳 2—行星齿轮轴（十字轴）
3—半轴齿轮 4—行星齿轮 5—半轴

图 3-37 差速器受力简图
1、5—驱动车轮 2—行星齿轮 3、4—半轴齿轮

差速器传递给两根半轴的转矩相等，一方面表现为差速器运转灵活，有利于车辆转向；另一方面当一侧驱动车轮打滑时，另一侧驱动车轮也使不上劲，现象是附着良好的车轮不动，而打滑的车轮以两倍的速度空转，车辆开不出困境。因此越野车辆上装有差速锁，遇到一侧车轮打滑时锁上差速锁，禁止行星齿轮自转，将驱动力矩施加到不打滑的车轮上，使车辆开出困境。

3. 半轴

半轴的内端与差速器中的半轴齿轮用花键连接，外端用法兰与驱动车轮的轮毂相连，轮毂则通过两个轴承支承在驱动桥壳上，如图 3-38～图 3-40 所示。这种半轴只承受转矩，称为全浮式半轴。绝大部分叉车的半轴都是全浮式半轴。在有轮边减速的情况下，半轴的外端也是花键。

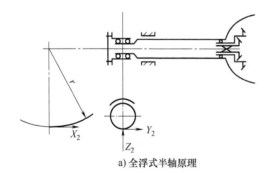

a) 全浮式半轴原理　　　　　　　b) 全浮式半轴三维模型

图 3-38 全浮式半轴原理

图 3-39 全浮式半轴实物照片

4. 轮边减速

大吨位和某些中吨位叉车的驱动桥采用轮边减速，其优点是能提高总传动比，或者减小变速器、主减速器、差速器、半轴的载荷和尺寸。

轮边减速多采用行星减速，布置在轮辋内部，其中，太阳轮为输入构件，大齿圈固定，行星排为输出构件，传动比为 3.5～5.5。轮边减速如图 3-41 所示。

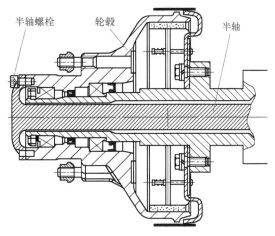

图 3-40 半轴与轮毂连接

5. 驱动桥壳

驱动桥壳起承装和传力的作用。桥壳内装有主减速器、差速器、半轴等，桥壳外与门架、车架相连接。桥壳上还安装着制动器、车轮，有时还有轮边减速器。驱动桥壳传递的切向力有驱动力和制动力，径向力有载荷与自重，侧向力有离心力和侧倾力。

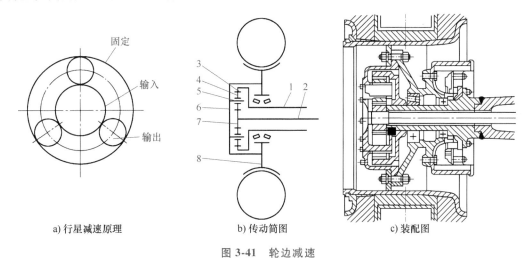

图 3-41 轮边减速

1—桥壳 2—半轴 3—齿圈 4—行星轮 5—行星轮轴 6—行星轮架 7—太阳轮 8—轮毂

驱动桥壳有整体铸造结构，如图 3-42a 所示。驱动桥壳也有分段焊接结构，由主传动壳体、半轴套管等组成，如图 3-42b 所示。

图 3-42 驱动桥壳结构

叉车驱动桥与车架典型的连接方式如图3-43所示，外侧通过剖分轴瓦与车架连接，内侧通过剖分轴瓦安装门架。中吨位机械传动叉车的整个传动系统通常是刚性连接的，如图3-1所示，一端是驱动桥，另一端通过发动机与车架连接。

图 3-43 驱动桥的连接

6. 车轮

（1）轮胎的类型与型号　普通断面轮胎的断面高度与宽度约相等，即 $H \approx B$，如图3-44所示。标记方法为 $B-d$，B 为轮胎断面名义宽度，d 为轮辋名义直径，单位均为 in。

例如，7.00-12　12PR 表示断面宽度为 7in，斜交结构，轮辋直径为 12in，帘布层数 12。

再如，6.00 R 9 12PR 表示断面宽度为 6in，子午线结构，轮辋直径为 9in，帘布层数 12。

普通断面轮胎的外径为 $D = d+2H \approx d+2B$。

宽断面轮胎与普通轮胎相比，断面较宽，断面的高度较小，在相同负荷作用下其外径尺寸较小。宽断面轮胎的标记方法为 $D \times B-d$，D 为轮胎名义外径，B 为轮胎断面名义宽度，d 为轮辋名义直径，单位均为 in，或公制与英制单位混用。

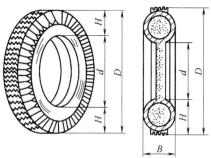

图 3-44 充气轮胎尺寸标记

例如，28×9-15 12PR 表示轮胎外径为 28in，斜交结构，断面宽度为 9in，轮辋直径为 15in，帘布层数 12。

也有公制系列的轮胎，例如，180/70-8 125 A5 表示轮胎宽度为 180mm，轮胎高宽比为 70%，斜交结构，轮辋直径为 8in，负荷指数为 125，速度符号为 A5（25km/h）。

高弹性实心轮胎在外形上与充气轮胎相仿，内腔填充具有许多气孔的高弹性材料，既有仅次于充气轮胎的弹性，又有实心轮胎不怕被刺破的优点。

（2）叉车轮胎的选用　平衡重式叉车由于其特殊结构和工作原理，减小轮胎直径有助于减小前悬距，从而减小自重，降低重心高度，提高整机稳定性，减少对传动系统传动比的要求，因而使得叉车轮胎的负荷很重。解决的方案是采用中、高压的轮胎，或者使用宽基轮胎和高弹性实心轮胎，大吨位叉车则在前轮处采用双胎。

（3）选用情况　常见吨位叉车的轮胎选用情况见表3-5。

表 3-5　常见吨位叉车的轮胎选用情况

吨位	0.5t	1t	2t	3t	5t
前轮	5.00-8-8	6.00-9-10	7.00-12-12	8.25-12-12	8.25-15-14 双
后轮	4.00-8-6	5.00-8-8	6.00-9-10	6.50-10-10	8.25-15-14

注：3t叉车可采用宽基轮胎 28×9-15-12，轮胎直径为 28in（710mm），断面宽度为 9in（220mm），轮辋直径为 15in（387.4mm），帘布层数为 12，配用轮辋 7.0 或 7.00T，气压为 0.83MPa，作为驱动轮最大负荷 2790kg。

（4）轮胎规格（充气）　轮胎规格见表3-6。

表 3-6 轮胎规格（断面宽度和外直径：新胎设计尺寸；轮胎负荷：平衡重式叉车，25km/h）

轮胎规格	标准轮辋[①]	允许轮辋	充气压力 /MPa	断面宽度 /mm	外直径 /mm	驱动轮负荷 /kg	转向轮负荷 /kg
3.50-5-6	3.00SP	—	0.86	99	294	380	320
4.00-4-6	2.50C	—	0.76	107	312	445	375
4.00-8-6	3.00D	2.50C	0.72	112	415	640	540
4.50-12-8	3.00B	3.00D	0.90	122	548	1175	995
5.00-8-8	3.50D	3.00D	0.79	137	470	1000	845
5.50-15-8	4.50E	—	0.72	157	670	1670	1410
6.00-9-10	4.00E	4.50E	0.86	160	540	1505	1275
6.00-15-10	4.50E	—	0.83	170	705	2185	1845
6.50-10-10	5.00F	5.50F	0.79	175	590	1655	1400
7.00-9-10	5.00S	—	0.86	190	590	1995	1685
7.00-12-12	5.00S	5.50S	0.86	190	676	2375	2005
7.00-15-12	5.5	5.50T	0.86	200	750	2870	2420
7.00-20-10	5.5	5.50S	0.69	200	904	3140	2655
7.50-10-12	5.50F	5.00F	0.83	205	645	2350	1985
7.50-15-12	6.0	6.00T	0.79	215	780	3075	2600
7.50-16-12	6.00G	5.50F	0.79	215	805	3195	2700
7.50-20-12	6.0	6.00T	0.79	215	935	3820	3225
8.25-12-12	6.5	5.00S	0.72	235	765	3060	2585
8.25-15-14	6.5	6.50T	0.83	235	840	3775	3185
8.25-20-14	6.5	6.50T	0.83	235	974	4575	3865
9.00-16-14	6.50H	7.00N	0.76	255	890	4495	3795
9.00-20-14	7.0	7.00T	0.76	259	1018	5195	4385
10.00-20-14	7.5	7.50V	0.69	378	1055	5560	4695
11.00-20-16	8.0	7.50V	0.76	293	1085	6405	5405
12.00-20-16	8.5	8.50V	0.69	315	1125	6915	5840
12.00-24-16	8.5	8.50V	0.72	315	1225	7985	6740
13.00-24-20	9.0	9.00V	0.83	340	1279	9470	7575
14.00-24-20	10.0	10.00W	0.72	375	1343	10910	9215
16.00-25-24	11.25/2.0	—	0.75	430	1490[②]	13105	10485
18.00-25-24	13.00/2.5	—	0.56	495	1615[②]	14205	11365
21.00-25-28	15.00/3.0	—	0.60	575	1750[②]	19410	15530

① 阿拉伯数字代表轮辋底座宽度（in），英文字母表示轮辋边缘高度（mm）：B—13.80，C—15.88，D—17.45，E—19.81，F—22.23，G—27.94，H—33.73，J—17.27，K—19.26，L—21.59，P—25.40，R—28.58，S—33.33，T—38.10，V—44.45，W—50.80。
② 轮胎为越野花纹的外直径。

3.5.4 实际的驱动桥方案

机械和液力传动的驱动桥处于传动系统的末端,用来改变由变速器传来的转矩大小和方向,并将它协调地传给左、右驱动车轮。桥壳用来安装主传动、差速器和半轴等部件,承受重力和其他外力,属于行走支撑系统。

一般小吨位叉车驱动桥采用单级主传动,变速器输出轴上带着主传动小锥齿轮,与驱动桥刚性连接,如图3-45和图3-46所示。中吨位叉车的驱动桥多采用二级主传动,所有传动零件都安装在与变速器一体的过渡桥段中,驱动桥本身只是一个空壳,变速器和驱动桥壳之间自然也是刚性连接,如图3-1和图3-47所示。大吨位叉车由于采用液力变矩器,动力换档变速器与液力变矩器和驱动桥之间均采用法兰连接,有一段万向联轴器,如图3-48和图3-49所示。

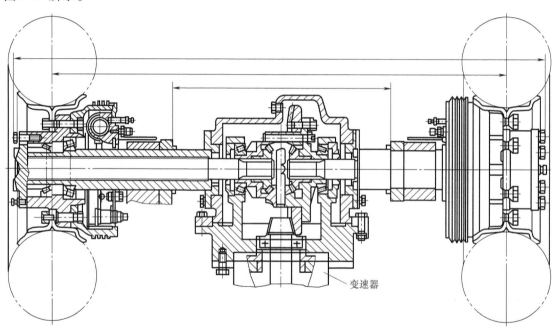

图 3-45 小吨位叉车驱动桥构造

图 3-46 小吨位叉车驱动桥照片

图 3-47 新型中吨位变速器驱动桥一体化刚性连接传动系统

 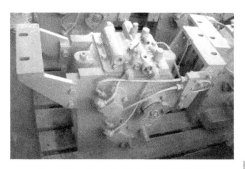

图 3-48　液力传动 5t 叉车驱动桥　　　　图 3-49　动力换档 5t 叉车变速器

3.5.5　叉车驱动桥设计

1. 主减速器

主减速器（主传动）传动比为固定值，并使传动方向转 90°。一般单级主减速器传动比为 5~7，双级时可达 8~12。典型的齿数比为 40/6 = 6.67。双级主传动或增加轮边减速器可以增大总传动比，或者减小变速器传动比使变速器传递的转矩减小，减小中心距和体积有利于整机布置。例如，宝鸡 TCM 2~3t 叉车（α 型车）采用二级主传动驱动桥，天津巴尔干 2~3t 叉车采用具有轮边减速的驱动桥。

2. 机构验算

（1）主传动计算载荷　主传动计算载荷即小锥齿轮轴上的载荷，可以从发动机最大转矩 M_{emax} 计算过来，有

$$M_j = M_{emax} i_{g1} \eta_{g1} \tag{3-7}$$

从车轮附着力倒算过来，也就是假设车轮打滑，将车轮打滑的力作为最大负载反算回来，有

$$M_j = \frac{G_1 \phi r}{i_0 \eta_0} \tag{3-8}$$

式中　i_{g1} 和 η_{g1} ——变速器一档的传动比和效率；

　　　G_1——驱动桥桥载；

　　　ϕ——地面与车轮之间的附着系数；

　　　i_0 和 η_0——主传动的传动比及其传动效率；

　　　r——车轮半径。

上述计算出的载荷 M_j 两者取小值，该原则适用于传动系统各零部件。

（2）差速器　差速器并不经常转动，只验算齿根弯曲疲劳强度即可。载荷为

$$M_d = \frac{0.6 T_{max}}{q} \tag{3-9}$$

式中　0.6——考虑一点摩擦力，否则为 0.5；

　　　q——行星齿轮个数，一般为 4；

　　　T_{max}——主传动被动锥齿轮所受的转矩。

（3）半轴　半轴载荷为

$$T_j = 0.6 T_{max}$$

式中 0.6——考虑一点摩擦力,同前。

3. 桥体(桥壳)验算

(1)最大纵向力工况

1)最大牵引力工况如图 3-50 所示,有

$$R = 0.5 \times 动桥载$$
$$= 0.5 m_{1行} \times 静桥载 \tag{3-10}$$
$$= 0.5 m_{1行} \times 0.9 G_a$$

式中 R——反力;

$m_{1行}$——倒档的载荷转移系数,$m_{1行} = 1.1$;

0.9——满载叉车前桥载荷统计比例;

G_a——满载叉车总重量(N)。

所以有

$$P_{max} = 0.11 G_a$$

式中 P_{max}——最大牵引力,$P_{max} = 0.5(\alpha + f)G_a$;

α——最大爬坡度,取 0.2;

f——摩擦系数取 0.02。

2)验算截面如图 3-51 所示,有

$$M_{垂直} = RL \tag{3-11}$$
$$M_{水平} = P_{max} L \tag{3-12}$$
$$T = P_{max} r \tag{3-13}$$

式中 r——车轮半径。

3)最大制动力工况如图 3-52 所示,$R_{制}$ 可以取 $0.5 G_a$(临界,否则翻车),有

$$P_{制} = \varphi R_{制} = 0.5 \varphi G_a \tag{3-14}$$

式中 φ——附着系数,$\varphi = 0.7$。

所以,最大制动力比最大牵引力更大。

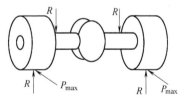
图 3-50 最大牵引力工况

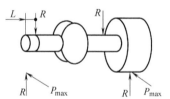
图 3-51 最大纵向力验算截面

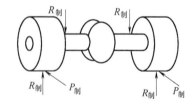
图 3-52 最大制动力工况

(2)最大横向力工况 最大横向力工况如图 3-53 所示,考虑临界侧滑状态,即进行急转弯而要翻未翻的状况,有

$$R_1 = G_1 = 0.9 G_a \tag{3-15}$$
$$P_{侧} = \varphi_{侧} R_1 = R_1 (\varphi_{侧} 取 1) \tag{3-16}$$

最大横向力验算截面如图 3-54 所示,有

$$M_{A-A} = P_{侧} r - R_1 b = R_1 r - G_1 b = 0.9(r-b) G_a \tag{3-17}$$

式中 r——车轮半径。

（3）最大竖直力工况 最大竖直力工况如图3-55所示，考虑路面冲击，此时不考虑纵、横向力，有

$$R_{动}=0.5G_1\delta=0.5\times0.9G_a\delta \tag{3-18}$$

式中 δ——动载系数，可取2.5。

验算截面同最大纵向力工况。

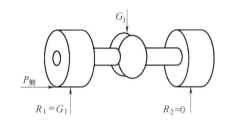

图 3-53 最大横向力工况

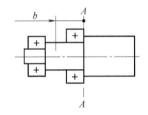

图 3-54 最大横向力验算截面

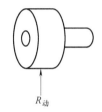

图 3-55 最大竖直力工况

习题

3-1 工业车辆对传动系统的一般要求是什么？

3-2 离合器有什么作用？既然变速器中有空档，为什么还要用离合器？

3-3 内燃叉车的变速器最少需要几个档位？请列举出来，并说明为什么。

3-4 工业车辆对对传动系统的特殊要求是什么？

3-5 工业车辆离合器的种类主要有哪些？

3-6 简述驱动桥与驱动桥壳在叉车传动系统中所起的作用，写出与驱动桥壳有装配关系的全部零部件。

3-7 画出普通行星齿轮差速器的构造简图，导出两个驱动车轮与差速器壳之间的转速关系和转矩关系（忽略机构中的摩擦力矩），在实际工作中什么情况下进行差速器动作？上述简单差速器有什么缺点？这种缺点对于叉车来说严重吗？为什么？

3-8 如图3-56所示，验算某干式双盘离合器参数，已知：摩擦片外径 $D=280\text{mm}$，内径 $d=165\text{mm}$，摩擦系教 $\mu=0.25$，压紧弹簧系数 $i=12$，弹簧自由高度 $H_0=70\text{mm}$，结合时工作高度 $H=40\text{mm}$，单个弹簧结合时负载 $N=150\text{kg}$，发动机转矩 $M_{e\max}=40\text{kg}\cdot\text{m}$，分离间隙 $\delta=1.1\text{mm}$。操纵机构尺寸：$a=436\text{mm}$，$b=110\text{mm}$，$c=90\text{mm}$，$d=40\text{mm}$，$e=92\text{mm}$，$f=$

22.5mm，$S_{0f}=3$mm，$S=0.3$mm。

忽略回位弹簧的拉力，计算：①摩擦面平均压力 $P_{均}$；②离合器转矩储备系数 β 和 $P_{摩}$（摩擦片单面摩擦0.5mm后）；③踏板行程 S；④踏板自由行程 S_0；⑤踏板力 Q。

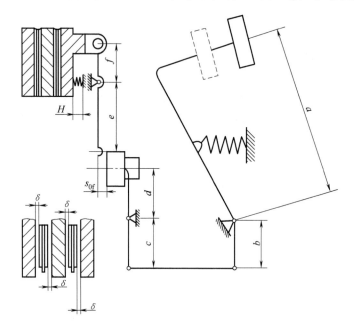

图 3-56 干式双盘离合器示意图

3-9 已知某2吨叉车采用多档机械式变速器（两档前进档和两档后退档），传动方案如图3-57所示，传动比：$i_{前Ⅰ}=4.6$，$i_{后Ⅰ}=4.98$，$i_{前Ⅱ}=2.16$，$i_{后Ⅱ}=2.33$。各轴之间的中心距：$A_{Ⅰ-Ⅱ}=102$mm，$A_{Ⅰ-倒}=78$mm，$A_{Ⅱ-倒}=97.5$mm，$A_{Ⅱ-Ⅲ}=139.5$mm，$A_{Ⅰ-Ⅲ}=150$mm。齿轮均为直齿齿轮，模数 $m=3$，试计算各齿轮的齿数。

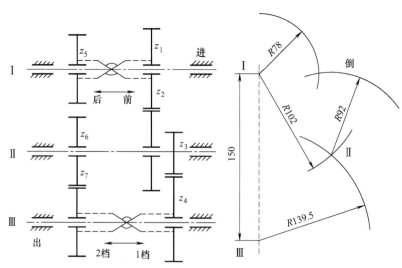

图 3-57 2吨叉车多档机械式变速箱传动方案

第 4 章 制动系统

4.1 制动系统概述

强制使车辆减速或停止的过程称为制动。其实质是利用制动器的摩擦消耗车辆的动能,使之转化为热量散发掉,从而使车辆的行驶速度降低;当车辆停止后,利用制动器的摩擦力矩使车辆不因外力的作用而自行运动。

制动性能是指使行驶中的车辆按要求迅速减速以至停止的能力。制动性能对车辆完成作业任务、提高生产率及保证行驶安全起重要作用。

4.1.1 制动系统的功能

制动系统是保证车辆安全行驶的重要装置。它必须具备如下基本功能。

1) 在车辆行驶过程中,能以适当的减速度使车辆降速行驶直至停车。
2) 在车辆下坡时,为避免车辆在自身重力的分力作用下不断加速,应进行制动,使之保持适当的稳定车速。
3) 车辆停放时,使车辆在原地(包括在斜坡上)可靠地停住。

为此,车辆一般均具有行车制动系统和驻车(停车)制动系统两套制动系统。

1) 行车制动系统:用于实现前两项功能,由司机通过制动踏板来操纵,当踩下制动踏板时起制动作用,松开制动踏板后,制动作用即消失,故也称为脚制动系统。
2) 驻车制动系统:用于实现第三项功能,并有助于车辆在坡道上起步,以防止车辆向下溜车。这套制动系统通常用制动手柄操纵,并可锁止在制动位置上,当司机离开车辆后仍可靠地保持在制动状态,故也称为手制动系统。

4.1.2 叉车对制动系统的要求

为保证安全行驶,制动系统应满足如下要求。

1) 工作可靠,制动器产生的制动力矩应满足车辆对制动性能的要求。叉车空载、车速 20km/h 时的制动距离应不大于 6m。
2) 制动平稳,制动力与操纵力成正比,制动时左、右制动轮上的制动力矩应平稳增加,且保持相等,放松制动踏板时,制动作用应迅速消失。制动器不自行制动,防抱死(可以通过 ABS 系统来控制),不失灵,制动效果不随温度等环境因素变化。

3) 操作轻便,脚踏板力不应超过 500N,行程不得大于 150mm。维修、调整应便利,特别是摩擦副磨损后,最好能实现自动调整。

4) 制动作用滞后时间尽可能短,即从踩下制动踏板到制动器产生作用的空行程时间越短越好。

5) 由于叉车前、后行驶的时间接近,故制动系统应保证前行与后行的制动效能基本相同。

4.2 制动系统的组成及工作原理

4.2.1 制动系统的组成

制动系统由制动器和制动操纵机构组成。

1) 制动器都是装在车轮旁或与车轮刚性联系的传动件上。受制动器制动力矩作用的车轮称为制动轮。平衡重式叉车一般是由驱动轮同时作为制动轮,转向轮作为从动轮。叉车以使用蹄式制动器为主,大吨位叉车的行车制动系统也可以使用盘式制动器,中央手制动系统往往使用盘式制动器,也有使用蹄式制动器或带式制动器的。

2) 制动操纵机构一般分为机械式、人力液压式、气压式和气液综合式。机械式操纵机构构造简单,工作可靠,但由于没有助力作用,操纵比较费力,有时布置不方便,通常只用于驻车制动系统。人力液压式操纵机构虽然也不能起到助力作用,但由于液压系统具有自润滑作用,传动效率高,分配到每个制动器上的压力相等,各制动器能同时起作用,叉车不易跑偏,油管的布置方便,广泛应用于中、小吨位叉车。近年来也有使用液压助力制动的。

行车制动系统和驻车制动系统一般是分别有独立的制动器和制动操纵机构,但有些车辆有两套制动操纵机构但只有一套制动器,这两套制动操纵机构可分别或同时地操纵同一套制动器。

1. 行车制动系统

(1) 人力液压式制动操纵机构 人力液压式制动操纵机构原理如图 4-1 所示。

制动操作力的传递:制动踏板 1→活塞推杆 2→制动总泵(总泵活塞 3 和总泵缸体 4)→

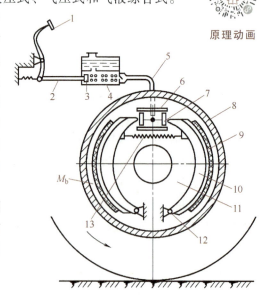

图 4-1 人力液压式制动操纵机构原理图
1—制动踏板 2—活塞推杆 3—总泵活塞 4—总泵缸体 5—油管 6—分泵缸体 7—分泵活塞 8—制动鼓 9—摩擦衬片 10—制动蹄 11—制动器底板 12—支承销 13—复位弹簧

油管 5→制动分泵（分泵缸体 6 和分泵活塞 7）→制动蹄 10→制动鼓 8→车轮→地面。

制动时，由旋转元件（制动鼓 8）和不旋转元件（制动蹄 10、摩擦衬片 9 等）组成摩擦副，车辆在行驶中的动能转化为摩擦副的摩擦热能而散失掉。

不制动时，固连于车轮轮毂上的制动鼓 8 随车轮一起转动。外圆表面上铆有摩擦衬片 9 的两个弧形制动蹄 10，分别铰接在下端两个支承销 12 上，支承销 12 通过制动器底板 11 固定在车桥上。在复位弹簧 13 的作用下，两制动蹄 10 的上端贴紧在两端的分泵活塞 7 上。摩擦衬片 9 外圆弧面与制动鼓 8 的内圆面之间保持一定的间隙，使车轮和制动鼓可以自由旋转。

制动时，司机踩下制动踏板 1，通过活塞推杆 2 和总泵活塞 3，总泵中的油液产生一定的压力，经油管 5 流入分泵中，迫使分泵活塞 7 推动两个制动蹄 10 绕支承销 12 转动，于是制动蹄 10 的上端分别向两边张开，摩擦衬片 9 便紧紧压在制动鼓 8 的内圆面上。这样，不旋转的制动蹄 10 就对旋转着的制动鼓 8 作用一个摩擦力矩（即制动力矩）M_b，其方向与车轮旋转方向相反。当放开制动踏板 1 时，复位弹簧 13 将制动蹄 10 拉回原位，制动力矩 M_b 消失，解除制动。

人力液压式制动操纵系统必须使用特殊的制动液。制动液有植物制动液、矿物制动液和合成制动液等几种。植物制动液由约 50%的蓖麻油和约 50%的溶剂（丁醇、酒精或甘油等）配制而成。这种制动液气化温度低，低温下易凝结，蓖麻油很贵重，因而应用日益减少。矿物制动液的高温及低温性能都较好，不会腐蚀金属，但溶水性差，且易使橡胶件膨胀，使用也不多。合成制动液气化温度可达 190℃，在 -40℃时仍具有较好的低温流动性，且有良好的溶水性能，因而得到广泛应用。

（2）气压式制动操纵机构　气压式制动操纵机构是利用压缩空气的力量来产生制动作用的，司机踏下制动踏板的动作只是操纵制动控制阀，操纵起来省力得多。

气压式制动操纵机构如图 4-2 所示。由原动机带动的空气压缩机 1 将压缩空气经管道压入储气筒 3 内，气压可达 1000kPa，筒内气压可由装在驾驶室内的压力表 4 来指示。储气筒 3 通过制动控制阀 6 和管道 7 与制动气室 8 接通，制动控制阀 6 由制动踏板 5 来操纵。当司机踩下制动踏板时，储气筒 3 内的压缩空气经过制动控制阀 6 进入制动气室 8，在空气压力作用下，制动气室 8 的连接叉推动凸轮调整臂，转动制动凸轮 9，使制动器的制动蹄撑开，压向制动鼓，产生制动作用。

当司机放松制动踏板 5 时，制动控制阀 6 一方面关闭进气阀，另一方面使制动气室 8 内的空气从制动控制阀 6 排到大气中去，从而使复位弹簧将制动蹄拉回原位，失去制动作用。

制动控制阀 6 是气压式操纵系统中的关键部件，它用于控制从储气筒 3 送到制动气室 8 的压缩空气量，并保证作用在制动器上的力与作用于踏板上的力成正比。在作用于踏板上的力不变时，作用于制动器上的力也应为常数。当司机放开制动踏板时，它应保证迅速而完全地放松制动。

气压式制动操纵系统广泛应用于汽车，它操纵省力，但必须有一套产生和储存压缩空气的装置，使得整个系统更加复杂，在中、小吨位叉车上布置困难。

（3）气液综合式制动操纵机构　气液综合式制动操纵系统俗称"气顶油式"，如图 4-3 所示，在大吨位叉车上开始采用。它是利用压缩空气的能量来推动制动总泵活塞，即通过气推油加力器将压缩空气系统和液压制动操纵系统联系起来，由双管路气制动阀来控制制动力

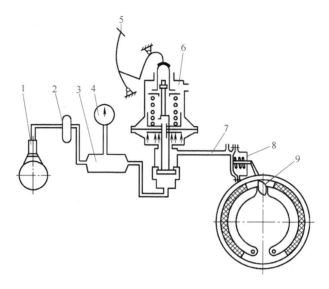

图 4-2 气压式制动操纵机构示意图

1—空气压缩机 2—油水分离器 3—储气筒 4—压力表 5—制动踏板
6—制动控制阀 7—管道 8—制动气室 9—制动凸轮

的大小。

气液综合式制动操纵机构如图 4-3 所示。发动机带动的空气压缩机 1 输出压缩空气,再经过气推油加力器 5 和 9,将气压势能转化为液压势能,作为制动的驱动力源。司机则按不同的制动强度要求,通过制动踏板操纵双管路气制动阀 8 来控制送入气推油加力器的压缩空气量和其压力。双管路气制动阀的工作原理与气压式制动操纵机构中的制动控制阀的工作原理相同。

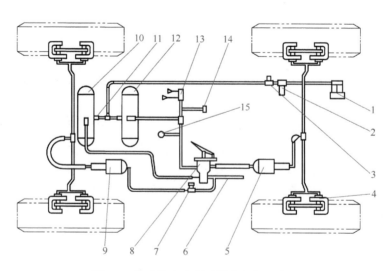

图 4-3 气液综合式制动操纵机构示意图

1—空气压缩机 2—油水分离器 3—压力控制器 4—制动分泵 5—后气推油加力器
6—接变速阀软管 7—制动灯开关 8—双管路气制动阀 9—前气推油加力器
10—前储气筒 11—单向阀 12—后储气筒 13—气扬声器 14—气刮水阀 15—压力表

气液综合制动操纵机构兼有液压制动操纵和气压制动操纵两者的主要优点，而且由于气压管路较短，作用滞后时间较气压制动操纵机构要短。但这种制动操纵机构结构复杂，重量较大，造价较高，因此，它主要用于重型车辆上。

2. 驻车制动系统

由于中、小吨位叉车结构紧凑，往往把驻车制动功能附在行车制动器上，形成两套制动操纵系统共用一套制动器的状态，这样做勉强能满两套独立制动系统的要求。好在驻车制动系统采用机械式制动操纵机构，可靠性比较高，仍能对行车制动系统的人力液压式制动操纵机构起到一定的备份作用。

驻车制动的操纵均采用机械式，其原理如图4-4所示，驻车制动钢丝绳与被向右拉动时，杠杆1的下端随之向右移动，而杠杆1的上端一边通过铰接点推动左制动蹄8的上端向左移动，一边又通过推杆3推动右制动蹄4的上端向右移动，使左、右制动蹄8、4撑开，制动器上闸。

当布置条件允许时，尽可能采用如图4-5所示的中央盘式驻车制动器。由于制动器位于变速器输出端，与驱动车轮之间有驱动桥主传动传动比关系，因此需要的制动力矩比较小，制动操纵力也就比较小。但如果将其用于行车制动，则驱动桥中的传动零件会受到很大的转矩载荷，故一般不要将其用于行车制动，只能在紧急情况下使用。

驻车制动操纵手柄应能够锁止在制动位置上，一般在其顶端有一个释放按钮，如图4-6所示。

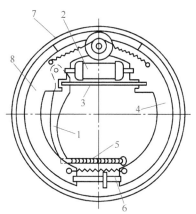

图4-4 附在行车制动器上的驻车制动操纵机构示意图

1—杠杆 2—制动分泵 3—推杆 4—右制动蹄 5—钢丝绳 6—顶杆 7—制动底板 8—左制动蹄

图4-5 独立的中央盘式驻车制动器

图4-6 驻车制动操纵手柄

3. 制动总泵

制动总泵的构造如图4-7所示，司机踏下制动踏板时，推杆14将活塞11向后推动，当皮碗9将旁通孔4盖住后，油压升高，皮碗9更紧地压在工作缸筒内壁上，使油液更难以泄漏到活塞的环形油腔。高压油将克服出油阀弹簧7的弹簧力而打开出油阀6，经油管到车轮的制动分泵对制动器实施制动。显然，踏板上的作用力与制动器产生的制动力矩成正比，因而使司机具有路感,即直接感觉到车辆的制动强度,以便及时调节制动力。制动系统传动比等于机械部分的杠杆比与液压系统杠杆比的乘积,而液压系统的杠杆比等于制动轮缸活塞面积与制动主缸活塞面积之比。

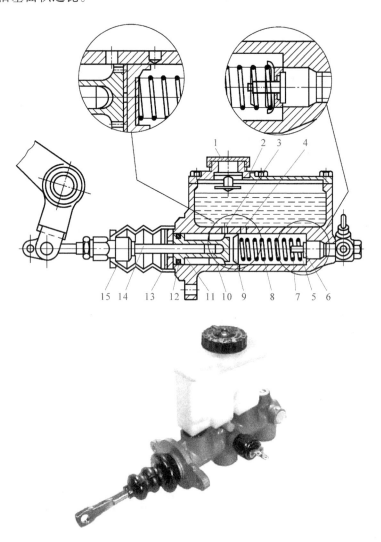

图 4-7 制动总泵

1—螺塞 2—通气孔 3—补偿孔 4—旁通孔 5—回油阀 6—出油阀 7—出油阀弹簧 8—活塞回位弹簧 9—皮碗 10—活塞上小孔 11—活塞 12—橡胶密封圈 13—挡圈 14—推杆 15—橡胶防护罩

4. 制动分泵

双活塞制动分泵如图 4-8 所示。分泵缸体 1 用螺钉固定在制动器底板上,其内腔装有两个活塞 2、两个皮碗 3 和一个弹簧 4。在活塞 2 的外端装有顶块 5 和防护罩 6。橡胶制成的防护罩 6 用来防止泥土等进入缸体工作表面。弹簧 4 将两活塞 2 通过顶块 5 压紧在制动蹄上,当液压油经进油孔 7 进入两活塞 2 之间的分泵缸体 1 内空间时,将两个皮碗 3 更紧地压在分泵缸体 1 内腔壁上,并推动活塞 2 向外移动以使制动器制动。若分泵中进入气体,则可踏下制动踏板并同时打开放气阀 9 放气。

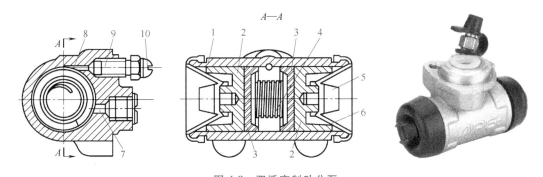

图 4-8 双活塞制动分泵

1—分泵缸体 2—活塞 3—皮碗 4—弹簧 5—顶块 6—防护罩
7—进油孔 8—放气孔 9—放气阀 10—放气阀防护螺钉

5. 制动器

车辆上几乎全都采用摩擦制动器，摩擦副中固定元件对旋转元件的摩擦力矩就是制动力矩。

制动器按照安装位置，分为车轮制动器和中央制动器。旋转元件固装在车轮上，使制动力矩分别直接作用于两侧车轮的制动器称为车轮制动器。车轮制动器能够避免差速器的影响，保证两侧车轮同时等效制动，故行车制动都是用车轮制动器，驻车制动也可用车轮制动器。如果制动器的旋转元件固装在传动系统的传动轴上，其制动力矩经过主减速器和差速器再分配给两侧车轮，形成的制动器称为中央制动器。由于主减速器对制动力矩有增大作用，故中央制动器的制动力矩和尺寸均可小一些，操纵力也较小一些。中央制动器只用作驻车制动系统的制动器。在紧急制动时，这两种制动器可以同时动作，以加强制动效果。

按照摩擦副元件的形状，制动器分为蹄式制动器、带式制动器和盘式制动器。带式制动器除了偶尔用作中央制动器外在车辆上应用很少。

蹄式制动器以内圆柱面作为摩擦工作面，旋转元件是制动鼓，安装在车轮内侧；固定元件是两件蹄形制动蹄，安装于固定在桥壳上的制动底板上，不能随车轮转动。制动蹄的外圆弧面上铆有摩擦衬片，当制动蹄向外张开时，压紧制动鼓的内圆柱面，即产生摩擦制动作用。促使制动蹄张开的装置称为制动蹄促动装置，它有液压缸（称为制动分泵）、转动凸轮或楔块等类型，其中，制动分泵用得最多，分泵的活塞直接推动制动蹄张开。在液压制动操纵系统、气液综合制动操纵系统中都是采用制动分泵。在气压式制动操纵系统中，由于制动气室尺寸太大，不能置于制动器内，只好由制动气室推动凸轮转动，凸轮再推动制动蹄张开。

4.2.2 制动系统的分类

1) 按系统功能：行车制动系统（脚制动）、驻车制动系统（手制动）。
2) 按操纵方式：机械式（杠杆或钢丝绳）、人力液压式、气动式（气制动或真空助力式）、气液综合式（气顶油）。
3) 按制动器结构：蹄式、盘式、带式。

制动器产生阻止车辆运动或运动趋势的力。利用固定元件与旋转元件工作表面间的摩擦而产生制动力矩的称为摩擦式制动器。摩擦式制动器又可分为鼓式与盘式两大类。鼓式制动器中的旋转元件为制动鼓，其工作表面为一圆柱面。盘式制动器的旋转摩擦元件为圆盘状的制动盘，以其端面作为工作面。鼓式制动器按照固定摩擦元件的位置分为内张型鼓式制动器和外收缩型（或外束型）鼓式制动器两大类。内张型鼓式制动器又称为蹄式制动器，外束型鼓式制动器又称为带式制动器。起重机则采用块式制动器，如图4-9所示。

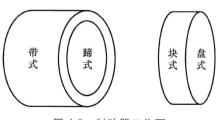

图 4-9　制动器工作面

4.2.3　制动系统的性能

1. 制动过程

制动响应过程通常分为四个时间段，如图4-10所示。

t_1 时间段为驾驶员反应与动作时间，也就是从驾驶员发现制动信号到开始进行制动动作的时间，$t_1 = t_1' + t_1''$，t_1' 为反应时间，t_1'' 为动作时间，实验表明，$t_1 = 0.5 \sim 0.7s$。

t_2 时间段为制动产生时间（间隙、上升），也就是司机开始动作到制动器完全作用的时间，这是由于制动操纵机构有部分空程，占用时间

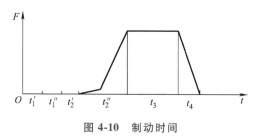

图 4-10　制动时间

t_2'，此外，制动操纵机构和制动器有弹性变形，使制动力的上升有一个过程，占用时间 t_2''。对于液压操纵机构，$t_2 = 0.2s$；对于气力操纵机构，$t_2 = 0.4 \sim 0.8s$。

t_3 时间段为制动持续时间。

t_4 时间段为制动解除时间。

2. 制动性能

制动性能可以用制动减速度、制动时间、制动距离等来衡量。其中，制动距离是最直观和便于测量的，因此常常规定在一定速度下制动时允许的最大制动距离作为车辆制动性能指标的下限，制动性能指标的上限则由附着力条件或稳定性所决定。

有关标准规定：在叉车空载且车速为20km/h时，制动距离不大于6m。

由于车辆在 t_1 和 t_2 时间段还驶过一段距离，故实际的制动距离要比计算出的理论制动距离大些。在设计制动系统时要考虑这个因素。

3. 制动可靠性（稳定性）

操纵性：制动时间和制动强度要可操纵。

可靠性：不自刹，不失灵。

稳定性：不随温度、尘土、磨损等变化。

防抱死：车轮与地面之间的静摩擦力要大于动摩擦力。在制动过程中，一旦车轮被抱死，与地面之间打滑，制动力反而会下降。而且一旦发生纵向打滑，侧向上也会失去附着力，车辆会发生侧滑甚至调头。

当有效制动力达到车轮与地面之间的附着力时，车轮将发生滑移，滑移一个阶段后，最后车轮将完全停止转动而在路面上滑拖（或称为完全滑移）。这时，制动力减小，制动器内

也不再相对运动和吸收能量，车辆尚有的动能将通过轮胎和路面之间的摩擦而转化为热能，这将使胎面局部剧烈发热，胎面橡胶的强度降低，发生强烈的磨损现象，在路面上留下黑色的痕迹。同时，附着系数 φ 的数值将下降，制动效果变坏。因此，有效制动力最好接近附着力而尚未达到其值，这样制动效果最好，轮胎寿命也长。显然有效制动力主要决定于制动器制动力或制动力矩，因此，制动器的制动力或制动力矩要选得合理。

在车轮抱死滑拖的条件下，车轮几乎不可能承受侧向力，如果受到外界侧向力（横向坡度引起的侧向力或侧向风力）的作用，则制动车轮将侧向滑移。当直线行驶制动时，如果前轮侧向滑移，则车辆基本上能按直线减速停车。因为当前轴侧滑时，车辆做曲线运动，产生离心惯性力，离心惯性力的方向与外界侧向力的方向接近于相反，从而能起到减小或阻止前轴侧滑的作用，因此车辆制动时的方向处于一种稳定状态，基本能保持直线制动。如果后轮制动到抱死滑拖，在侧向力作用下发生侧向滑移，则车辆将发生甩尾现象。因为这时车辆运动的离心力与外界侧向力的方向相近，从而加剧后轴的滑移，加剧车辆的曲线运动，结果造成车辆急剧转动，因此制动过程中后轴侧滑是一种不稳定状态。

但是叉车是经常倒退的，前后轮的作用经常交换。例如，叉车前进时前轮是制动轮，即使达到了制动滑移状态，也基本能保持运动方向稳定。但是叉车倒退时，后轮变成了制动轮，这时如果制动达到滑移状况，并产生了侧向滑移，叉车就可能出现甩尾现象。当叉车空载倒退时，由于制动轮轮压小，因此较容易发生这种现象。这时驾驶员必须将转向盘迅速朝侧滑的方向转动，使转向轮偏转，这样产生与外力方向相反的离心惯性力，以阻止和消除制动轮的侧滑。由此可见，叉车在空载后退行驶制动时，驾驶员应高度注意。

为了防止抱死现象的发生，可以设法控制制动力，使其不超过临界值，能够实现这种功能的系统称为 ABS 系统，广泛应用于小轿车上。由于叉车的车速较低，一般不采用 ABS 系统。

4.3 蹄式制动器

4.3.1 蹄式制动器的类型与原理

蹄式制动器在车辆上应用很广泛，不但用作车轮制动器，也广泛用作中央制动器。有油压张开式和凸轮张开式两种类型。

1. 松紧蹄式（简单非平衡式）

如图 4-11 所示，它的两个制动蹄的下端均铰接在制动底板上，两蹄的上端由一个制动分泵的两个活塞分别同时推动，绕各自的下端铰点向外摆动一个很小的角度，摩擦衬片压紧制动鼓，发生相对转动，产生摩擦制动力矩。

当制动分泵两活塞的直径相等时，活塞对左、右蹄的张开力 F_P 是相等的，但左、右蹄对制动鼓的摩擦力矩是不同的。在制动鼓逆时针转动时，制动

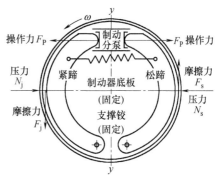

图 4-11 松紧蹄式制动器原理

鼓对左蹄的摩擦力促使左蹄绕下端铰点进一步逆时针摆动，使左蹄对制动鼓压得更紧，达到力平衡状态。而制动鼓给右蹄的摩擦力也促使右蹄绕铰点逆时针摆动，但与液压缸活塞张开力对右蹄的作用相反，从而使右蹄对制动鼓压得松一些。根据左蹄和右蹄的受力平衡可得出结果，左蹄对制动鼓的径向力将大于右蹄对制动鼓的径向力，左蹄对制动鼓的摩擦力矩也将大于右蹄对制动鼓的摩擦力矩。由于左、右蹄对制动鼓的径向力不平衡，结果是使制动鼓除了受摩擦制动力矩外，还受到一个径向力，并对车轮轴承形成一个附加的径向载荷，所以这种制动器称为简单非平衡式制动器。

蹄式制动器中，制动鼓对制动蹄的摩擦力促使制动蹄压得更紧时，该制动蹄被称为紧蹄或领蹄；制动鼓对制动蹄的摩擦力促使制动蹄对制动鼓压得较松时，该制动蹄被称为松蹄或从蹄。在简单非平衡式制动器中，当制动鼓的旋转方向改变时，原来的紧蹄将变为松蹄，原来的松蹄将变为紧蹄，虽然两蹄的受力情况互换了，但整个制动器的制动效果却与原来相同，所以这种制动器也称为制动效能对称的制动器。只有当制动器在结构上对 y-y 轴线对称时，才可能是制动效能对称的制动器。

松蹄的制动效果差，但制动稳定性比较好。紧蹄有正反馈的作用，制动效果好，但制动稳定性比较差。

类比一下图 4-12 所示自行车上的抱闸（属带式制动器），摩擦力与操作力的方向一致，起正反馈的作用，制动很省力。但推车倒退时制动的效果会很差。

2. 双向双紧蹄式（双向平衡式）

图 4-13 所示为一种平衡式制动器，它的两个制动蹄是浮动的，没有固定铰轴，蹄的上、下两端均有双活塞的制动轮缸。在制动鼓逆时针转动条件下，当制动轮缸作用时，活塞会被同时推开，制动蹄接触制动鼓后，制动鼓给制动蹄的摩擦力带动制动蹄逆时针转动一个很小角度，左蹄下端的活塞被压在轮缸体上，成为左蹄的下支承。左蹄在上端活塞推动下压紧制动鼓。右蹄上端的活塞也被压在轮缸体上，成为右蹄的上支承，右蹄在下端活塞的推动下压紧制动鼓。左、右两蹄受力相同，都是紧蹄，制动鼓受力平衡。当制动鼓顺时针转动时，制动蹄接触制动鼓后，制动蹄顺时针转动一个很小的角度，左蹄以上端为支承，右蹄以下端为支承，在活塞的推动下，两蹄压紧，也都是紧蹄，制动鼓受力平衡，且产生的制动力矩与制动鼓逆时针转动时产生的制动力矩大小相等，即制动效能对称，故这种制动器称为双向平衡式制动器。

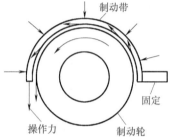

图 4-12 带式制动器原理

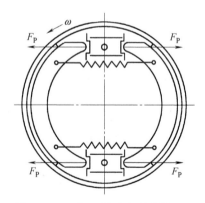

图 4-13 双向双紧蹄式制动器原理

3. 双向自动增力式（中小吨位的叉车常用）

图 4-14 所示为一种双向自动增力式制动器的构造，它是另一种平衡式制动器。双向自动增力式制动器的左、右两蹄都是浮动的，蹄的上端支撑在圆柱销上，并靠紧制动分泵，蹄的下端浮支在顶杆的左、右两端。顶杆的左端支靠着左蹄的下端，顶杆的右端支靠着右蹄的下端。利用几个复位弹簧使制动蹄不与制动鼓接触。在制动鼓逆时针转动条件下，当制动分

泵的活塞推出时，推动左、右蹄压紧制动鼓，制动鼓给左蹄的摩擦力带动左蹄转动一个很小角度，左蹄下端压向顶杆，顶杆则压向右蹄，右蹄绕上端圆柱销中心摆动一个很小的角度，压紧制动鼓。在这种情况下，左蹄和右蹄虽都是紧蹄，但两蹄的受力情况不同。左蹄受力主要有：分泵提供的张开力 F_P、下端顶杆的支反力 F_S、蹄片上承受的摩擦力。根据左蹄的受力平衡可推得，F_S 大于 F_P 与左蹄类似，右蹄在顶杆提供的张开力 F_S 作用下，对制动鼓的径向力及摩擦力矩大于左蹄的力和力矩，具有增力的作用，因此该蹄又称为增力蹄，这种制动器称为自动增力式制动器。

当制动鼓顺时针转动时，左、右蹄的作用与上述情况互换一下，左蹄上端支靠在圆柱销上，左蹄是增力蹄。只要液压缸中压力相同，即使制动鼓的转动方向改变，制动器的制动力矩大小也相同，效能不变。

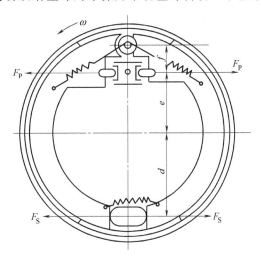

图 4-14　双向自动增力式制动器原理

4. 比较

各种制动器性能对比见表 4-1，双向双紧蹄式制动器的制动效力优于松紧蹄式，而双向自动增力式又优于双向双紧蹄式。但制动稳定性则正好相反。由于叉车车速较低，对稳定性的要求不高，而车轮半径小，布置紧凑，对制动效果的要求高，因此多使用后两种制动器。小吨位叉车所使用的双向自动增力式制动器还附带驻车制动促动机构，是手脚共同操纵的制动器。

表 4-1　各种制动器性能对比

类型	制动分泵数	制动效果	双向性	稳定性	用途
松紧蹄	1	一般	好	一般	汽车
双向双紧蹄	2	较好	好	差	大吨位叉车
双向自动增力	1	最好	好	最差	中小吨位叉车

4.3.2　蹄式制动器的构造

1. 松紧蹄式制动器构造

松紧蹄式（简单非平衡式）制动器的构造如图 4-15 所示。制动蹄 1、9 具有 T 形截面，蹄的下端分别铰接在支承销 11 的偏心轴颈上，支承销 11 装在制动器底板 3 的销孔中，转动支承销 11 可以改变偏心轴颈的方位，从而调整制动蹄 1、9 与制动鼓 18 之间的间隙。两蹄的上端被复位弹簧 4、10 拉拢，制动蹄腹板上的锁销 8 紧靠在调整凸轮 7 上，调整凸轮 7 装在制动器底板 3 上，可以转动而使调整凸轮 7 的方位改变，以调整制动蹄 1、9 与制动鼓 18 的间隙。为取得两摩擦面的良好吻合，两种间隙调整应同时使用。

制动鼓 18 用螺栓与车轮轮毂的凸缘相固接，与车轮一起转动。制动器底板 3 用螺栓与

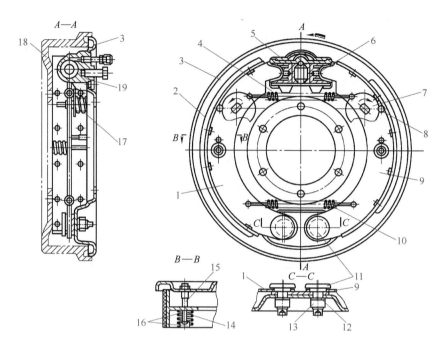

图 4-15 松紧蹄式（简单非平衡式）制动器构造

1、9—制动蹄 2—摩擦衬片 3—制动器底板 4、10—制动蹄复位弹簧 5—制动分泵活塞 6—活塞顶块
7—调整凸轮 8—锁销 11—支承销 12—弹簧垫圈 13—螺母 14—制动蹄限位弹簧
15—制动蹄限位杆 16—弹簧盘 17—凸轮压紧弹簧 18—制动鼓 19—制动分泵

驱动桥壳上的凸缘连接。T形截面的前后两个制动蹄1和9通过其下部腹板的孔用支承销11支承在制动器底板3上。制动蹄腹板上端松嵌入活塞顶块6的凹槽中，而活塞顶块6压入固定于制动器底板3上的制动分泵19的制动分泵活塞5上。为防止制动蹄轴向窜动，固定在制动器底板3上的制动蹄限位杆15与制动蹄限位弹簧14将制动蹄压向制动器底板3。在两制动蹄的外圆弧面上，用埋头铆钉铆接着由石棉纤维与其他物质混合压制而成的摩擦衬片2。铆钉头的埋入深度为新摩擦衬片厚的一半左右，以防由于摩擦衬片磨薄，铆钉外露而降低制动效能。

2. 双向自动增力式制动器构造

双向自动增力式制动器构造如图4-16所示。在这种制动器上，制动蹄5、10与制动鼓1之间的间隙调整只需改变顶杆的长度即可实现。可调顶杆由可调顶杆体11、带齿调整螺钉13和可调顶杆套14组成。顶杆体与顶杆套分别顶在右蹄和左蹄下端，不能转动。带齿调整螺钉13位于中间，一端有螺纹旋入顶杆体的螺母中，另一端为圆柱体，与顶杆套的孔做动配合，拨动带齿调整螺钉13的带齿凸缘可使螺钉转动，即可调整顶杆的长度。拉紧弹簧12又压住带齿凸缘，防止调整螺钉自行转动。

图4-17所示的是某种双向自动增力式制动器照片，该制动器附带有驻车制动促动机构，参见图4-4。自动间隙调整机构则需要参见图4-16的构造并对照图4-17的照片来看。图4-16中的带齿调整螺钉13带有一个小齿盘，它可以被由细钢绳拉动的拨板带动。当制动器顺时针制动时，绕过固定在制动蹄片上的一个圆弧板会拉紧细钢绳。此时若制动器的间隙较大，则细钢绳的拉动量也会较大，使得拨板带动带齿调整螺钉13上的小齿盘转过一个齿，从而

使顶杆伸长，减小间隙。而当制动器的间隙正常时，制动产生的细钢绳拉动量不足以带动带齿调整螺钉 13 上的小齿盘转过一个齿，从而保证制动间隙不会越调越小。

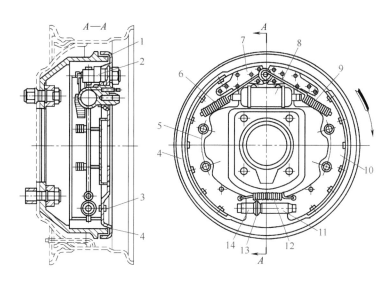

图 4-16 双向自动增力式制动器构造

1—制动鼓　2—支承销　3—调整孔橡胶堵塞　4—制动器底板　5、10—制动蹄
6、9—复位弹簧　7—夹板　8—分泵　11—可调顶杆体　12—拉紧弹簧
13—带齿调整螺钉　14—可调顶杆套

4.3.3　制动效能分析

1. 制动效力系数

每个制动蹄的制动效力系数

$$K_t = \frac{T_t}{F_P R} \tag{4-1}$$

式中　T_t——每个蹄产生的制动力矩；
　　　F_P——蹄端推力；
　　　R——制动鼓半径。

换一个角度计算，有

$$K_t = \frac{T_t}{F_P R} = \frac{R \sum F}{F_P R}$$
$$= \frac{\sum F}{F_P} \tag{4-2}$$

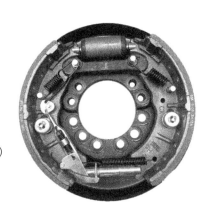

图 4-17 双向自动增力式制动器照片

即，制动效力系数可定义为单位蹄端推力所产生的总摩擦力。

2. 模拟制动器的效力系数

如图 4-18 所示，假设包角很小，压力平均分布并简化成集中力，则对于紧蹄有（对下铰点取矩）：

$$N_d = F_P(e+d) + \sum F(R-c) \quad (4-3)$$

有 $\sum F = \mu N$，代入可得

$$\frac{\sum F d}{\mu} = F_P(e+d) + \sum F(R-c) \quad (4-4)$$

$$\sum F[d-\mu(R-c)] = \mu F_P(e+d) \quad (4-5)$$

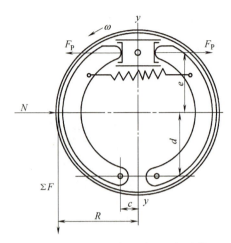

图 4-18　模拟制动器效力系数计算

故对紧蹄有

$$K_{t1} = \frac{\sum F}{F_P} = \frac{\mu(e+d)}{d-\mu(R-c)} \quad (4-6)$$

而对于松蹄同理有

$$K_{t2} = \frac{\mu(e+d)}{d+\mu(R-c)} \quad (4-7)$$

所以对于整个模拟制动器有

$$K_t = K_{t1} + K_{t2} = \frac{\mu(e+d)}{d-\mu(R-c)} + \frac{\mu(e+d)}{d+\mu(R-c)} \quad (4-8)$$

3. 分析

虽然上述推导假定包角很小，其结果仍有一定的参考价值，可以看出如下趋势。
1）紧蹄的效力系数大于松蹄。
2）效力系数与制动器的结构形式、结构尺寸、摩擦系数有关。
3）自锁条件为

$$d-\mu(R-c) = 0 \quad (4-9)$$

紧蹄有自锁的危险，松蹄没有；K 随 μ 变化，而 μ 随温度变化，影响制动稳定性。

4.4　盘式制动器

4.4.1　盘式制动器的类型和构造

盘式制动器的旋转元件是以端面为工作表面的圆盘，称为制动盘，如图 4-19 所示。钳

盘式制动器不旋转的元件是位于制动盘两侧的一对或数对带摩擦衬片的制动块,这些制动块及其压紧机构都装在类似夹钳形的支架上,统称为制动钳。过去,钳盘式制动器主要用在中央制动器上,目前,钳盘式制动器在车轮制动器中的应用越来越多。

固定夹钳式制动器的结构如图4-20所示。制动盘1用螺钉固定在轮毂上,为旋转元件。制动钳对称地安装在制动盘外缘处,制动钳由内钳壳8和外钳壳2组成,它们装配在一起后,用四根螺栓紧固成一体。内钳壳则用螺钉15紧固在不旋转的桥壳凸缘上。摩擦衬片6采用酚醛树脂热压在6mm厚的钢制底板5上,组成制动块。制动块通过两根导向销7悬装在钳壳上,并可沿导向销7做轴向移动。内、外两侧钳壳实际上各为一个液压制动分泵缸体,其中各装有一个活塞3,液压制动分泵缸壁上装有矩形截面的橡胶密封圈4。

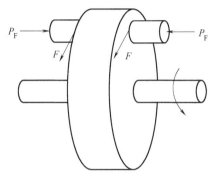

图4-19 盘式制动器原理

两个分泵内腔由位于壳体外面的油管相连通。活塞3的空腔内装有弹簧,是自动回位和自动补偿摩擦衬片6磨损的机构。固定销轴10靠螺纹拧紧在钳壳上,摩擦卡环11以一定的摩擦力装在固定销轴10上。复位弹簧12的一端支承在套筒13的外凸缘上,另一端压在盖板9上,盖板9用垫圈挡住。套筒13由摩擦卡环11限位。制动时,活塞3在液压作用下向右移动,活塞3上的挡环带动盖板9压缩复位弹簧12,活塞3推动制动块,压向制动盘1,产生制动力矩。当制动液压力消除后,活塞3在复位弹簧12的张力作用下回到原位。

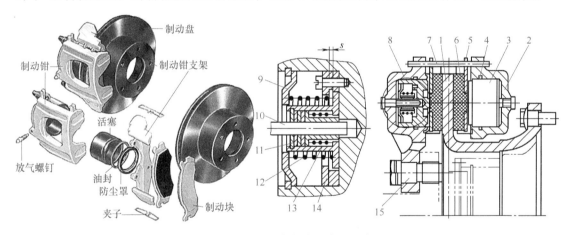

图4-20 固定夹钳式制动器结构

1—制动盘 2—外钳壳 3—活塞 4—密封圈 5—底板 6—摩擦衬片 7—导向销 8—内钳壳
9—盖板 10—固定销轴 11—摩擦卡环 12—复位弹簧 13—套筒 14—挡环 15—螺钉

当摩擦衬片6磨损后,制动时活塞3的位移量增加,当活塞3的右移量大于挡环14与套筒13凸缘之间的间隙量时,活塞右移将使挡环14压向套筒13凸缘,迫使套筒13克服摩擦卡环11与固定销轴10之间的摩擦力,与活塞3一起右移。摩擦卡环11相对固定销轴10的移动量即为衬片的磨损量。当制动液压力消除后,在复位弹簧12作用下,活塞3仍向左移回一定距离,摩擦卡环11停在新的位置上,这样使制动器的间隙总是保持正常值,从而达到了活塞自动复位及补偿摩擦衬片磨损的目的。

因这种固定夹钳式制动器的结构刚性较好,机构比较可靠,故采用较多。

另一种浮动夹钳式制动器制动时,活塞在油压作用下移向制动盘,并使制动块压紧制动盘,迫使制动盘连同车轮一起减速。此时,矩形橡胶圈的刃边由于活塞摩擦力的作用,会产生微量弹性变形。

解除制动时,活塞靠矩形密封圈的弹性变形复位。制动块和制动盘之间所需要的间隙很小,通常每边只有 0.1mm 左右的间隙。

制动器间隙因摩擦衬片在使用中发生磨损而增大,当超过密封圈的最大变形时,活塞就会在油压作用下克服密封圈的摩擦阻力继续外移,直到压紧制动盘为止。解除制动时,由于密封圈的弹性变形所能恢复的距离仍旧不变,故活塞被密封圈拉回的距离与摩擦衬片磨损前一样,即制动器间隙仍保持标准值。故矩形密封圈除起密封作用外,还能自动调整制动器间隙。

4.4.2　盘式制动器的特点

钳盘式制动器有如下优点。

1) 钳盘式制动器所产生的制动力矩比较平稳,制动力矩与操作力成正比,其效能系数 K 与摩擦系数 μ 呈直线关系。而对于蹄式制动器,当摩擦系数增大时,其制动力矩按曲线上升,如图 4-21 所示。

2) 由于制动盘都暴露在外,因此通风散热良好,旋转时还有自洁作用;摩擦系数热衰退现象不明显。在恶劣工况下仍能正常使用。

3) 维修方便,不需要经常调整间隙,其自身结构具有自动调整制动盘和制动摩擦衬片间隙的能力。

4) 制动摩擦衬片磨损均匀,使用寿命较长。不会出现因磨损不均匀而使两侧车轮制动力矩不等的现象。

钳盘式制动器有如下缺点。

1) 制动块摩擦面积小,压力较高,对摩擦材料要求高。

2) 没有增力作用,制动效力系数小,所以在制动操纵机构上通常要求有增力机构。

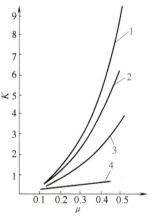

图 4-21　各种制动器的制动效力系数

1—双向自动增力式　2—双向双紧蹄式　3—松紧蹄式　4—盘式制动器

盘式制动器在工程机械上用得多。可能是布置上有一些困难,在中小吨位叉车上没有采用。这很可能只是一种习惯,在大吨位叉车上完全可以采用。

4.5　制动系统设计

4.5.1　制动效力系数的用途

每个制动蹄的制动效力系数

$$K_t = \frac{T_t}{F_P R} = \frac{\sum F}{F_P} \tag{4-10}$$

式中 T_t——每个蹄产生的制动力矩；

F_P——蹄端推力；

R——制动鼓半径。

换一个角度，每个制动器产生的制动力矩为

$$T = KRF_P = (K_{t1} + K_{t2})RF_P \tag{4-11}$$

4.5.2 需要的制动力矩

1）法规（标准）：空载，车速 $v_0 = 20$km/h，制动距离 $s \leqslant 6$m；满载，车速 10km/h，制动距离 3m。

2）制动减速度：$v_t^2 - v_0^2 = 2as$，可求出制动减速度 a。

3）制动力：$F = Ma$，由前面估算的叉车自重 M 可求出 F。

4）制动力矩：$T = Fr$，由确定的车轮半径 r 可求出 T。

5）其他因素：包括司机反应时间、制动产生时间、摩擦衬片的磨损、温度变化、异物进入等。

6）算例：2t 叉车，自重 3.4t，7.00-12 的车轮直径 686mm。

制动减速度：$a = \frac{v_t^2 - v_0^2}{2s} = \frac{0 - (20 \times 1000/3600)^2}{2 \times 6}$m/s² $= -2.572$m/s²。

制动力：$F = Ma = 3.4 \times 1000 \times 2.572$N $= 8744.8$N。

制动力矩：$T = F \times r = 8744.8 \times 0.5 \times 0.686 \times 0.97$N·m $= 2909.5$N·m。

蹄端制动操作力：$F_P = \frac{0.5T}{KR}$，两个制动器，取 $K = 3$，鼓半径 $R = 0.14$m，则有

$$F_P = 0.5 \times 2909.5/(3 \div 0.14)\text{N} = 3463.7\text{N}。$$

实际要更大一些才行。

4.5.3 制动力矩限制

1）附着力限制。

2）制动稳定性限制。

3）整车稳定性限制。

4.5.4 综合计算

1）综合需要与可能，计算制动力矩。

2）选制动器类型，计算其效力系数。

3）计算蹄端推力。

4）选系统压力，计算分泵直径与行程。
5）计算总泵直径与行程。
6）配操纵系统杠杆比，无法实现时用助力制动。
7）验算各项指标。

4.5.5 参数选择

1. 制动鼓内径 D

制动鼓内径应尽可能大，以提高制动力矩，但它受车轮轮辋内径的限制，且轮辋与制动鼓之间应留有足够的空间，以利于制动鼓的良好散热，一般 $D/2 = (0.42 \sim 0.48) r_{滚}$（车轮滚动半径）。

制动鼓壁厚应保证制动鼓的刚度，同时使制动鼓有较大的热容量，并考虑车辆大修时制动鼓尚留有镗磨余量。一般取壁厚 11~13mm。制动鼓材料多为灰铸铁，它耐磨，热容量大。有的制动鼓采用低合金铸铁，以提高硬度和耐磨性。

2. 制动蹄与摩擦衬片宽度

制动蹄应有足够刚度，中小型车辆采用 T 字型钢，辗压成形或焊接，重型车辆采用工字形、山字形等截面的焊接件，也可采用铸钢件。其腹板和翼缘板的厚度约为 5~8mm。蹄的宽度决定了摩擦衬片的宽度，影响摩擦面上的压力，越宽则平均压力越小，但分布不均匀，故不能太宽。一般取其宽度与制动鼓内半径之比 $b/R = 0.32 \sim 0.52$。

摩擦衬片材料直接影响制动性能，要求材料的摩擦系数数值较高并具有热稳定性。目前主要使用石棉树脂的黏压材料和粉末冶金材料。前者工作温度较低，在 200℃ 以下时，摩擦系数变化不大，约在 0.4~0.5 之间。温度更高时，摩擦系数明显下降，磨损加大。但它生产工艺简单、成本低，重量轻，基本能满足制动性能的要求。在计算制动器时，其摩擦系数可取 $\mu = 0.3$。粉末冶金材料的耐热性好，摩擦系数较高且热稳定性好，许用压力也高，磨损小。其中铜基粉末冶金材料用得较多。石棉树脂材料的摩擦衬片厚度取 $\delta = 6 \sim 16mm$。摩擦衬片的宽度与制动蹄宽度相同。

3. 包角

包角越大则平均压力越小，但压力分布不均匀，散热差，容易自锁。一般取 90°。

考虑到叉车制动鼓的旋转方向经常改变，左、右蹄的摩擦衬片均取相同的包角。

4. 其他尺寸参数

制动器中影响制动性能的结构尺寸参数有：制动分泵中心至制动蹄铰点的距离；制动蹄铰点至制动鼓中心的距离等。这些结构布置尺寸变化范围不大，常用其与制动鼓半径之比来表示。对于铰支的制动器（图 4-18），取：$(e+d)/R = 1.47 \sim 1.58$，$d/R = 0.75 \sim 0.82$，$c/R = 0.15 \sim 0.20$。对于自动增力式制动器（图 4-14），取 $(e+d)/R = 1.26$，$(e+f)/R = 0.84$，$d/R = 0.8$。

习题

4-1 在设计制动操纵机构时，如果踏板力超过了允许值怎么办？如果踏板行程超过了允许行程怎么办？如果两者都超过了应该怎么办？

4-2 如图 4-22 所示，试用解析法写出图 4-22 所示的制动器制动效率系数计算公式，并求出总的制动效率系数 k（ρ 为摩擦角）。已知：$r = 80$mm，$\rho = 16°$，$\theta = 55°$，$\lambda = 10°$，$a = 110$mm，$b = 55$mm，$c = 24$mm。

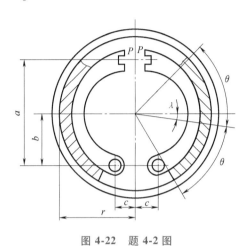

图 4-22 题 4-2 图

第 5 章 转向系统

5.1 转向系统概述

5.1.1 转向系统的功能

1）改变叉车的行驶方向：在司机的控制下，根据作业需要灵活地改变行驶方向（图 5-1）。

 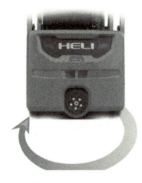 

图 5-1 转向灵活的叉车

2）保持叉车的直线行驶状态：不跑偏，不发生蛇行运动和振摆。

5.1.2 叉车对转向系统的要求

1）工作绝对可靠：转向系统关系到叉车使用的安全性，直接受路面冲击，强度要高，应转向灵活，间隙合适可调，不卡死。

2）操纵轻便灵活：操纵要足够轻便，手力应小于 100N；操纵要足够灵活，从中间位置到一个方向的最大转角不超过 2.5 圈。轻便和灵活之间有矛盾时应采用动力转向系统。

3）应该有适当的"路感"：路感适当则心中有数，否则心中无数；路感太大则"打手"，冲击载荷大。

4）满足转向要求：即最小转弯半径指标满足要求，由此对应最大内轮转角；保持车轮纯滚动，两个转向车轮的偏转角要符合转角规律，误差小，功率损失小，转向轮磨损小。

5）其他要求：空行程合适，中间位置的间隙要小一些，以便保持转向稳定（不蛇行）、灵敏（不滞后）；两边的间隙要大一些，防止转到极限状态时卡死；当动力转向失效时应能进行人力应急转向。

5.1.3 叉车转向的特殊性

1）工作频繁：由于装卸工作的特殊性，叉车转向操作频繁，对轻便性和灵敏性的要求高，动力转向用得多。

2）转弯半径小，极限转角大：由于工作场地小，转弯半径必须小，为了满足极限转角大的要求，多采用双梯形或曲柄滑块式转向机构。

3）后轮转向：前轮无法转向，只能后轮转向，操纵不太方便，纵拉杆布置困难。

4）转向轮负荷大：由于平衡重式叉车的特点，空载时平衡重压在转向桥上，后轮轮压大，转向阻力大。转向车轮负荷大，寿命短。

5.1.4 转向系统类型

依据其动力来源转向系统分为机械式人力转向、液压助力式动力转向和全液压式动力转向等类型。

1. 机械式

机械式转向系统如图5-2所示，只用在小吨位叉车上。转向系统由转向操纵机构、机械转向器和转向传动机构三部分组成。司机操纵转向系统工作的机构称为转向操纵机构，包括转向盘1，有时还有转向轴、带万向联轴器的转向传动轴等机件。机械转向器2是一个减速增扭机构，用来解决转向阻力矩大而司机体力小的问题。转向传动机构是用来将转向器输出的力和运动传给两转向节，从而使两侧转向轮按一定关系进行偏转的机构。转向传动机构包括垂臂8、纵拉杆3、扇形板4和横拉杆5等机件。

由转向横拉杆、转向节臂、扇形板与转向桥体共同构成一个梯形称为转向梯形。转向轮偏转角的理想关系靠合理选择转向梯形各几何参数来实现。但目前所有车辆的转向梯形只能在车轮的偏转角范围内，使两轮偏转角的关系近似符合理想关系式。

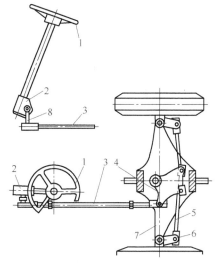

图5-2 机械式转向系统
1—转向盘 2—转向器 3—纵拉杆
4—扇形板 5—横拉杆 6—转向节
臂 7—转向桥 8—垂臂

2. 液压助力式

液压助力式转向系统如图5-3和图5-4所示。其优点是既不断开原机械式转向系统，又有液压动力转向轻便灵活的优势，在液压系统故障状态下仍能可靠地转向。但由于现在曲柄滑块横置液压缸式转向桥的普及，液压助力式转向系统已很少采用。

3. 全液压式

全液压式转向系统如图 5-5 所示，由液压转向器取代机械转向器。液压转向器一方面类似于阀，控制着通向转向液压缸的油路；另一方面类似于计量泵，控制流向转向液压缸的流量；当发动机出现故障或液压系统失灵时，它又成为一个手泵，靠转动转向盘将油液泵入转向液压缸实现人力应急转向。使用一段时间后，由于内漏等原因，这种故障状态下的人力转向实际上很难实现，这是全液压转向系统的一个缺点。全液压转向系统由于其转向轻便灵活的优势，油管布置方便，再加上曲柄滑块横置液压缸式转向桥的普及，在包括中、小吨位叉车的各类叉车上得到广泛的应用。

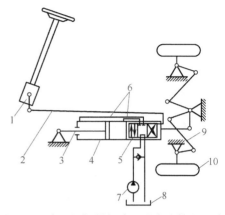

图 5-3 液压缸伺服阀液压助力式转向系统

1—转向器 2—纵拉杆 3—转向液压缸活塞杆 4—转向液压缸体 5—伺服阀 6—油管 7—液压泵 8—油箱 9—转向系统 10—转向车轮

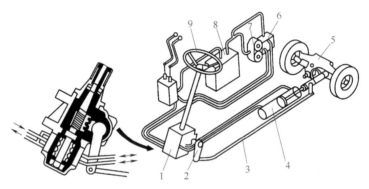

图 5-4 转向器伺服阀液压助力式转向系统

1—转向器与伺服阀 2—转向垂臂 3—纵拉杆 4—转向液压缸 5—转向桥及转向机构 6—分流阀 7—液压泵 8—油箱 9—转向盘

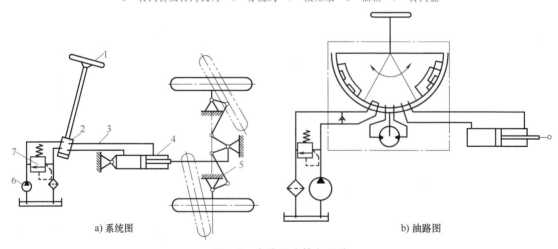

a) 系统图　　　　　　b) 油路图

图 5-5 全液压式转向系统

1—转向盘 2—液压转向器 3—液压管路 4—转向液压缸 5—转向机构 6—液压泵 7—溢流阀

5.1.5 转向方式

车辆转向方式包括单轴线、双轴线、四轴线、多轴线、铰接式和滑移式等类型，其中，单轴线、双轴线、四轴线和铰接式转向方式如图5-6所示。

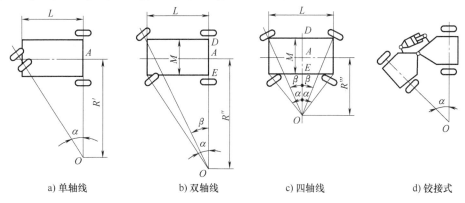

a) 单轴线　　　　b) 双轴线　　　　c) 四轴线　　　　d) 铰接式

图 5-6　车辆转向方式简图

1. 单轴线

单轴线转向方式用于三轮车辆，这种转向方式简单，不需要转向机构来协调转向车轮之间的转角关系。有些四轮车辆的两个转向轮绕同一根轴线转向，也属于单轴线转向，如手扶拖拉机、某些拖车、某些小吨位蓄电池叉车与某些蓄电池牵引车，如图5-7所示。

a) 蓄电池叉车

b) 蓄电池牵引车　　　　c) 拖车

图 5-7　单轴线转向的车辆

2. 双轴线

双轴线转向方式广泛用于汽车、拖拉机和平衡重式叉车。这种转向方式左、右两个转向轮绕各自不同的轴线转向，需要由转向机构来协调转向车轮之间的转角关系，相对比较复杂，如图5-8所示。

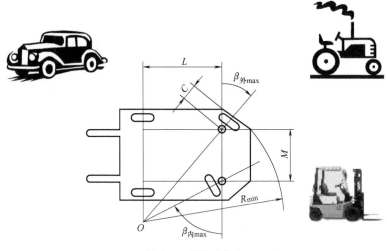

图 5-8 双轴线转向

3. 四轴线

四轴线转向方式用于某种需要同轴转向的平板车，如机场或车站的行李拖车，如图5-9所示。

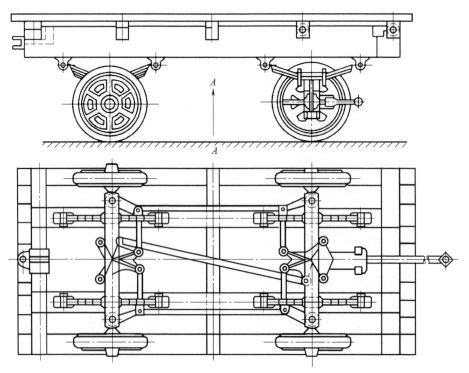

图 5-9 四轴线同轴转向的平板车

4. 多轴线

多轴线转向方式用于集装箱跨车、大型汽车起重机、大型平板车等多轮重型车辆，能够减小这类大型车辆的转弯半径，如图 5-10 所示。

5. 铰接式

铰接式转向方式主要用于工程机械中的装载机，结构简单，通过液压缸来推动，如图 5-11 所示。

6. 滑移式

滑移式转向方式用于挖掘机、履带式拖拉机、坦克等履带式底盘车辆。转向时通过离合器或制动器分别控制左、右履带的运动，强行转向，转向阻力很大，对路面的破坏非常严重，如图 5-12 所示。

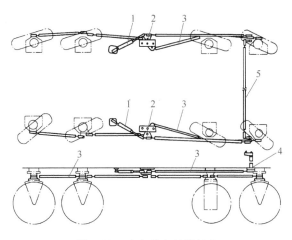

图 5-10 跨车的多轴线转向

1—转向动力液压缸 2—转向臂 3—拉杆 4—垂直转轴 5—横拉杆

图 5-11 装载机的铰接式转向

图 5-12 挖掘机的滑移式转向

5.2 转向机构

5.2.1 单梯形转向机构

1. 为什么要采用梯形机构

首先因为是双轴线转向，需要将两个车轮联系起来，一同转向；其次假如不用梯形机构，而用平行四边形机构，两个车轮的转角将相同，不符合转向要求。

2. 双轴线转向转角理论关系式

如图 5-13 所示，车辆转向时，要求所有车轮轴线都能相交于一点，此交点 O 称为转向中心。这样才能保证各车轮在转向时均做纯滚动，以避免车辆在转向时胎与地面相对滑动而增大阻力和加快轮胎磨损。由图 5-13 所示的几何关系可知，车辆转向时内转向轮偏转角 $\beta_内$ 大于外转向轮偏转角 $\beta_外$。两车轮偏转角的关系式为

$$\cot\beta_{外} - \cot\beta_{内} = OD/AD - OC/BC = (OC+CD)/L - OC/L = CD/L = M/L \tag{5-1}$$

这就是车轮纯滚动的条件,否则车轮将一边转向,一边被横向拖动着滑移,既造成轮胎磨损,又增大行驶阻力。

3. 常用单梯形转向机构

1) 内置式:用于汽车,如图 5-14a 所示,实际构造如图 5-15 所示。

2) 外置式:用于拖拉机,如图 5-14b 所示。

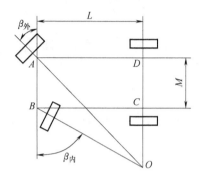

图 5-13 内、外转向车轮偏转角之间的关系

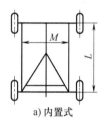

a) 内置式

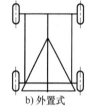

b) 外置式

图 5-14 转向单梯形机构

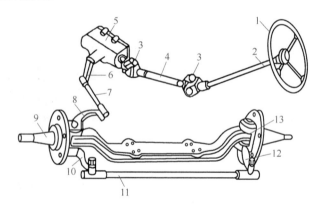

图 5-15 拉杆式转向系统

1—转向盘 2—转向管柱 3—转向万向联轴器 4—转向传动轴 5—转向器 6—转向摇臂 7—转向直拉杆 8—转向节臂 9—左转向节 10、12—转向梯形臂 11—转向横拉杆 13—右转向节

5.2.2 双梯形转向机构

1. 为什么要用双梯形机构

因为叉车要求的转弯半径小,因此转向车轮的最大转角大,单梯形机构无法满足要求。

2. 为什么叫双梯形机构

双梯形机构只是一种习惯叫法,其实各杆件均不平行,属于四杆机构。

3. 常用的双梯形机构

交叉式双梯形机构如图 5-16a 和图 5-17;八字式双梯形机构如图 5-16b 和图 5-18 所示。过去两种转向机构在叉车上均广泛使用。

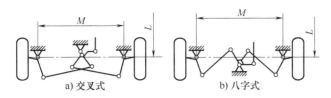

图 5-16 转向双梯形机构

图 5-17 交叉式双梯形机构及转向桥

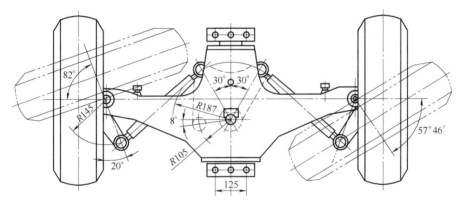

图 5-18 八字式双梯形机构及转向桥

5.2.3 曲柄滑块式转向机构

曲柄滑块式转向机构是一种新型转向机构,如图 5-19 所示,自 20 世纪 80 年代初在国内被采用,又称为横置液压缸式转向机构,由于其具有转向机构性能优良,转向桥结构紧凑等特点,近年来在叉车行业得到广泛的应用。

这种转向机构具有如下技术特点。

1) 液压缸横置:机构紧凑,零件较少;转向桥独立,液压缸只通过软管与液压系统连接,布置方便;不会发生纵置液压缸那种由于转向桥摆动和差动液压缸活塞杆细而使活塞杆头部容易断裂的问题;主销没有内倾角。

2) 机构参数少:只有 4 个独立参数,容易设计。

3) 机构特性好:转角误差小,约为 1°~2°,有利于减小转向阻力,减轻轮胎磨损;传动角大,可达 30°左右,机构的力学特性好;容易达到较大的最大内轮转角,可达 80°以上,有利于减小叉车的最小转弯半径,若维持原来的转弯半径不变,则有可能增大轴距,便于整车布置,提高行驶时的平顺性。

4) 左右转向一致:液压缸两边出活塞杆,没有差动现象,左右转向灵敏度完全相同。

5) 液压缸结构特殊:双作用,双活塞杆;由于受横向力作用,因此活塞杆应比较粗,液压缸安装应比较牢固;可以通过调整液压缸的安装距离(增减垫片)来调整机构特性。

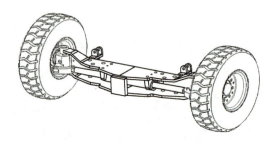

a) 横置液压缸式转向桥总成

b) 林德产品　　　　　　　c) 合力产品

图 5-19　曲柄滑块(横置液压缸)式转向机构

5.3 转向机构设计

5.3.1 理论分析

1. 双轴线转向转角理论关系式

由式(5-1),有

$$\cot\beta_{外} - \cot\beta_{内} = M/L$$

2. 双轴线转向理论特性曲线

在图 5-20 中取 G 为 AB 中点,则 GC 为双轴线转向理论特性曲线。

证明:

$$\cot\beta_{外} - \cot\angle FBE = AF/EF - BF/EF$$
$$= (AF-BF)/EF = 2GF/EF$$
$$= 2GB/BC = M/L$$

这样只需在按比例绘制的图中做某一个内轮转角∠ABE，然后直接在图上量取∠BAE，就是对应的外轮转角理论值。

3. 内外轮转角实例

当 $M/L = 0.5$ 时，通过转角理论关系式 $\cot\beta_{外} - \cot\beta_{内} = M/L$，或者直接在转向理论特性曲线上量取，可以得到表5-1所列的内、外轮转角关系。可见内轮转角较小时，对应的理论外轮转角与内轮转角的差别较小，而当内轮转角较大时，对应的理论外轮转角与内轮转角的差别也比较大。所设计的转向机构就是要尽可能满足表5-1所列的内、外轮转角关系。

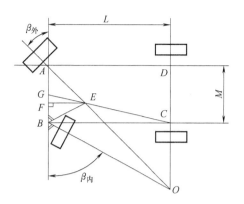

图 5-20 转向理论特性曲线

表 5-1 当 $M/L = 0.5$ 时，内轮转角每隔 $10°$ 对应的外轮转角理论值

$\beta_{内}$	0°	10°	20°	30°	40°	50°	60°	70°	80°
$\beta_{外}$	0°	9.2°	17.1°	24.1°	30.6°	36.8°	42.9°	49.2°	55.9°

5.3.2 双梯形机构设计

1. 设计参数

如图 5-21 所示，设计参数共 5 个，具体如下。

R_1：转向节臂长。
α_0：转向节臂初始角（对主销连线）。
R_2：扇形板半径。
θ：扇形板夹角。
K：扇形板偏距。

注意：梯形机构中并没有平行边，实际上是四杆机构，有一根是机架杆。双梯形是对称的。上述参数是按照工艺上的习惯来取的，与一般四杆机构参数的取法略有不同，但实质上是等价的。

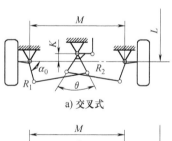

a) 交叉式

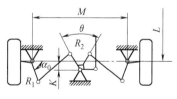

b) 八字式

图 5-21 转向双梯形机构

2. 设计要求

1) 最大内轮转角 $\beta_{内\max} \geq 80°$。
2) 最大外轮转角误差 $\delta_{\max} \leq 3°$。
3) 最小传动角 $\gamma_{\min} > 20°$。
4) 力传动比变化倍数 $U_{\max}/U_{\min} < 2$。
5) 几何不干涉（横拉杆与转向节、扇形板轴、扇形板与车轮）、布置方便、受力好。

最大内轮转角（如 $80°$）在总体设计中根据叉车的最小外侧转弯半径给出。

最大外轮转角误差 $\delta_{max} = \max(\beta_{外实际} - \beta_{外理论})$

验算范围从 $\beta_内 = 0°$ 到 $\beta_内 = 80°$。

传动角 γ 是横拉杆与转向节臂之间小于 $90°$ 的夹角，如图 5-22 所示。

最小传动角 $\gamma_{min} = \min(\gamma_1, \gamma_2)$，验算范围从 $\beta_内 = 0°$ 到 $\beta_内 = 80°$。

力传动比 $U = H_1/h_1 + H_2/h_2$，如图 5-23 所示。

力传动比变化倍数 U_{max}/U_{min} 的验算范围从 $\beta_内 = 0°$ 到 $\beta_内 = 80°$。

一般最大转角处的力传动比最大，直线行驶位置的力传动比最小。

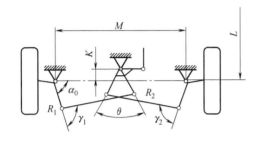
图 5-22 传动角示意图

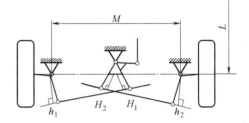
图 5-23 力传动比计算图

3. 机构尺寸设计

1) 参考现有结构：M/L 必须相同（机构相似），参数必须准确。否则只供试凑参考。

2) 试凑法：根据经验确定参数，通过解析计算或几何作图校核。

3) 计算机优化设计：用优化设计的方法确定机构参数，一般用解析法校核，通过在计算机上编程或购买现成软件来实现。

4. 机构校核

1) 作图法：按比例绘制图 5-24（机构中心线即可），画出从直线行驶位置开始的内轮每偏转 10° 的机构位置，测量相应的外轮转角，与理论转角相减得到转角误差。同时检验最大内轮转角、最小传动角、力传动比倍数、机构的布置与干涉等情况（均从图上直接量取）。

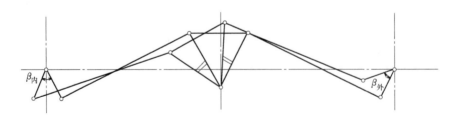
图 5-24 机构校核作图法

2) 注意事项：图要画得足够大，否则不准确；双梯形机构是对称的，利用机构学中的反转法，可以只画一半，在一个基本的梯形机构中既能量出内轮转角，又能量出外轮转角，如图 5-25 所示。总之作图比较烦琐。

3) 记录表格：完成作图后，将数据记录在表 5-2 中，以便得出最大外轮转角误差、最小传动角、力传动比倍数，进行分析、判断和改进。

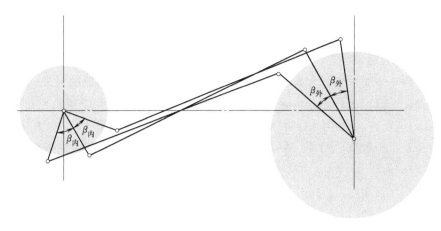

图 5-25 基本机构反转法

表 5-2 数据记录格式

内角 $\beta_{内}$	实际外角 $\beta_{外实际}/$ (°)	理论外角 $\beta_{外理论}/$ (°)	误差 $\delta/$ (°)	传动角 $\gamma_1/$ (°)	传动角 $\gamma_2/$ (°)	力传动比 U
10°						
20°						
30°						
40°						
50°						
60°						
70°						
80°						

5.3.3 曲柄滑块式机构设计

1. 设计参数

如图 5-26 所示,设计参数共 4 个,参数的一般范围如下。

转向节臂长 R_1:应略小于双梯形机构,可取 $(0.11 \sim 0.145)M$(主销间距);R_1 大则机构的行程大,相应地,液压缸行程也要大,可能会布置不下,实现不了;R_1 小则机构的受力大,相应地,液压缸受力也大,而行程会太富裕。

转向节臂初始角 α_0:可取 90°左右;α_0 越大则机构特性越好,有时会取到 92°甚至更大,要根据布置和轮辋是否干涉来决定;该参数应该最先确定。

基距 D:该参数对机构特性不敏感,略小于转向节臂长;它也与机构和液压缸的行程有关。

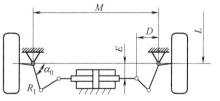

图 5-26 曲柄滑块式机构参数

R_1—转向节臂长 α_0—转向节臂初始角 D—基距 E—液压缸偏距

液压缸偏距 E：该参数对机构特性十分敏感，取值约为转向节臂长的一半，而后应进行精确调整，以便获得最佳的机构特性。

2. 优化设计经验公式

1）变量处理：为了减少优化变量，取 $r_1 = R_1/D$，$e = E/D$，使参数量纲为 1。

2）优化设计：以最大转角误差最小化、最小传动角最大化、力传动比变化倍数最小等为目标函数或约束条件，在不同的 α_0 和 M/L（L 是轴距）的情况下寻找最优的 r_1 和 e。

3）经验公式：整理优化结果，将最优的 r_1 和 e 表达成以 α_0 和 M/L 为参数的二次函数，成为优化设计经验公式

$$e = C_1 + C_2\alpha_0 + C_3(M/L) + C_4\alpha_0^2 + C_5\alpha_0(M/L) + C_6(M/L)^2$$

$$r_1 = G_1 + G_2\alpha_0 + G_3(M/L) + G_4\alpha_0^2 + G_5\alpha_0(M/L) + G_6(M/L)^2$$

式中的系数 C_i 和 G_i（$i = 1, 2, 3, 4, 5$）见表 5-3。

表 5-3 优化设计经验公式中的系数

i	1	2	3	4	5	6
C_i	-8.807857	+0.1467839	+8.3315333	-0.000562699	-0.069538	-1.20057
G_i	-7.020729	+0.12650658	+8.11866	-0.000550566	-0.058138	-1.1222867

如此利用优化设计经验公式确定设计参数，相当于进行了优化设计。

3. 实际尺寸

1）机构的相似性：从机构特性看，实际尺寸可大可小，因为机构是相似的。

2）受力：从受力的角度看，机构尺寸越大越好。

3）液压缸行程：液压缸夹在当中，机构尺寸过大会造成行程不够。

因此在调整机构尺寸时，应在液压缸行程够用的前提下，使机构尽量大一些，以便液压缸受力小一些。

液压缸参数如图 5-27 所示，双活塞杆内卡键转向液压缸结构如图 5-28 所示。

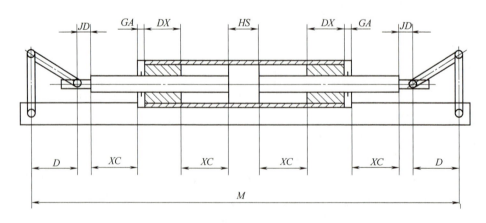

图 5-27 液压缸参数

D—机构基距（两处） JD—铰点尺寸（两处） XC—液压缸行程（内、外共四处）

GA—缸盖尺寸（两处） DX—导向长度（两处） HS—活塞长度

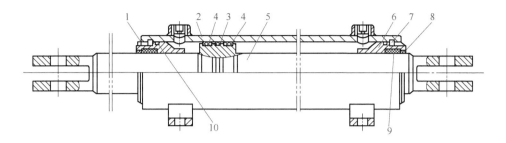

图 5-28 双活塞杆内卡键转向液压缸结构

1—弹性挡圈 2—缸筒 3—支承环 4、9、10—密封圈 5—活塞杆
6—导向套 7—内卡键 8—防尘圈

4. 其他结构要素

1）铰点：使用关节轴承，参见图 5-29。

2）液压缸：受横向力作用，需要加粗活塞杆，加长导向套，采用青铜减摩材料，参见图 5-28。

3）缸盖：可采用内卡键式或螺纹式。

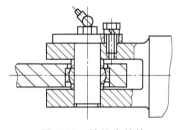

图 5-29 铰接点结构

5.4 转向系统部件

5.4.1 转向器

机械式转向器的功用是将方向盘上的操纵力放大，并改变动力传动方向，经转向垂臂传给转向传动机构中的纵拉杆。

若记转向盘的转角为 ϕ，而转向垂臂相应的转角为 θ，它们的转角之比 $i=\phi/\theta$ 称为转向器的角传动比。若角传动比过大，则操纵省力，但急转弯时转动转向盘的圈数太多，反应不灵；反之，若角传动比过小，反应虽灵，但操纵费力。

此外，转向器还应有合适的传动可逆性，也就是说，不仅能用转向盘使车轮偏转；反过来，车轮的偏转又可带动转向盘转动，其目的在于使偏转的车轮具有自动回正的可能性，并使司机有"路感"。但也不是说传动可逆性越高越好，因为传动可逆性过高，路面对偏转车轮的冲击力传到转向盘上的作用就会过大，易造成司机疲劳，发生"打手"现象。然而，不可逆的转向器也并不理想，这样会使驾驶员失去"路感"，而不利于操纵。所以转向器应有一定的传动可逆性，当遇到较小的冲击力时，由转向器中的摩擦力抵消，而不传到转向盘；当遇到较大的冲击力时，才可能少部分地传到转向盘上去。

转向器的种类很多，常用的机械转向器有循环球式转向器、球面蜗杆滚轮式转向器和曲柄指销式转向器三种形式。

循环球式转向器如图 5-30 所示，相当于齿轮齿条机构加滚珠丝杠机构。

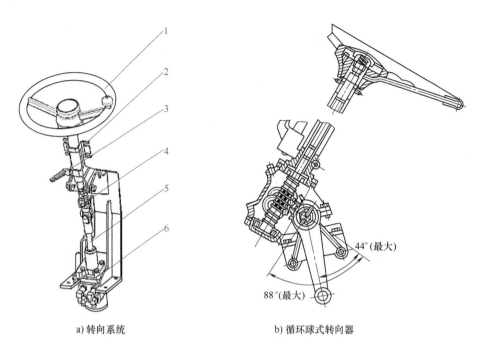

图 5-30 循环球式转向器

1—转向盘总成 2—转向管柱总成 3—调节手柄总成 4—万向联轴器总成 5—转向支架 6—全液压转向器

球面蜗杆滚轮式转向器如图 5-31 所示,其原形是蜗轮蜗杆,由于在这里蜗轮不需要整周旋转,故演变成部分蜗轮,为了解决蜗轮蜗杆传动摩擦太大的缺点,又演变成滚轮,如图 5-32 所示。

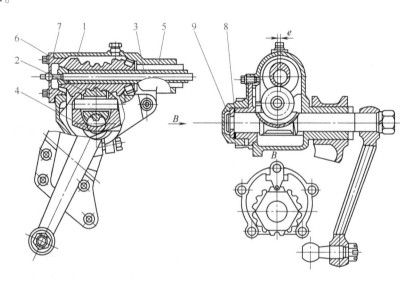

图 5-31 球面蜗杆滚轮式转向器

1—弧面蜗杆 2—滚轮 3—转向轴 4—转向垂臂轴 5—转向器壳
6—壳盖 7—垫片 8—调整垫片 9—压盖

曲柄指销式转向器现在已很少用到。

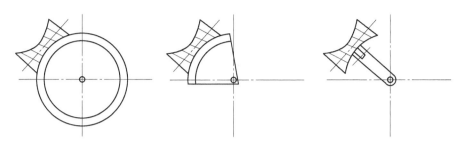

图 5-32 蜗轮蜗杆的演变

5.4.2 转向盘

叉车由于转弯半径小,最大转角大,转向盘的回转圈数较多。尤其是对于机械式转向系统,为了减小手力,要求转向器角传动的传动比较大,使回转圈数较多。为了司机操作方便,往往在转向盘上增加一个手柄,以便快速转动转向盘,或者使转向盘快速回正,如图 5-33 所示。助力式或全液压式动力转向的叉车,本应没有转向盘手力的问题,但动力转向时车轮没有自动回正的功能,故仍需要这个手柄使转向盘快速回正。

图 5-33 叉车用转向盘

5.4.3 转向节

(1) 转向节构造 转向节由转向节体(也称为轮轴体)和转向节臂焊接而成。转向节体上安装着车轮轴承和轮毂,还有安装主销的孔,其中安装滚针轴承,上面安装推力轴承。转向节臂与转向梯形机构的横拉杆或曲柄滑块机构的连杆铰接。

(2) 转向轮定位 由于叉车的行驶速度较低,并且前进与后退的机会几乎相等,故一般不采用车轮前束。基于同样的原因,一般也不采用主销后倾。

在机械式叉车转向系统中,保留车轮外倾 1°和主销内倾 7°的主销安装角。车轮外倾可抵偿轴承间隙,主销内倾可以减小转向阻力矩,还有使车轮自动回正的作用。由于有主销倾角,使转向机构成为空间机构,各铰接点要用球铰。主销有内倾角的转向节如图 5-34 所示。

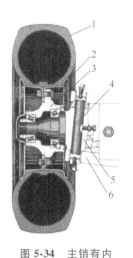

图 5-34 主销有内倾角的转向节

1—轮胎 2—轮辋 3—轮毂 4—主销 5—转向节 6—转向桥体

在动力转向的叉车上,已经没有使车轮自动回正的可能,因此把主销内倾角也取消了,机构也因此回归了平面机构,但为了补偿安装误差,各铰接点仍要采用球铰。

5.4.4 转向纵拉杆

在机械式转向系统中,图 5-35 所示的转向纵拉杆负责连接转向垂臂和扇形板。由于垂臂摆动时是空间运动,而转向桥也会随地面的不平而摆动,故纵拉杆的两端均呈空间运动状态,均采用球铰。为了消除间隙,吸收冲击和振动,球铰用弹簧压紧。

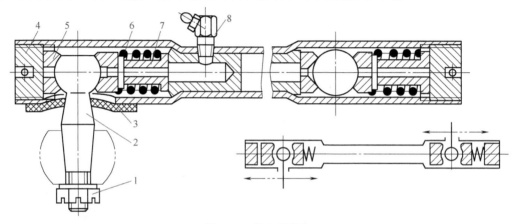

图 5-35 转向纵拉杆

1—固定螺母 2—球头销 3—防尘密封 4—螺塞 5—球头座 6—缓冲弹簧 7—弹簧座 8—油嘴

5.4.5 转向横拉杆

在机械式转向系统中,图 5-36 所示的转向横拉杆负责连接扇形板和两边的转向节臂。

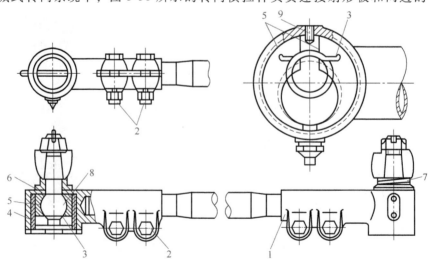

图 5-36 转向横拉杆

1—接头 2—夹紧螺栓 3—扭簧 4—螺塞 5—球头座 6—防尘垫 7—弹簧 8—球头销 9—限位销

由于有主销倾角，使梯形机构成为空间机构，两边的铰接点都要用球头销 8。转向横拉杆还负责调整车轮的前束，中间为一加工出扳手印的螺杆，两边是螺母套管接头 1，一边采用左旋螺母，另一边采用右旋螺母，当拧动中间的螺杆时，就能调整横拉杆的长度。调整后还需要通过夹紧螺栓 2 锁紧。

5.5 转向系统设计

5.5.1 形式选择

由于叉车的转向桥载荷大，使转向阻力矩比较大，加之操作频繁，一般大、中吨位叉车选择全液压式动力转向系统。现在由于横置液压缸式转向桥的普及应用，许多小吨位叉车也采用动力转向。

5.5.2 转向阻力矩

1. 单轮自转阻力矩

如图 5-37 所示，单轮自转阻力矩为

$$M_s = \phi Z_1 \rho \quad (5\text{-}2)$$

式中　ϕ——附着系数（摩擦系数），可取 $\phi = 0.7$；
　　　Z_1——单轮垂直载荷（N）；
　　　ρ——当量半径，$\rho = B/3$；
　　　B——轮胎宽度。

2. 单轮综合阻力矩

单轮综合阻力矩为

$$M_s = Z_1 \mu h = Z_1 \mu \sqrt{e^2 + \rho^2} \quad (5\text{-}3)$$

式中　μ——综合摩擦系数，如图 5-38 所示；
　　　Z_1、ρ——同式（5-2）；
　　　e——公转半径，如图 5-37 所示；
　　　h——综合作用半径，$h = \sqrt{e^2 + \rho^2}$。

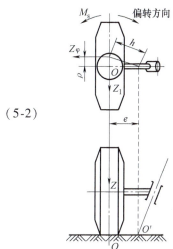

图 5-37　转向阻力矩计算

3. 综合摩擦系数

综合摩擦系数 μ 可根据 e/B 的数值从图 5-38 中查出。

分析：从图 5-38 可以看出当 e/B 趋于 0 时，$\mu = 0.7$，即综合摩擦系数 μ 等于附着系数 ϕ，而综合作用半径 h 等于当量半径 ρ，说明只有自转；而当 e/B 很大时，$\mu = 0.7$，相当于只有滚动摩擦阻力，综合作用半径 h 则趋于公转半径 e，说明只有公转。

4. 对叉车转向阻力矩的分析

（1）转向阻力矩大　叉车空载时转向桥载荷大，转向阻力矩也大。

(2) 动静不同 上述计算的是车辆不动时的原地转向阻力矩，而当车辆行驶时，其转向阻力会下降为原来的 1/2 至 1/3，原因是轮胎的侧向弹性变形使自转阻力减小，另外动摩擦也小于静摩擦。

5. 算例

5t 叉车自重 75000N，转向轮宽 $B=216\text{mm}$，$e=140\text{mm}$，求转向阻力矩。

解：空载时后桥负载为 $75000\times0.55\text{N}=41250\text{N}$；$e/B=140/216=0.65$，查图 5-38 得 $\mu=0.23$；单个车轮的转向阻力矩

$$M_s = Z_1\mu\sqrt{e^2+\rho^2} = \frac{41250}{2}\times 0.23\times\sqrt{140^2+\left(\frac{216}{3}\right)^2}\text{N}\cdot\text{mm}$$

$$= 20625\times 0.23\times 157.43\text{N}\cdot\text{mm} = 746.8\times 10^3\text{N}\cdot\text{mm} = 746.8\text{N}\cdot\text{m}$$

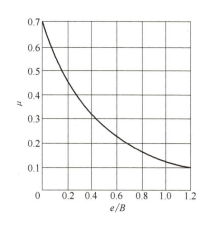

图 5-38 转向综合摩擦系数

5.5.3 转向性能

1. 转向轻便性

在机械式转向系统中，传力途径为：转向盘→转向器→垂臂→扇形板→梯形机构→车轮；有传力比的环节是转向器和梯形机构。转向器的角传动比为 i_{s1}，通常为 16~32，传力比是它的倒数；梯形机构的传力比 $U=H_1/h_1+H_2/h_2$。因此转向盘手力

$$F_h = M_s U/(R_s i_{s1}\eta)$$

式中 R_s——方向盘半径；

η——系统效率。

计算的结果应符合手力 $F_h<100\text{N}$。

在全液压动力转向系统中，动力来源于液压系统，手力可以很小，但为了有正常操纵的感觉，手力也不能太小，需要通过选择合适的液压转向器来达到。

2. 转向灵敏性

转向盘单侧回转圈数 $n=0.5(\beta_{内\max}+\beta_{外\max})i_{s1}/360$，$n$ 应小于 2~3 圈，否则应调整转向器的角传动比。当轻便性与灵敏性无法兼顾时应采用动力转向方式。

5.6 转向桥

5.6.1 转向桥结构

1. 典型的转向桥结构

叉车转向桥均采用刚性悬挂的摆动桥，中间通过一水平摆动轴与车架铰接。典型的转向桥结构如图 5-39~图 5-43 所示。

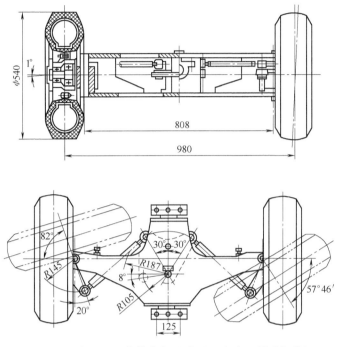

图 5-39 中吨位叉车转向桥总成（八字式双梯形机构）

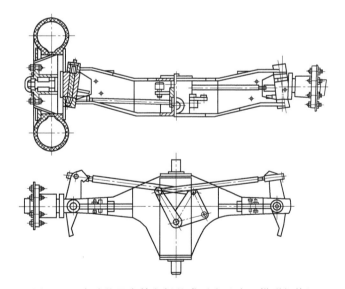

图 5-40 大吨位叉车转向桥总成（交叉式双梯形机构）

2. 转向桥辅助装置

（1）刚性悬挂 叉车的结构非常紧凑，工作中将货物起升到 3m 高时有倾翻的危险，因此平衡重式叉车都采用刚性悬挂，也就是没有载重汽车常用的钢板弹簧等任何阻尼减振装置，唯一的弹性体就是橡胶轮胎。

（2）转向桥连接 在刚性悬挂的条件下，为了保证四个车轮全部与地面接触，并且轮

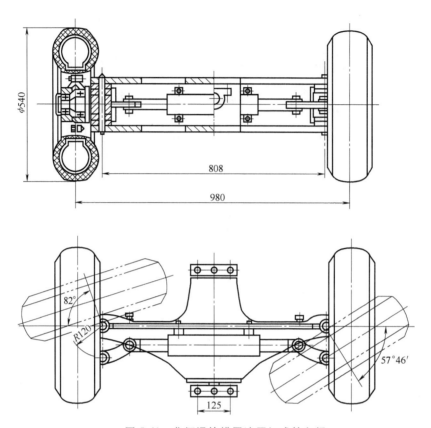

图 5-41 曲柄滑块横置液压缸式转向桥

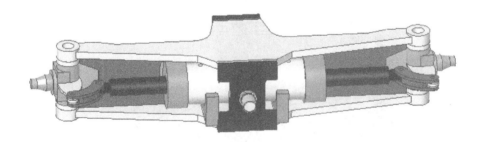

图 5-42 横置液压缸式叉车转向桥模型图

图 5-43 横置液压缸式叉车转向桥实物图

压均衡，转向桥通常采用铰接的方式与车架连接，即转向桥可以随地面的高低情况而摆动，由车架上的止承来限制其摆动幅度，如图 5-44 所示。

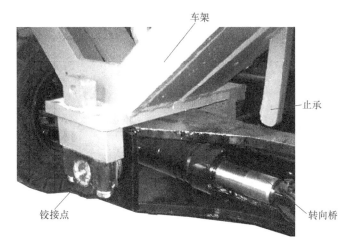

图 5-44 转向桥连接

（3）车架结构 叉车的车架一般由左、右两个箱形结构和若干横向连接结构组成，如图 5-45 所示。左、右箱体兼作燃料油箱和液压油箱。前面的横向连接结构比较弱，可能只是一块板，因为前面通过剖分轴瓦与驱动桥壳刚性连接，借助驱动桥壳增加了连接刚度。后面的横向连接结构比较强，因为转向桥是摆动桥，在桥的中间与车架纵向铰接，无法借助其结构提高刚度，而且平衡重的重量要通过该横向连接结构传递到转向桥上。车架箱形结构内侧的两块侧板是主要的承载构件，厚度比较大。

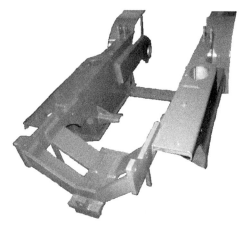

图 5-45 叉车的车架

（4）弹性铰接 近年来，为了改善叉车工作中的振动与噪声，一些厂家开始为叉车增加缓冲减振环节，例如，对转向桥采用弹性铰接，转轴截面为椭圆形，支座内有橡胶垫块，如图 5-46 所示。

图 5-46 弹性铰接

5.6.2 转向桥设计

1. 计算工况与载荷

1) 最大垂直力工况下,有

$$Z_{1L} = K_d G_1 / 2 \tag{5-4}$$

式中 K_d——动载系数,可取 2.5;
G_1——桥载。

2) 最大侧向力工况是取临界侧翻与侧滑工况,有

$$Y_{max} = \phi G_1$$

式中 ϕ——侧向附着系数,$\phi = 0.8 \sim 1$。

由于叉车转向桥不是驱动桥,自然没有最大纵向力工况。

2. 计算截面

计算截面如图 5-47 所示。
1) 最小截面 A—A 处。
2) 止承处 B—B 截面。
3) 桥体变截面 B'—B' 处。

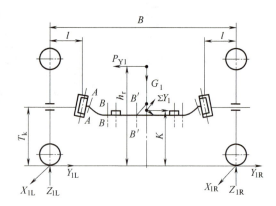

图 5-47 转向桥受力简图

5.7 转向系统计算机辅助设计

1. 解析法

转向系统中转向机构的设计一直是一个难点。图解法简单直观,但手工绘图试凑精度低,既费工费时,又很难找到规律。机构分析与设计的解析法在理论上很准确,但公式复杂,步骤烦琐,不适合手工计算,以至于无人问津。采用计算机高级语言编程,在赋值语句中录入解析法的公式,输入机构参数求解,对现有机构进行校核,不难得出精确的结果。因此用计算机来进行机构设计是解析法的用武之地,校核流程如图 5-48 所示。

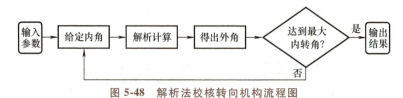

图 5-48 解析法校核转向机构流程图

2. 优化设计

利用优化设计理论和计算机快速运算的优势,以解析法校核程序作为基础,确定一定的目标函数和约束条件,进行转向机构的优化设计。

优化设计首先要确定优化哪些参数,优化变量不能太多,否则速度太慢;然后要明确优化目标,例如,把最大外轮转角误差最小化作为目标函数;还要定出约束条件,如最大内轮

转角、机构传动角、力传动比的变化倍数等。

优化方法决定优化的有效性和速度。基于计算机运算速度快的方法有穷举法、网格法、随机点法等，这些方法虽然看似很笨，但编程简单，对目标函数的特性没有要求，在工程上很实用。转向机构优化设计如图 5-49 所示。

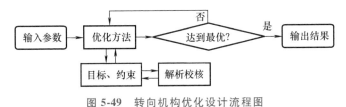

图 5-49　转向机构优化设计流程图

3. 参数调整

计算机优化的结果往往是单一的，称为"最优解"。而工程上的要求却是多种多样的，例如，有的参数希望取整，便于加工操作；有的参数有特定的期望值，便于系列化设计或借用现有零件；有的参数会影响到布置和空间干涉，不容易全部纳入到优化约束条件中，需要人工判断。因此，计算机优化的结果往往不能满足实际的工程需要，工程设计所追求的实际上不是理论上的"最优解"，而是能够满足工程需要的"较优解"或"可行解"。所以，提供一种能够对优化设计结果进行调整，又能尽量保持较优的手段是很实用的，人应是第一位的，应该是计算机辅助人工决策而不是相反。优化设计中的参数调整流程如图 5-50 所示。

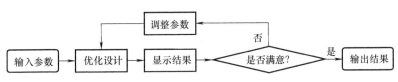

图 5-50　优化设计中的参数调整流程图

4. 可视化设计

利用计算机技术，可以对机构设计进行可视化显示，把机构图形以动画的方式显示在屏幕上，边修改，边看效果。既能看到设计参数的数值，又能看到按比例显示的几何图形，还能看到有关的性能指标。结合设计师的经验和直觉，减少错误，设计出实用的产品。综合而言，可视化设计运用计算机仿真技术，能够减少或取消试制、试验，加快产品设计速度，缩短更新换代周期，可视化设计流程如图 5-51 所示。

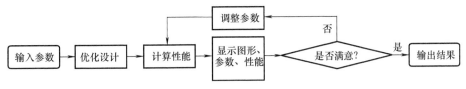

图 5-51　可视化设计流程图

5. 参数绘图

从设计参数直接得到设计图样的技术称为参数绘图技术。参数绘图就是根据有限个参数（十几个到几十个），针对特定的机械结构，通过编程、接口文件和图形支撑软件，自动生成图样的技术。其优点是能够自动出图，缺点是编程复杂，不能适应结构变化。参数绘图技术如图 5-52 所示。

6. 计算书

有了图样，最好再有一份相应的设计计算书，这样技术文件才算完整。利用可变文本输出技术，可以输出设计计算书。可变文本输出技术与参数绘图技术类似，所输出的计算书格式是固定的，而其中的数字能自动与优化设计、参数调整、可视化设计的最终结果保持一致。

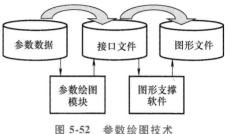

图 5-52 参数绘图技术

7. 三维建模

与参数绘图技术和可变文本输出技术类似，通过参数，也能自动生成所设计部件的三维模型。这需要通过高级语言编程、适当的接口和三维建模支撑软件来实现。有了三维模型，就能够更加直观地检验几何干涉等问题，还能将其作为有限元分析的基础。

8. 系统集成

把上述各项技术集中起来，通过系统集成，把程序的各个模块和所需要的支撑软件在一个主界面上统一管理起来，就形成了一个功能强大，界面友好，使用方便的专业机械 CAD 软件，如图 5-53 所示。

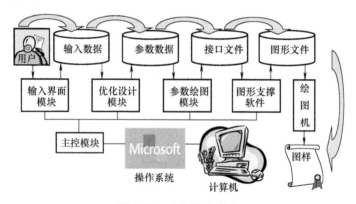

图 5-53 系统集成技术

9. 实用软件

"叉车横置油缸转向机构设计"软件是一款按照上述思路开发的软件，其主界面如图 5-54 所示，手动调整界面如图 5-55 所示。

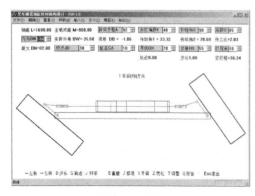

图 5-54 主界面

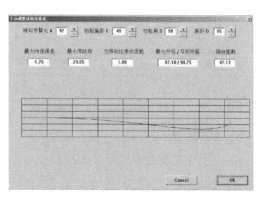

图 5-55 手动调整界面

习题

5-1 在设计机械式转向系统时,如果转向盘上的力超过正常值怎么办?如果转向盘的回转圈数过多怎么办?如果二者难以兼顾,应该优先满足哪一条限制?二者都超出过多,又该如何解决?

5-2 如图 5-56 所示,已知主销间距 $M = 720\text{mm}$,轴距 $L = 1200\text{mm}$,主销内倾角为零,扇形摇板转轴中心至主销中心连线的距离 $K = 50\text{mm}$。试用图解法设计一种外置式双梯形机构,使内轮转角为 60°时,外轮的转角误差为零,最大内轮转角大于 75°,要求得出各杆件的实际长度和转向节臂的初始位置角,并用作图法逐点校核所得机构,求出内轮转角每隔 15°时外轮对应转角的误差。

5-3 如图 5-57 所示,已知杆长 L_1、L_2、L_3、L_4 和 α,试导出用解析法求 β 的公式,并编写 C 语言程序,在此基础上编写一个校核外置式双梯形机构转角误差的程序。

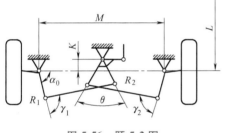

图 5-56 题 5-2 图

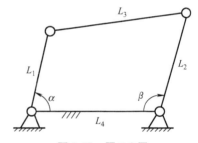

图 5-57 题 5-3 图

5-4 叉车的悬挂系统具有什么特点?与此相适应,其转向桥一般采用哪种结构?

5-5 叉车的车架主要功能是什么?

5-6 为了改善叉车工作中的振动与噪声,一般可以采用哪些措施?

第 6 章 工作装置

6.1 工作装置概述

6.1.1 工作装置的构成与原理

工业车辆的工作装置是指实现对货物的叉取、升降、码垛等作业的装置,其中,以叉车的工作装置较为典型。为了解决装卸作业过程所需的大起升高度与运行通过时所要求的低结构高度之间的矛盾,工作装置一般是由多级门式框架内外嵌套构成,升降液压缸使内层门架沿其外层门架框架伸缩移动,因此叉车的工作装置又称为门架升降系统。

根据要求的起升高度与车辆最低结构高度的限制,门架升降系统可以由内门架和外门架做成二级嵌套,称为二级门架,如图 6-1 所示;也可由内门架、中门架和外门架做成三级嵌套,称为三级门架。但不管几级门架,其嵌套构造的方式是类似的。

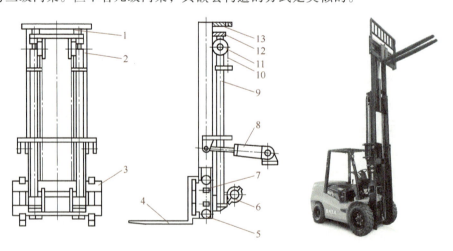

图 6-1 二级门架升降系统示意图

1—内门架 2—外门架 3—叉架 4—货叉 5—纵向滚轮 6—门架下铰座 7—侧向滚轮
8—倾斜液压缸 9—起升液压缸 10—链条 11—链轮 12—浮动横梁 13—内门架上横梁

内外门架是升降系统的骨架,主要承受弯曲载荷。叉架又称为滑架,用于悬挂货叉或其他取物装置。货叉是直接承载的叉形构件,叉车就是由于具有货叉而得名。在叉架上一般安装两个货叉，它们的间距可以调整。为了使叉车能根据作业对象方便装卸，相关厂家还专门生产有各种取物承载装置（称为叉车属具）取代货叉，扩大作业范围。

实现门架升降的机构是由起升液压缸、链轮、链条等组成，链条的一端与叉架相连，另一端在绕过起升液压缸头部浮动横梁处的链轮后，固定在缸筒上部的法兰或外门架上，如图 6-2 所示。

工作装置不仅能升降，而且可以实现前倾和后倾，对于图 6-1 所示二级门架升降系统，其运动关系为：起升液压缸的柱塞（活塞）升降，带着浮动横梁 12 和链轮 11 运动，挂在叉架横梁上的叉架 3 和货叉 4 受链条 10 的牵引，叉架 3 上的纵、侧向滚轮 5 和 7，以内门架 1 的立柱为"活动导轨"，以二倍于液压缸活塞杆的速度做升降运动；而内门架也会受

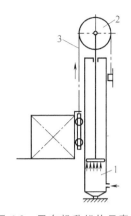

图 6-2 叉车起升机构示意图
1—起升液压缸 2—链轮 3—链条

起升液压缸 9 的顶推，以外门架 2 的立柱为"固定导轨"而升降；外门架的门架下铰座 6 铰接在驱动桥壳或车架上，中部靠两个并列的倾斜液压缸 8 的伸缩，实现整个门架系统的前、后倾动作，从而使叉车装卸货物时货叉前俯便于堆取，运行时货叉后仰保证安全。起升液压缸 9 有两个，分别布置在内、外门架立柱后侧，下端支承在与外门架 2 相连的支座上，缸筒上部（或中部）被外门架"扶持"，活塞杆上端顶在一个浮动横梁 12 上，自由提升阶段结束后即与内门架上横梁 13 接触，使内门架 1 上升。

6.1.2 门架系统的安装位置与特性

门架升降装置位于叉车最前面，由外门架下端的一对铰轴与车架或前桥铰接安装，如图 6-3 所示。因此整个门架系统处在车轮支承平面之外，在装卸作业时，货物重量就会以前桥为轴心，产生很大的倾覆力矩，这正是平衡重式叉车的特点。所以在制造门架装置时，前悬距（从货叉垂直段前表面到前桥中心的距离）越小越好。外门架立柱的最大宽度应小于前轮内侧的距离，以保证门架不与车轮的内侧面发生运动干涉。在不与车轮前部发生运动干涉的情况下，门架应尽可能靠近前桥，不仅能减小倾覆力矩，还可减小车体自重。在保证与车轮内侧留有一定间隙 δ_1（约 50mm，如图 6-4 所示）的前提下门架越宽越好，这样能提高门

图 6-3 门架安装位置

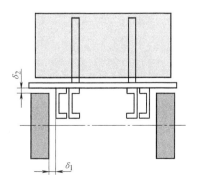

图 6-4 门架安装位置示意图

架横向刚度与稳定性。但叉架承装货叉的横梁必须位于车轮的前面，以便货叉之间的宽度能够调整到比车轮还宽，并使横向放置的大体积货物不至与车轮发生干涉。为了减小前悬距，叉架横梁与车轮之间的间隙 δ_2 也不能太大（约 50mm）。另外，当叉架升降及门架后倾时，不能与驱动桥和车架前部发生运动干涉。

6.2 门架构造

6.2.1 货叉

1. 货叉构造

货叉是叉车最基本和最通用的取物装置，一般叉车都装有两个同样的货叉。

货叉装在叉架上，它的外形是一个 L 形杆件，分为水平段和垂直段两部分。一般货叉的水平段和垂直段做成整体结构，称为整体式货叉，如图 6-5 所示。有的小吨位叉车货叉的水平段和垂直段分别制成，用销轴连接起来，水平段既可平置，又可以向上折叠起来，与垂直段靠拢，如此制成的货叉称为折叠式货叉，如图 6-6 所示。折叠式货叉使叉车在空车时长度小，便于叉车出厂运输和行驶通过，但制造比较麻烦。一般叉车用的都是整体式货叉。

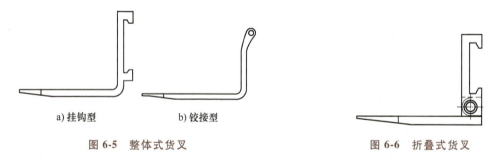

图 6-5　整体式货叉　　　　　　　　　图 6-6　折叠式货叉

货叉的水平段在叉车叉取货物时用来插入货物或托盘的底部，在叉起货物后用来承载货物，因此，货叉水平段的上表面必须水平，水平段前端的下表面略有斜度，以使叉尖处较薄，并且前端逐渐变窄，叉尖两侧带有圆弧，这样有利于货叉插入货物底部，叉取货物。货叉的垂直段用来与叉架连接，根据连接的型式不同，分为挂钩型（图 6-5a）和铰接型（图 6-5b）两种。挂钩型货叉垂直段的背部上、下各有一个钩，钩在叉架的上、下水平横梁上。这种型式货叉的制造过程是先锻造（或辊锻）成长条坯，再镦锻弯成 L 形，然后焊接上、下两个钩，最后进行热处理。这种货叉制造较为容易，也便于安装和拆卸，适用于中小吨位的叉车。为了在叉架上定位货叉，在上部挂钩上设置有定位销，如图 6-7 所示。定位销插入叉架上横梁的凹槽中，以防止货叉任意移动。调节时，向上提起定位销，克服弹簧力，销轴脱离叉架上横梁凹槽，便可移动货叉，改变间距。

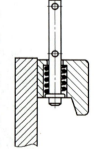

图 6-7　货叉挂钩与定位

铰接型货叉的垂直段上端较厚，中心为销轴孔，货叉通过此孔安装在叉架的支承光轴上，允许绕轴转动，在重力的作用下，货叉垂直段下部背面支靠在叉架的下横梁前表面。这种货叉安装拆卸不太方便，中小吨位叉车用得较少，主要用在大吨位叉车上，当货叉需要在叉架轴上移动时，常使用液压缸推动。

货叉是叉车的重要构件，受力大，要求截面小，重量轻。因此需要用低合金钢、中碳钢等材料制造（如40Cr），还需经过适当的热处理（如调质），以增加水平段的表面硬度，提高耐磨性能。

货叉的主要尺寸有货叉水平段长度（简称货叉长度）L、货叉垂直段高度、货叉截面尺寸，挂钩尺寸或轴孔尺寸等。

1）货叉长度主要决定于载荷中心距，并考虑配合使用的托盘尺寸。一般取$L>2C$（C为载荷中心距），也可稍小于$2C$。L按标准选取。

2）货叉垂直段高度，主要与门架的离地间隙及叉架的尺寸有关。

3）货叉截面尺寸及挂钩尺寸决定于起重量及载荷中心距，即决定于载荷力矩。

每个货叉在垂直段侧面，应该打印标明该货叉的额定起重量和载荷中心距，以在更换取物装置时不致混乱。

2. 货叉的标准化

货叉应该实现标准化，尤其是与挂钩有关的尺寸和叉架的安装尺寸等都应该按照标准进行生产，这样才便于各种取物装置的互换。我国根据国际标准化组织（ISO）的相关标准，制定了挂钩型货叉尺寸、挂钩型货叉和叉架的安装尺寸等的国家标准。根据GB/T 5183—2005，货叉截面尺寸系列见表6-1，表6-1中打×的为推荐截面尺寸。

表6-1 货叉截面尺寸系列

货叉厚度/mm	货叉宽度/mm								
	80	100	120	130	140	150	160	180	200
25	×								
30	×	×							
35		×	×	×					
40		×	×	×	×				
45			×	×	×	×	×		
50			×	×	×	×	×		
60					×	×	×	×	×
70							×	×	×
80								×	×
90									×

挂钩型货叉的水平段长度的推荐尺寸见表6-2。

表6-2 货叉水平段长度系列

长度/mm	750	800	900	950	1000	1050	1150	1200
	1350	1500	1600	1650	1800	2000	2400	—

根据表中选定货叉截面和水平长度后，也要进行验算，以满足强度和刚度的条件。

GB/T 5184—2016《叉车 挂钩型货叉和货叉架 安装尺寸》标准中，根据货叉垂直段的距离大小，分成 A 型和 B 型两种货叉，按照如图 6-8 所示的结构，依据不同的吨位级分别规范了它们的安装尺寸，见表 6-3。

表 6-3 挂钩型货叉安装尺寸 （单位：mm）

等级	叉车额定起重量/kg	额定载荷中心距/mm	货叉型式	a 参考值	c_1 +1.00	$h_1±3.0$	h_2 数值	h_2 公差	m_1 最大值	m_2 最大值	k_1 最小值
1	≤999	400 和 600	A	76	16.5	394	306	+1.00	28	26	14
			B	114		432					
2	1000~2500	500 和 600	A	76	16.5	470	382		31	29	14
			B	152		546					
3	2501~4999	500 和 600	A	76	22	568	477		40	38	17
			B	203		695					
4	5000~8000	600	A	127	26	743	598	+1.50	47	45	20
			B	254		870					
5	8001~10999	600	A	127	35	830	680		65	63	26
			B	257		960					

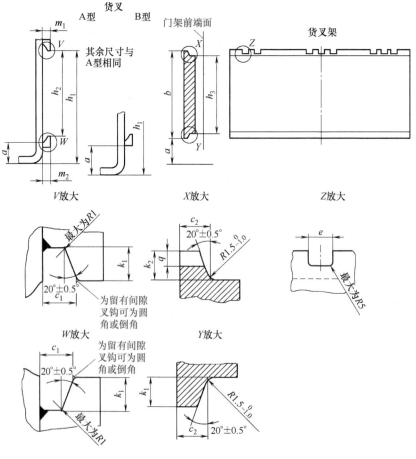

图 6-8 货叉安装尺寸

6.2.2 叉架的类型和构造

叉架又称为滑架,它的作用是安装货叉或其他工作属具,并带动货物一起升降。

根据叉架在门架系统中的相关位置,货物的重量是靠叉架传给起重链条,货物重量产生的力矩通过它传给门架,当链条带动它升降时,叉架要可靠地沿着门架导轨运动。这些作用定义了它在构造上是一个垂直运动的承载小车,一般由两部分构成,其前部是一个焊接框架结构,主要用于安装悬挂货叉及其他属具,后部是两列装有导向滚轮的滚轮架,与前部框架焊接构成一体,由链条牵引,沿门架导轨垂直升降。根据货叉的型式和它在框架上的安装方式,叉架有两种型式,即板式和滑杆式,如图 6-9 所示。

当货叉为挂钩型时,采用板式叉架。板式叉架的框架有多种型式,如图 6-10 所示,但不管哪种一般都是用钢板焊接而成,或者由整块钢板按所需结构进行切割,挖去多余部分以减轻重量。货叉的上钩挂在框架的上横梁上,货叉的下钩钩住框架的下横梁。由于挂钩和叉架间的安装尺寸已经标准化,各种属具均具有与货叉相同的挂钩。板式叉架能方便地更换属具,因此焊接板式结构应用广泛。

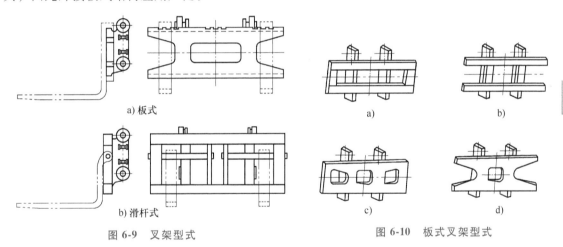

图 6-9 叉架型式　　图 6-10 板式叉架型式

货叉或其他属具可从叉架侧面装上或卸下,当叉架上装有挡货架时,侧面不便装拆,在叉架下横梁中间开一缺口,以便装拆货叉(图 6-11)。为了使货叉或其他属具在叉架上定位,在框架上的横梁上对称地开有若干定位孔或定位凹槽,在货叉上端的挂钩上装有带弹簧的定位销。根据货物的尺寸,货叉可以在叉架上滑动以调整两叉的间距,并定位在合适的位置。

当货叉为眼环铰接型时,叉架做成滑杆式,在叉架框架内装有两根圆轴,每一根圆轴上套一个货叉,货叉可以在圆轴上移动,以调节两货叉的间距。装拆货叉时需要将圆轴拆下,装拆不够方便。货叉在轴上使用定位卡销定位,或者由液压缸推动。

图 6-11 是目前广泛使用的典型的焊接式叉架结构。货叉 1 对称地装在叉架的上横梁 2 上,横梁上开有定位槽,货叉上的定位销 7 由弹簧压入槽内起定位作用。上横梁 2 和下横梁 3 通过两块竖板与滚轮架 4 焊成一体,滚轮架的两个外侧装着纵向滚轮 5 和侧向滚轮 6,它们是叉架沿内门架立柱翼缘运动的导向轮。叉架的上、下横梁两端装有挡货架 8,因此为装

拆货叉，在下横梁 3 的中部下缘开有缺口。起升链条一般固定在滚轮架 4 和下横梁 3 的连接处。

挡货架是安全部件，用于当货物在货叉上叠放较高而门架后倾的情况，目的是防止货物向后滑落而伤害到司机。

叉架上的滚轮用于把货物的重力以力偶矩的形式传递给内门架。因为滚轮是固定间距的，对门架立柱的作用力大，应合理布置。侧向滚轮用于承受叉架的侧向力，当货物在货叉上不处于中间位置时，或者叉车在倾斜的路面运行时，都会产生侧向力，装设侧向滚轮可以确保叉架相对内门架能够正常运动，不被卡住。而且，为增大侧向滚轮间距，可使用综合滚轮。如图 6-12 所示，现在有的叉车也利用门架立柱专用型钢截面的某些特点，用纵向滚轮的轮缘兼作侧向滚轮，或者把侧向滚轮装在叉架的上、下横梁上。

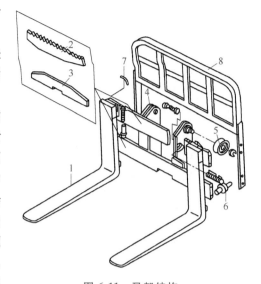

图 6-11 叉架结构

1—货叉　2—上横梁　3—下横梁　4—滚轮架
5—纵向滚轮　6—侧向滚轮　7—定位销　8—挡货架

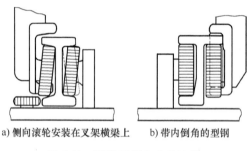

a) 侧向滚轮安装在叉架横梁上　　b) 带内倒角的型钢

图 6-12 可承受侧向力的滚轮

6.2.3　内外门架构造

1. 立柱截面

内、外门架各自分别由左、右两根立柱，通过上、中、下不同数量的横梁连接成门式框架。立柱是门架承载的主要构件，又是叉架或内门架做升降运动的导轨。立柱截面有槽形（C 型截面）、工字形（I 型截面）和其他异形形状（L 型和 J 型截面），材料多为低合金 Q355 钢。左、右两立柱通过两根或三根横梁连接，构成框架结构，然后嵌套在一起，依靠装在内、外门架上的滚轮，内门架沿外门架立柱滚动。当使用不同形状截面的型钢做门架立柱时，会有多种内外门架立柱的并列组合，如图 6-13 所示。

各种组合形式都有不同的优缺点，CC 型截面立柱的优点是内、外门架的立柱截面相同，材料规格单一，制造方便。缺点是供内门架升降导向的滚轮只能装在内门架立柱的下端腹板上，滚轮间距一定，在外载荷一定的条件下，不论内门架是否起升，滚轮压力总是比较大。

CI 型、CJ 型、CL 型截面立柱的共同特点是，内门架立柱外翼缘均有外伸翼缘插入外门

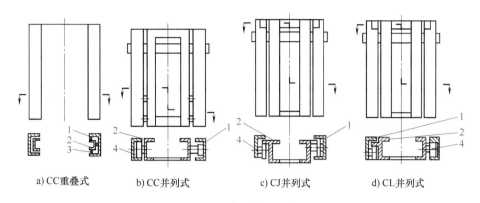

a) CC重叠式　　b) CC并列式　　c) CJ并列式　　d) CL并列式

图 6-13　门架立柱的截面形状与组配

1—外门架立柱　2—内门架立柱　3—导向衬板　4—滚轮组

架立柱槽内,在外门架立柱顶端装设一个内门架的导向滚轮,内门架的外伸翼缘压在此滚轮上运动。内门架的另一个导向滚轮仍装在内门架立柱下端腹板上,此滚轮压在外门架立柱的后翼缘内壁上。这样内门架受起重载荷的力矩作用后,由于内门架上、下支承滚轮间距大,滚轮上的压力小,门架受力情况得以改善。但随着内门架上升,滚轮间距逐渐变小,滚轮压力也逐渐增大,达到最大起升高度时,滚轮间距最小,压力最大(但从疲劳等效载荷的角度考虑,这种布置方式比较有利)。

如图 6-14 所示,外门架立柱 1 是槽形截面(C型),左、右立柱之间连有上、中、下三根横梁,使外门架成为外形封闭的超静定框架,内门架下部支座 2 是与前桥铰接的剖分轴瓦。外门架上横梁 6 的立柱端部装有纵向主滚轮 4 和侧向滚轮 5,中横梁上的连接板 3 与倾斜液压缸的活塞杆连接,下横梁剖分轴瓦的内侧有起升液压缸的支座。内门架立柱 7 是异形截面(L型),在门架的顶部和中部各有一根横梁连接左、右立柱。内门架立柱 7 后侧上部有两个导槽,对浮动横梁 8 起运动导向作用。当货叉部分自由提升时,起升液压缸柱塞杆带动浮动横梁 8 及链轮沿导槽运动,直到顶起门架上横梁。内门架立柱 7 下端每侧装有纵向主滚轮 9 和侧向滚轮 10,与外门架上部的滚轮 4、5 构成支承内门架伸缩运动的滚轮组,且滚轮间距不断变化,最大限度地减小滚轮压力。浮动横梁的实物照片如图 6-15 所示。

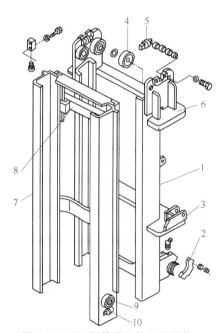

图 6-14　CL 型截面立柱门架结构

1—外门架立柱　2—外门架下部支座
3—倾斜液压缸活塞杆连接板　4—外门架上部纵向主滚轮　5—外门架上部侧向滚轮
6—外门架上横梁　7—内门架立柱　8—浮动横梁　9—内门架下部纵向主滚轮
10—内门架下部侧向滚轮

滚轮是门架系统中支承导引运动部件,分纵向和侧向两组,一般各有四个滚轮,分别对称地布置在门架左、右立柱上。纵向滚轮以立柱翼缘板为导轨,承受垂直于门架平面的作用力,是主要的承载传力滚轮。而侧向滚轮以立柱腹板为导轨,承受门架平面的侧向力,作用

图 6-15 浮动横梁实物图

力小，直径也小。滚轮构造如图 6-16 所示，图 6-16c 所示综合滚轮是将侧向滚轮安装在纵向滚轮的中心处，从而使滚轮组的纵向滚轮与侧向滚轮的间距重合，可减小构造尺寸并简化安装。

除图 6-16 所示的滚轮外，外圈加厚的专用滚动轴承和滚针轴承也被广泛用作叉车门架滚轮，其直径系列是按叉车不同吨位所用门架立柱截面尺寸而专门设计确定的。

2. 横梁布置

内门架通常具有上横梁、中横梁和下横梁。内门架横梁的形状既要考虑连接的可靠性，又要注意避让叉架的运动，还要考虑不要与外门架的横梁发生运动干涉。

外门架通常具有上横梁、中横梁和下横梁。外门架横梁的形状要考虑避让叉架和内门架的运动，形成向外绕的形状，如图 6-17 和图 6-18 所示。外门架的下横梁有时需要考虑起升液压缸支座，还要注意避免与驱动桥壳发生干涉，如图 6-19 所示。外门架的中横梁往往与倾斜液压缸支座相连。

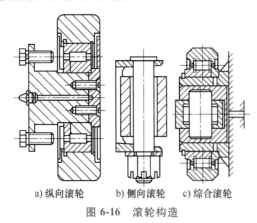

a) 纵向滚轮　　b) 侧向滚轮　　c) 综合滚轮

图 6-16 滚轮构造

图 6-17 外门架上横梁

（1）固定间距式　采用类似于叉架与内门架之间纵向滚轮的布置方式，两对纵向滚轮均安装在内门架下部。这时滚轮间距固定，滚轮压力不随起升高度的变化而变化。这种布置方式有时还出现在小吨位叉车上，其优点是能够适应 CC 型立柱截面，缺点是滚轮压力在相同载荷下始终是最大的。

（2）可变间距式　内、外门架之间的纵向滚轮一组安装在内门架下端，如图6-20所示，另一组安装在外门架上端，如图6-21所示。滚轮间距随起升高度的变化而变化，滚轮压力也随之变化。起升高度较低时，滚轮间距大，受力小，起升到最大高度时，滚轮间距最小，滚轮压力最大，如此布置的受力相当于固定间距式的压力，其最小滚轮间距与固定间距式的相同。这种布置方式的最大优点是门架的疲劳载荷小，缺点是只能适应CJ型、CL型、CI型或II型截面立柱（CI型截面参见图6-12a，II型截面参见图6-42）。

图6-18　门架组件

图6-19　外门架下横梁

图6-20　内门架下滚轮

图6-21　内门架上滚轮

（3）三滚轮式　当采用CC型截面立柱时，可以在固定间距滚轮布置的基础上，在内门架的中部再安装第三组滚轮，如图6-22所示。当起升高度较低时，中部滚轮与下部滚轮起作用，滚轮间距较大，压力较小。当起升高度较高时，中部滚轮伸出，如此布置的受力与固定间距式相同，这样也能减小门架的疲劳载荷。中部滚轮应注意在叉车前后方向上的设计或调整，以便在起升过程中，优先让最上端的滚轮和最下端的滚轮起作用，而当中部滚轮脱出时，最下端的上部滚轮能够刚好接触外门架立柱的翼缘，避免出现较大的冲击。

（4）侧向滚轮布置　侧向滚轮布置应考虑门架承受偏载等侧向力的情况，并且保证叉架和内门架顺畅运动。

侧向滚轮可布置在纵向滚轮的内侧或同侧，也可以采用综合

图6-22　三滚轮布置

式滚轮（图 6-16c）或通过纵向滚轮略微倾斜布置，或者利用门架立柱型钢在腹板与翼缘相交处的突起而省去侧向滚轮（图 6-12a）。当门架立柱截面为 CJ 型时，可以另找位置布置侧向滚轮，如图 6-23 所示。当纵向滚轮采用可变间距布置时，侧向滚轮也随之布置在相应的位置，找好受力接触边即可。

图 6-23　侧向滚轮布置

（5）起升限位　为了防止起升高度最大时叉架冲出，通常在内门架上横梁处设置挡块作为起升限位装置，对应叉架上的相应部位（图 6-17）。

6.2.4　自由提升

1. 定义和用途

自由提升也称为自由起升，是指在内门架顶端不伸出外门架顶端时，也就是叉车的最低结构高度不增加的情况下，货叉提升，其水平段上表面距地面的最大高度。自由提升要靠门架构造来实现，具有自由提升的门架装置能改善叉车运行的通过性，还能在低矮的仓库、船舱内进行作业。

大吨位叉车通常在室外工作，一般不需要自由提升。

2. 部分自由提升

为了进出低矮的仓库大门，叉车通常只需要 200～300mm 的自由提升量，称为部分自由提升，如图 6-24 所示，实现起来也比较简单。

（1）内、外门架高低差法　自由起升是内门架不伸出外门架，那么可以把外门架做得高一些。这就是实现自由起升的内、外门架高低差法。把外门架做得高一些会使叉车的最低结构高度增加，但这种方法实现起来很简单。叉车的最低结构高度增加得不多，如果需要达到 $2d$ 的自由起升高度，由于起升液压缸链条滑轮组的作用，外门架只需要比内门架高 d，而叉车的最低结构高度只增加 $d/2$ 即可，如图 6-25 所示。

图 6-24　部分自由提升

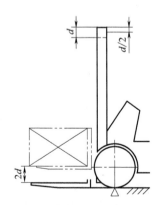

图 6-25　门架高低差实现部分自由提升

（2）浮动横梁法　门架立柱的高度会高于叉车最大起升高度的一半，这是由于门架构造的原因以及内、外门架需要有一段重叠的缘故。起升液压缸的行程是叉车最大起升高度的一半，而液压缸的总高度也会高一些，这是液压缸最小导向长度的要求。门架上安装液压缸的空间往往会比液压缸的实际尺寸高出一些,这一方面是由于门架构造的原因,另一方面液压缸比较精密,最小导向长度可以小一些。为充分利用门架上液压缸安装空间的裕量,可以通过在内门架上增加一根浮动横梁实现部分自由提升。这时液压缸的上端不直接顶在内门架上横梁上,而是顶在浮动横梁上,链轮也安装在其上,如图 6-14 和图 6-16 所示。

  图 6-26 所示为采用浮动横梁的门架升降系统运动过程的三个不同阶段示意图。第一阶段为自由起升阶段,该过程起升液压缸活塞伸出,通过链轮、链条带动叉架、货叉上升,内门架不动;第二阶段为同步阶段,即内门架被起升液压缸活塞(柱塞)推动,以相同的速度起升;第三阶段为赶超运动,即当叉架运行到内门架的最上部,且接触到内门架的上横梁或限位块,但货叉还未达到最大起升高度,内门架滚轮也未到达外门架的上限位置,这时液压缸继续起升,链条带动叉架,叉架通过内门架的限位块一同上升。因该阶段内门架的速度等于活塞(柱塞)速度的两倍,运动中内门架与活塞顶端之间又逐渐恢复开始起升时相距的高度。当货叉达到最大起升高度,整个阶段结束,起升过程完成。

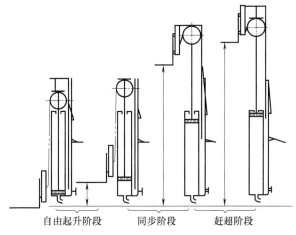

图 6-26 叉车起升阶段示意图

3. 全自由提升

  在图 6-26 所示的自由起升阶段,货叉上升的高度一般都比较小(<300mm),称为部分自由起升。当货叉能达到内门架的上限位置高度而内门架仍不伸出时,称为充分自由起升或全自由起升。具有这样起升特性的叉车能在低净空场所(如船舱、车厢、集装箱等内部空间)进行堆垛装卸作业,扩大了叉车的使用范围,如图 6-27 所示。实现全自由起升可以采用一个双级液压缸或者采用两组液压缸,如图 6-28 所示。

a) 以充分自由起升在低矮空间工作 b) 以最大起升高度堆码货物

图 6-27 有充分自由起升叉车的作业情况

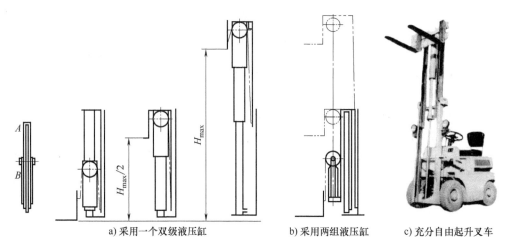

a) 采用一个双级液压缸　　b) 采用两组液压缸　　c) 充分自由起升叉车

图 6-28　二级门架充分自由起升示意图

（1）采用一个双级液压缸　双级伸缩液压缸主要由柱塞杆、空心活塞及外缸筒组成，如图 6-29 所示。空心柱塞杆 9 固定在外门架下横梁支座上，空心活塞杆 3 上端和内门架固定一起，外缸筒 4 较短，其上端两侧装有起升机构的链轮 12，链条的一端与叉架连接，另一端固定在内门架上。当液压油从空心柱塞杆 9 下端进入，经其中心孔上部的 A 口进入柱塞液压缸油腔，又从空心活塞杆 3 中部的 B 口进入外缸筒 4 油腔。由于外缸筒 4 油腔压力作用面积大于柱塞油腔面积，所以外缸筒 4 以速度 v_s，叉架、货叉以 $2v_s$ 向上运动，直到外缸筒 4 到达空心活塞杆 3 的顶端与内门架接触为止。这时叉架上滚轮也达到内门架的上端，如果设计合理，充分自由起升的高度可达到 $H_{max}/2$。

当外缸筒 4 上升到最上端受到内门架的限位后，作用在柱塞液压缸油腔的压力便推动空心活塞杆 3，并带动外门架、叉架、货叉同速上升，内门架滚轮运行到外门架顶端时，货叉达到最大起升高度。由于双级液压缸的构造比较复杂，现在很少采用。

（2）采用两组液压缸　使用单级液压缸实现充分自由起升，可以在原二级门架两根液压缸基础上，增加一根中央短液压缸，短液压缸用来实现自由起升。链条绕过短液压缸柱塞头部的链轮，一端固定在叉架上，另一端与内门架或短液压缸缸筒连接。工作时短液压缸先起升，内门架不动，链条带动叉架、货叉在内门架实现充分自由起升。当叉架滚轮到达内门架顶端受到限制

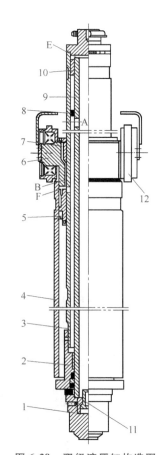

图 6-29　双级液压缸构造图

1—柱塞底　2、10—柱塞导向套
3—空心活塞杆　4—外缸筒
5—柱塞　6—活塞杆导向套
7—压盖　8—止动环　9—空心柱塞杆
11—单向节流阀　12—链轮

后，长液压缸开始起升，推动内门架与短液压缸一起同步上升。图 6-30 为产品照片。

6.2.5 三级门架

1. 用途和特点

为了提高起升高度（如在棉花仓库中使用），或者为了降低叉车最低结构高度，可以使用三级门架。三级门架是由外门架、中门架、内门架组成的三节伸缩式装置。门架起升时，叉架沿内门架运动，内门架沿中门架运动，中门架沿外门架运动。由于起升液压缸的构造及链轮组的布置不同，有多种构成形式。

2. 全自由起升方案

图 6-31 所示为采用普通双液压缸后置加短液压缸全自由起升的三级门架系统。

图 6-30 采用短液压缸全自由提升

3. 链条牵引方案

图 6-31 和图 6-33 所示为采用单级液压缸、两套链轮组形成的两种布置方案。如图 6-31a 所示，第一套链轮组的链轮安装在内门架的上横梁上，链条的一端与叉架连接，绕过链轮后，另一端与中门架下横梁连接。第二套链轮组的链轮安装在中门架的上横梁上，链条一端固定在内门架下横梁上，绕过链轮后，另一端固定在外门架上。起升液压缸的缸筒下端支承在外门架下横梁上，柱塞头部固定在中门架上横梁上。当柱塞上升位移 h 时，中门架也上升 h，而在两套链轮组作用下，内门架相对中门架起升 h，叉架相对中门架起升 $2h$，因此货叉、叉架实际起升 $3h$ 高度，也就是说货叉的起升速度三倍于液压缸升降速度。

如图 6-31b 所示，起升液压缸布置在内门架和中门架之间，即液压缸缸筒下端固定在中

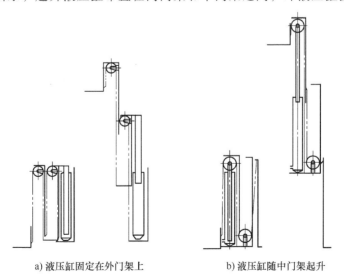

a) 液压缸固定在外门架上　　　　b) 液压缸随中门架起升

图 6-31 三级门架起升示意图

门架下横梁上,柱塞头部连接在内门架上横梁上。第一套链轮组的链轮安装在内门架上横梁上,链条一端与叉架相连,另一端绕过柱塞头部的链轮与中门架连接。第二套链轮组的链轮布置在中门架的下横梁上,链条一端与内门架相连,另一端绕过链轮后固定在外门架上横梁上。

当液压缸柱塞上升 h,叉架相对中门架起升 $2h$,而中门架在第二套链轮组作用下,相对外门架也起升 h,因此,货叉、叉架实际升高 $3h$,说明叉架的起升速度仍是液压缸速度的三倍。利用第二种布置方案,使用双级充分自由起升液压缸,便可实现三级门架的充分自由起升机构,如图 6-32 所示。

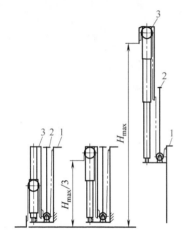 

图 6-32 三级门架双级液压缸充分自由起升机构简图　　图 6-33 三级门架短液压缸充分自由起升机构
1—外门架　2—中门架　3—内门架

6.2.6 链条链轮

叉车采用链条作为挠性件。常用的有套筒滚子链(图 6-34)和片式链(图 6-35)两种。片式链承载能力较强,应用比较普遍。链条通常有两根,一端固定在叉架上,另一端固定在外门架横梁或起升液压缸上部。链条不运动的部分可以用杆来代替。链条的一端装有调节螺栓和螺母,用来调整长度,以便均衡载荷。链轮位于内门架上横梁或浮动横梁的两侧。链轮不起传动的作用,而起滑轮的作用,所以是不带齿的。

表 6-4 为常见吨位叉车的起升链条所配用片式链的情况。

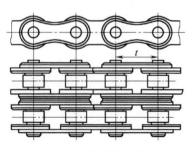 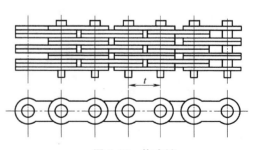

图 6-34 套筒滚子链　　　　　　　　　图 6-35 片式链

表 6-4 常见吨位叉车的起升链条所配用片式链的情况

起重量/t	0.5~2	2.5	3	5	6
链条型号	LH1234	LH1234	LH1623	LH2034	LH2034
节距 t/mm	19.050	19.050	25.400	31.750	31.750
片数组合	3×4	3×4	2×3	3×4	3×4
极限载荷/N	75620	75620	84520	182730	182730
安全系数	>6.1	6.1	5.6	7.3	6.1

6.2.7 与车架的连接

门架下端与驱动桥壳铰接处通常采用剖分轴瓦，如图 6-36 所示。驱动桥壳上开有相应的槽。门架与叉车之间采用剖分轴瓦连接的结构如图 6-37 所示。

图 6-36 门架下端剖分轴瓦

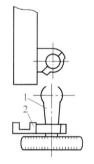

图 6-37 剖分轴瓦连接结构示意图
1—门架 2—驱动桥壳

6.3 门架系统设计

6.3.1 高度几何尺寸设计

1. 二级门架

门架的横向尺寸（即宽度）由布置（即叉车的前轮内侧间距及必要的间隙）来定（图 6-4），立柱的截面尺寸由强度来定，高度尺寸要满足起升高度的要求。为了最大可能地降低整车结构高度，必须使内、外门架的高度相同。通常的做法是先确定门架的理论高度，然后参考现有类型相同、规格相近的产品，或者根据工作经验，确定相关零部件的构造尺寸和最终门架实际高度。

图 6-38 所示为确定门架理论高度尺寸用的原理图，它表示的是货叉在最大起升高度时的情况。a_{min} 为门架最低点到地面的距离，根据叉车的通过性，应满足最小离地间隙的要求。由 a_{min} 确定端点 A，作为保证叉架下部滚轮安全导向的运动位置，然后根据叉架滚轮间

距 L_1 确定上滚轮的固定点。内、外门架伸出后，必须保证货叉水平段上表面达到最大起升高度 H_{max} 时，叉架上滚轮有安全运动轨道，从而可以确定内门架完全升高后的上部端点 B。根据 A、B 两点间的距离，再考虑内、外门架滚轮运动到最小间距时必须具备的重叠度，便可确定门架立柱的最小理论高度。

由如图 6-38 所示的几何关系，内、外门架的理论立柱高度为

$$H_2 = H_1 = (H_{max} - \delta + \Delta)/2 + L_1 + d + t \quad (6\text{-}1)$$

式中 H_{max}——最大起升高度（mm）；
   δ——货叉厚度（mm）；
   Δ——满载时的轮胎变形量（mm），Δ 与 δ 大致相当（图 6-38 未示）；
   L_1——叉架（内、外门架间）的纵向滚轮间距（mm）；
   d——纵向滚轮直径（mm）；
   t——构造或焊接工艺结构所需要的尺寸（mm），t 在图样设计时确定。

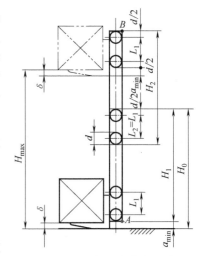

图 6-38 门架理论高度设计

叉车整车最低结构高度 H_a（不考虑护顶架）为

$$H_a = H_1 + a_{min} \quad (6\text{-}2)$$

起升液压缸行程为

$$S_c = (H_{max} - \delta + \Delta)/2 \quad (6\text{-}3)$$

液压缸的安装高度为

$$H_c = S_c + C_1 \quad (6\text{-}4)$$

式中 C_1——液压缸的导向、缸盖、缸底等固定尺寸。

在液压缸安装高度 H_c 小于门架立柱高度 H_1 所能提供的安装空间时，通过合理设计，可获得一定的自由提升。

类似地，对于三级门架，式（6-1）和式（6-3）中用 2 除的部分改成用 3 除即可。可见三级门架在同等起升高度的情况下能够降低门架高度，而在同样门架高度的情况下可以获得更大的起升高度。

【例 6-1】 已知纵向滚轮间距为 420mm，纵向滚轮直径为 110mm，最小离地间隙为 130mm，求标准起升高度二级门架的理论立柱高度 H_1。

解：标准起升高度应为 3000mm，根据式（6-1），假设叉车满载时的轮胎变形量与货叉厚度 δ 的作用抵消，并且先不考虑工艺尺寸 t，则有

$$H_1 \approx 0.5 H_{max} + L_2 + d = (0.5 \times 3000 + 420 + 110)\text{mm} = 2030\text{mm}$$

答：理论立柱高度 H_1 为 2030mm。

分析：门架立柱的高度与最小离地间隙无关。

【例 6-2】 求例 6-1 所述门架的最低结构高度 H_a。

解：根据式（6-2），有

$$H_a = H_1 + a_{min} = (2030 + 130)\text{mm} = 2160\text{mm}$$

答：门架的最低结构高度 H_a 为 2160mm。

分析：门架的最低结构高度与最小离地间隙有关。

2. 三级门架

【例 6-3】 若例 6-1 所述二级门架改用三级门架，如图 6-39 所示，试计算门架的理论立柱高度 H_1 和最低结构高度 H_a。

解：此时式（6-1）变为

$$H_1 = H_1 = H_3 = (H_{max} - \delta + \Delta)/3 + L_2 + d + t$$
$$\approx (3000/3 + 420 + 110)\,mm = 1530\,mm$$

根据式（6-2），有

$$H_a = H_1 + a_{min} = (1530 + 130)\,mm = 1660\,mm$$

答：理论立柱高度 H_1 为 1530mm，门架的最低结构高度 H_a 为 1660mm。

分析：对比例 6-2 可见三级门架在起升高度不变的情况下可以降低叉车的最低结构高度。

【例 6-4】 若保持例 6-2 所述门架的最低结构高度不变，将二级门架改为三级门架，求最大起升高度 H_{max}。

解：根据 $H_a = H_1 + a_{min}$，有

$$H_1 = H_a - a_{min} = (2160 - 130)\,mm = 2030\,mm$$

又根据 $H_1 \approx H_{max}/3 + L_2 + d$，有

$$H_{max} = (H_1 - L_2 - d) \times 3 = (2030 - 420 - 110) \times 3\,mm = 4500\,mm$$

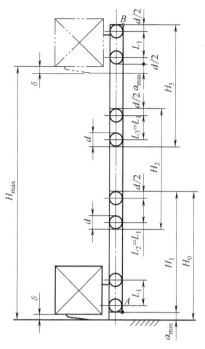

图 6-39 三级门架理论高度设计计算示意图

答：此时的最大起升高度 H_{max} 可达 4500mm。

分析：对比例 6-1 可见三级门架在叉车的最低结构高度不变的情况下可以增加起升高度。

3. 货叉厚度

分析门架理论高度尺寸的计算式 $H_1 = H_2 = (H_{max} - \delta + \Delta)/2 + L_2 + d$，货叉厚度 δ 似乎会抵减一部分起升高度，不过在实际设计计算中不必考虑这种抵减作用。从叉车起升高度的定义"货叉水平段上表面到地面的垂直高度"来看，叉车在未进行起升的情况下，货物已经离开地面一个货叉厚度 δ 了。一方面，货叉厚度可以作为起升高度的裕量，另一方面，叉车在起升货物时轮胎会发生变形，这又会影响到起升高度。

4. 车轮变形

叉车车轮是橡胶的，承载后会发生变形 Δ，这将会影响起升高度。通常可以认为货叉厚度 δ 和轮胎变形 Δ 对起升高度的影响相互抵消，这样门架理论高度尺寸的计算公式就可以简化为：$H_1 = H_2 = H_{max}/2 + L_2 + d$，可以记忆为："二级门架立柱高度等于起升高度的一半加上内、外门架的重叠尺寸"。

6.3.2 宽度几何尺寸设计

1. 整体位置

叉车门架立柱位于两个驱动车轮之间，其宽度必然小于前轮距，如图 6-3 和图 6-4 所示。

2. 与车轮的侧向间隙

门架立柱嵌于两个前轮之间,又不能与车轮接触,而且车轮是橡胶的,本身的尺寸精度不可能太高,承载后还会发生变形,因此,门架立柱与前轮之间必须留出一定的侧向间隙,如图 6-4 所示。

3. 与驱动桥的位置关系

由于叉车的构造特点,前桥是驱动桥,驱动桥中部主传动部分(俗称牙包)有可能与外门架的下横梁发生干涉,因此在设计下横梁时需要注意。

6.3.3 前后位置布置

1. 整体位置

首先,平衡重式叉车的门架位于车轮支撑点之外,门架和货物的重量需要靠叉车其他部分的重量来平衡,才不至于向前倾覆。为了减小倾覆力矩,门架应该尽量靠近车体。另外,为了装卸尺寸长、体积大的货物,叉车门架必须位于车轮的前面,否则货物会与车轮干涉。因此,门架的立柱嵌于两个前轮之间,而货叉垂直段前表面必须位于车轮之前,如图 6-4 所示。

2. 前悬距

货叉垂直段前表面到前桥中心的距离为前悬距,前悬距越小越好。

3. 与车轮的纵向间隙

叉架挡货架位于车轮前方,需要与车轮保持一定的距离,如图 6-4 所示。

4. 起升液压缸布置

传统叉车采用单起升液压缸,位于门架中间,如图 6-40 所示,由于液压缸严重影响司机的视野,现在已很少采用了。当采用短液压缸全自由提升时,由于是半高的短液压缸,叉车行驶时起升高度不大,液压缸不用完全伸出,不至于影响视野,因此自由起升仍采用中央放置一个液压缸的方案。

自从 20 世纪 80 年代初的新系列设计开始,叉车已将所谓双液压缸宽视野门架作为标准配置了,如图 6-41 所示。采用双液压缸时,通常有后置和外置两种布置。国内多采用后置,即液压缸位于门架立柱之后,优点是门架的视野较好,如图 6-41 所示,缺点是布置不当会

图 6-40 单起升液压缸门架

图 6-41 双液压缸后置宽视野门架

增大前悬距。国外有些叉车产品采用II型截面立柱，从而将液压缸布置在外侧，如图 6-42 所示，优点是不会增大前悬距，缺点是有可能影响到视野。

5. 倾斜液压缸布置

图 6-42 双液压缸外置门架

早期的叉车也采用单根倾斜液压缸，布置在中间，拉动外门架中横梁。现在的叉车多采用双倾斜液压缸方案。若倾斜液压缸布置在高位，如外门架上横梁与护顶架之间，优点是受力较小，缺点是行程较大且不好布置。现在多布置在外门架中横梁与车架前轮"挡泥板"之间。倾斜液压缸的动作既要保证门架完成前倾 6°，后倾 12°，又不能与叉车的"前脸"发生干涉。

6.3.4 立柱截面设计

1. 新系列设计的门架槽钢

叉车门架立柱槽钢其实不是型钢，而是特殊截面的钢材，比一般建筑上用的槽钢壁厚要厚，也没有斜角。0 到 5 吨叉车的 C 型和 J 型门架槽钢有轧制的产品，为 20 世纪 80 年代初新系列设计产物，见表 6-5 和表 6-6。

表 6-5 C 型门架槽钢截面几何尺寸与特性参数

起重量/t	0.5	1	2	3	4	5
H/mm	100	132	152	164	204	212
h/mm	78	104	116	120	152	152
B/mm	36	42	50	56	70	70
b/mm	9	12	13	15	18	18
d/mm	11	14	18	22	26	30
面积/mm²	1474	2424	3282	4264	6376	6936
单位重力/(N/m)	117.3	190.3	257.6	334.4	500.5	541.0
W_x/mm³	38020	78060	126790	174540	329260	371240

表 6-6 J 型门架槽钢截面几何尺寸与参数

起重量/t	0.5	1	2	3	4	5
C/mm	60	72	88	98	120	120
面积/mm²	1738	2844	3936	5183	7676	8492
单位重力/(N/m)	136.4	223.3	311.3	407.3	602.5	662.4
W_x/mm³	41820	86710	140700	194080	363740	403970

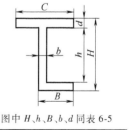

图中 H、h、B、b、d 同表 6-5

2. 中国工程机械协会采委会设计的门架槽钢

近年来随着叉车技术的进步，有人提出改进叉车门架立柱槽钢截面的倡议。由国家工程机械质量监督检验中心牵头，联合一些叉车厂和钢厂，制定了新的门架槽钢系列，如图 6-43 所示，参数见表 6-7 和表 6-8。

表 6-7　C 型截面门架槽钢几何尺寸与特性参数

起重量/t	1	1.5~2	1.5~2.5	3~3.5	4~4.5	5~7
H/mm	103.2	121.3	148	160	175	201.5
h/mm	70.8	78.7	110	120	123.8	150.1
B/mm	40	41	45	55	66.2	71.2
b/mm	7.7	10.8	12	15	16.2	19.4
d/mm	16.2	21.3	19	20.7	25.6	25.7
面积/mm²	1500.6	2643.8	3030	4082.2	5395	6670.7
单位质量/(kg/m)	14.8	20.8	23.8	32.0	42.3	52.4
W_x/mm³	52488.8	80317.1	114817.2	162666.7	247542.8	336921

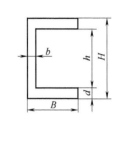

表 6-8　L 型截面几何尺寸与参数

起重量/t	1.5~2.5	3~3.5
B_1/mm	33.5	38
h_1/mm	13	20
d_1/mm	17	18
面积/mm²	3599.5	4727.4
单位质量/(kg/m)	28.3	37.1
W_x/mm³	126798.3	185136.1

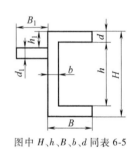

图中 H、h、B、b、d 同表 6-5

3. 焊接的门架槽钢

由于叉车的批量较小，大吨位叉车的门架立柱槽钢只能焊接制成，如图 6-44 所示。

6.3.5　起升液压系统

1. 系统压力

现在中高压系统用得比较多，系统压力在 16~20MPa。高压化、小型化是叉车液压技术的发展趋势。

2. 液压缸类型

过去起升液压缸有采用活塞式液压缸的。由于叉车起升液压缸的受力特点，可以靠重力下降，因此现在多采用直径较小的柱塞式液压缸。倾斜液压缸采用普通的差动式双作用液压缸。

3. 多路换向阀

门架的起升、下降前倾、后倾及属具的动作由多路换向阀控制。

4. 下降速度限制阀

为了确保安全，要求在叉车起升液压缸下部安装下降速度限制阀，使得即使在液压系统油管爆裂的情况下，货物也不至于快速下降。

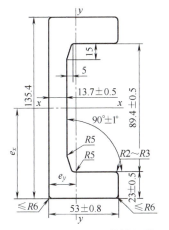

图 6-43 新型门架立柱槽钢截面

图 6-44 焊接的门架立柱

6.4 门架验算

6.4.1 计算工况与载荷

门架的受力情况比较复杂，强度计算的方法也不统一，有的方法很烦琐。较简单的方法是对主要受力工况的主要应力进行计算，在选取许用应力时考虑足够的安全系数。

1. 计算工况

如果将门架系统（包括门架、叉架、货叉、起升液压缸、链条等）当成一个隔离体，那么如图 6-45 所示，可以看出，当货物起升到最大高度，门架前倾到最大角度时，其受力最大，外门架和倾斜液压缸铰接的 A—A 截面具有最大外力矩，如图 6-45a 所示。但考虑到

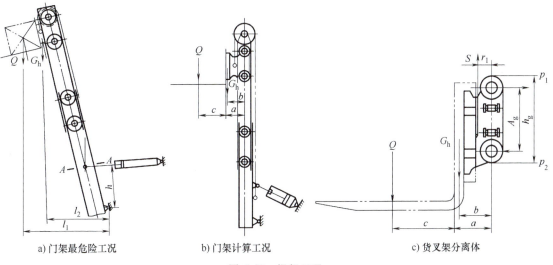

a) 门架最危险工况　　　b) 门架计算工况　　　c) 货叉架分离体

图 6-45 门架工况

安全需要，实际工作中一般不允许出现这种最危险情况。而经常是当货物起升到最大起升高度进行堆垛时，要求门架处于直立状态，这时门架各截面的弯矩基本相等。根据此实际情况，也为了便于计算，可以把门架垂直、额定起重量的重心位于载荷中心、起升到最大起升高度的这种工况作为门架的计算工况，如图6-45b所示，据此工况设计门架的强度。

2. 纵向滚轮压力

门架是一个空间框架，按两个互相垂直的平面来分析它的受力。

内门架在纵向平面内，即在垂直于门架的平面内的受力有：叉架滚轮给内门架左、右两根立柱作用一对压力力偶 p_1、p_2，同时，外门架通过滚轮给内门架左、右立柱作用一对支承反力 p_3、p_4。而且当货叉起升到最大高度，内门架上下滚轮的最小间距等于叉架滚轮间距时，内门架滚轮的压力值最大，其值与叉架滚轮压力相等，如图6-46b所示。如果忽略滚轮运动中的摩擦阻力，按照图6-45c所示的货叉架的分离体，得

$$p_3 = p_4 = p_1 = p_2 = \frac{Q(c+a-r_1) + G_h(b-r_1)}{2A_g} \tag{6-5}$$

3. 弯矩

在滚轮压力作用下，弯矩载荷主要是内门架纵向弯矩。由于左、右两根立柱对称受力，因此只是两根立柱受纵向弯矩。计算时可以将立柱作为简支悬臂梁，其受力简图及各截面弯矩图如图6-46所示。

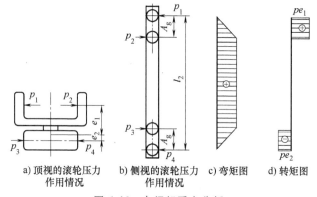

图 6-46 内门架受力分析
a) 顶视的滚轮压力作用情况 　b) 侧视的滚轮压力作用情况 　c) 弯矩图 　d) 转矩图

外门架同样是一个空间框架，其受力比内门架复杂。在纵向平面内，外门架左、右立柱受到内门架滚轮作用的压力 p_3、p_4。而下横梁受到起升液压缸向下的压力，还有支承铰轴的反力及倾斜液压缸的拉力，如图6-47所示。

外门架虽然受力复杂，但根据受力分析，立柱的危险截面也是在内门架滚轮的作用处（图6-47a所示的 p_4 作用点），因此，在不考虑横向平面内的受力情况时，其计算方法与内门架的相同。

4. 门架受力特点

从图6-46和图6-47可以看出，叉车内门架和外门架受基本相同的弯矩作用，因此重叠式门架立柱截面

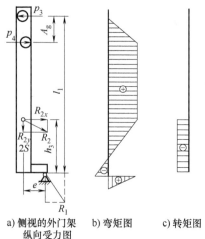

a) 侧视的外门架纵向受力图 　b) 弯矩图 　c) 转矩图

图 6-47 外门架纵向受力分析

显然是不合理的，而内、外门架立柱采用相同的工字形截面是合理的。门架弯矩的根源是纵向滚轮压力，因此适当增大滚轮间距能有效降低门架受力，所以大吨位叉车的滚轮间距越大，门架也就越高。

6.4.2 货叉强度与刚度

货叉不管是自己设计，还是选用标准尺寸的产品，必须保证它的强度和刚度，必须对它进行合理的设计和验算。

1. 货叉的计算简图

根据货叉和叉架的连接型式不同，其支承情况有所差别。铰接型货叉可以简化为支承在两个铰接支座上的静定刚架，如图 6-48a 所示。对于挂钩型货叉，由于上支承既不便于移动，又不便于自由转动，可以简化为固定支座，下支承可简化为活动铰支座，货叉成为一次超静定的刚架，如图 6-48b 所示。

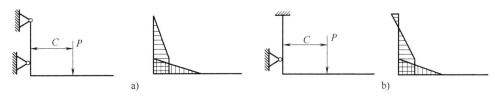

图 6-48 货叉计算简图

对图 6-48 所示两种计算简图，在集中载荷 P 的作用下，货叉的危险截面均在垂直段下部，其应力状态相同，强度相同。但两种计算简图中，货叉垂直段的受力情况不同，导致两种型式货叉的变形不同。静定刚架水平段的变形值要大于超一次静定刚架水平段的变形值。考虑到挂钩型货叉上部挂钩处有安装间隙，并非绝对不能转动，为安全起见，各种货叉均按静定刚架进行计算。

2. 货叉的强度计算

如图 6-49 所示，货叉受集中载荷作用后，水平段受弯矩和剪力，垂直段受弯矩和拉力，危险截面在支座 A 以下的垂直段，其上的最大正应力为弯曲应力和轴向应力之和。

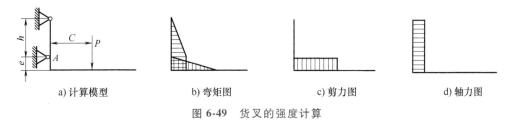

a) 计算模型　　b) 弯矩图　　c) 剪力图　　d) 轴力图

图 6-49 货叉的强度计算

在图 6-49a 所示的 A 处平面，弯曲正应力 σ_w 和轴向应力 σ_1 分别为

$$\sigma_w = \frac{M_{max}}{W} = \frac{6PC}{a^2 b}$$

$$\sigma_1 = \frac{P}{F} = \frac{P}{ab}$$

$$\sigma_{\max} = \sigma_w + \sigma_1 \leq [\sigma] \tag{6-6}$$

式中　$M_{\max}$——最大弯矩；

　　　P——货叉的计算载荷；

　　　C——载荷中心距；

　　　W——抗弯截面模量，$W = a^2 b/6$；

　　　a、b——货叉截面的高和宽；

　　　F——截面面积，$F = ab$；

　　　$[\sigma]$——许用应力。

　　许用应力和安全系数的选取与计算载荷的选取密切相关。如果计算载荷比较精确，则安全系数可取得较小。计算载荷的选取除应考虑额定载荷外，还应考虑载荷偏置造成的偏载系数，以及起升和运行过程中惯性和冲击造成的动载荷。由于这方面的试验和统计工作做得还不完善，没有确切可靠的偏载系数和动载系数供参考，因此，一般都用加大安全系数的办法来计算。根据货叉试验的有关标准规定，试验载荷为货叉单根额定起重量（$Q/2$）的 3 倍，即取 $P = Q/2$，安全系数取 $n \geq 3$。可见货叉在叉车上的作用类似于起重机上的吊钩。

3. 货叉的刚度计算

　　货叉刚度计算的目的是确定货叉水平段在外载荷作用下的变形，通常都以叉尖或载荷中心处的垂直静挠度作为计算值。挠度越小，表示货叉的刚度越大。

　　进行货叉刚度计算时，通常不考虑货叉偏载和动载系数，而只把货叉工作时的正常载荷作为计算载荷，即 $P = Q/2$，用简便的弯矩图乘法计算，如图 6-50 所示。图乘法要求先作出货叉在集中力 P 作用下的弯矩图 M_P，并在求挠度处（即叉尖处）作用一个单位力 P'，画出在单位力作用下的货叉弯矩图 M'，然后将其中一个弯矩图（如 M_P）的面积和另一个弯矩图（如 M'）中与前一个弯矩图的形心相对应的高度坐标 y' 相乘。为计算方便起见，可将弯矩图分成独立的规则图形，逐个相乘后叠加，然后除以货叉的抗弯刚度 EI，就得到所求的挠度。

　　如图 6-50 所示，用图乘法可得叉尖的挠度

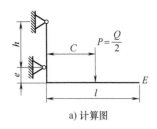
a) 计算图

b) M_P 弯矩图

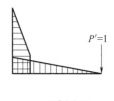
c) M' 弯矩图

图 6-50　货叉叉尖挠度计算图

$$f_E = \frac{Pcl}{EI}\left[\frac{c}{l}(3l-c) + 6e + 2h\right] \leq [f] \tag{6-7}$$

式中　E——钢的弹性模量；

　　　I——货叉截面惯性矩，视货叉为等截面刚体，$I = a^3 b/12$；

　　　$[f]$——叉尖允许挠度，一般取 $L/50$。

　　从强度和刚度来说，增加货叉厚度比增加货叉宽度有利，但货叉厚度大不利于叉货和卸货。一般货叉的厚度和宽度在标准范围内选取，在满足强度、刚度条件下选取厚度较小者，

货叉垂直段的长度不影响货叉强度,但对货叉刚度有影响,为加强刚度,应尽可能减小垂直段长度,尤其是下支座以下 e 的长度。挂钩型货叉垂直段的有关尺寸也应符合有关标准。

6.4.3 叉架强度

在叉架设计计算时,先要确定框架的构造和滚轮的间距等主要尺寸。

叉架的受力比较复杂,图 6-51 所示是其受力图。当货物 Q 以偏心 e 压在货叉上时,叉架受到的力有货叉上钩的压力 p、货物产生的力偶 F_1、滚轮反力偶 F_2、侧向力偶 F_3、链条拉力 S 等。而且,按照力的作用方向,有垂直于叉架平面和平行于叉架平面两种情况。根据焊接叉架封闭框和开口框的两种结构,都必须计算超静定框架,因此计算繁杂,工作量大,一般都尽量采用简化计算方法。

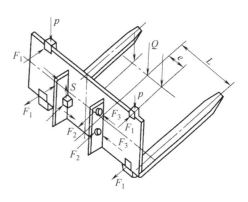

图 6-51 叉架受力分析

简化的方法是把作用在框架平面横梁的力与横梁看成简支悬臂梁,主要对横梁进行计算。也可以把垂直于框架平面的力与横梁作简支梁计算,而把作用在框架平面内的力按平面对称框架求解。根据这样的计算思路,下面以常用的开口框架为例,说明计算过程。

叉架的简化外力图如图 6-52a 所示,在垂直框架平面内的作用力 F 对于上、下横梁可简化成双悬臂对称简支梁,如图 6-52b 所示,只是力 F 作用在梁的上、下边缘上,使梁在受弯曲的同时,还受到转矩。在框架平面内受力 p 作用,构成三次对称超静定框架,其弯矩图如图 6-52c 所示,最大弯矩位于上横梁悬臂根部。由此可见,开口框架上横梁悬臂根部是危险截面。

该截面作用在框架平面内的弯矩为

$$M_x = pl$$

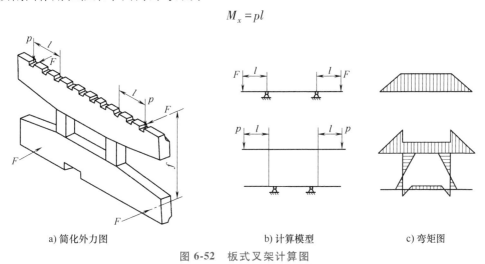

a) 简化外力图 b) 计算模型 c) 弯矩图

图 6-52 板式叉架计算图

作用在垂直于框架平面的弯矩为

$$M_y = Fl = \frac{P(c+a+b/2)l}{f}$$

该截面的转矩为

$$M_T = \frac{Fh}{2}$$

式中 P——集中载荷，$P = Q/2$；
    Q——起重量；
    l——悬臂长度；
    c——载荷中心距；
    a——货叉厚度；
    b——横梁截面厚度；
    h——横梁截面计算高度；
    f——框架上、下横梁作用的力 F 间的距离。

上横梁截面由于被定位槽所削弱，为安全和计算方便起见，将截面（图 6-53）作为矩形截面进行计算，主要验算 A、B 两点的应力。

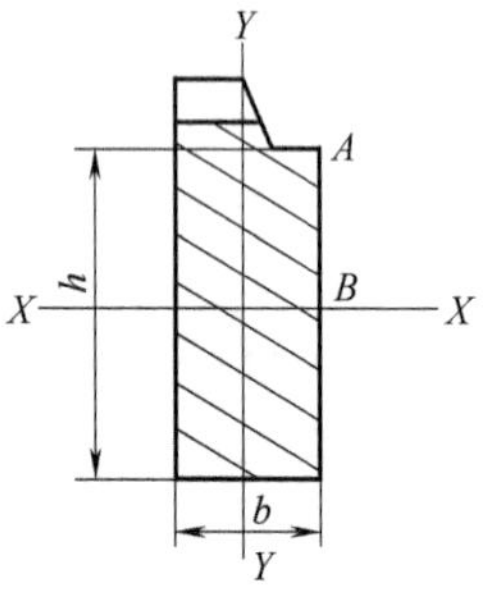

A 点的应力为

$$\sigma_A = \frac{M_x}{W_x} + \frac{M_y}{W_y} = \frac{6pl}{bh^2} + \frac{6Fl}{b^2h} \leq [\sigma] \quad (6\text{-}8)$$

截面中 B 点的扭转剪应力最大，其值为

$$\tau_{\max} = \frac{M_T}{\alpha b^2 h} \leq [\tau] \quad (6\text{-}9)$$

图 6-53 叉架上横梁截面计算图

式中 α——与矩形截面高宽比 h/b 有关的系数，见材料力学。

B 点状态为双向应力状态，按第四强度理论有

$$\sigma_B = \sqrt{\left(\frac{M_y}{W_y}\right)^2 + 3\tau_{\max}^2} \leq [\sigma] \quad (6\text{-}10)$$

式中 $[\sigma]$——材料许用应力，对 Q235，取 $[\sigma] = 160\text{MPa}$；对 Q355 钢，取 $[\sigma] = 230\text{MPa}$。

叉架纵向滚轮中心距和滚轮直径的确定是很重要的。在一定的力矩作用下，纵向滚轮中心距越大，滚轮的压力越小，滚轮的直径也越小。但滚轮中心距越大，门架的高度越大，叉车整机外形高度也越大。滚轮的直径又受内门架立柱截面尺寸的约束，因此，一般先确定门架截面尺寸，则滚轮直径、滚轮宽度随之确定，这时验算滚轮和门架之间的接触应力，若接触应力过大，则适当增大滚轮中心距，减小滚轮压力。

6.4.4 液压缸与链条强度

宽视野门架每个液压缸受力（图 6-2）为

$$F_c = (Q + G_h)/\eta_q + G_m/2$$

式中 Q——额定起重量；
G_h——叉架和货叉重量；
η_q——起升机构效率（0.8~0.85）；
G_m——内门架重量。

注意，本来有两根液压缸来分担额定起重量，但由于采用了省时滑轮组，液压缸的行程只需要起升高度的一半，而受力是原来的 2 倍。两个因素抵消，额定起重量不需要除以 2。

每根链条的拉力

$$F_T = 2(Q+G_h)/\eta_q$$

有关标准规定叉车用起重链条的安全系数不应低于 5。

6.4.5 门架强度

1. 整体弯曲应力

每根立柱截面的最大弯矩如图 6-46c 所示，其值为

$$M_x = p_1 A_g = p_4 A_g \tag{6-11}$$

立柱截面处的正应力为

$$\sigma_x = \frac{M_x}{W_x} \tag{6-12}$$

式中 W_x——内门架立柱截面的纵向抗弯模量。

2. 局部弯曲应力

立柱翼缘在滚轮压力作用下产生局部弯曲，存在局部弯曲应力。此外，在滚轮和翼缘的接触处有较大的表面接触应力，且各项应力的数值均较大。

将立柱看成无限长的板，翼缘和腹板的连接边看成板的固定边，在滚轮压力 p 作用下，力作用点附近区域将产生局部弯曲变形，有双向局部弯曲应力，即沿 X 轴方向和沿 Z 轴方向（图 6-54）均有应力。在压力 p 所在的横截面上，各点的应变和应力是这样分布的：在翼缘内表面，靠近腹板处的 X 向应力为拉应力，靠近自由边处的 X 向应力为压应力，自由边缘处及中间弯曲拐点处，X 向的应力均为零，而以翼缘和腹板连接处的应力为最大；翼缘内表面的 Z 向应力均为压应力，而以压力 p 作用点附近的 Z 向应力为最大。在翼缘外表面各点应力值的分布规律与翼缘内表面应力值的分布规律相似，但应力符号与翼缘内表面应力符号相反。

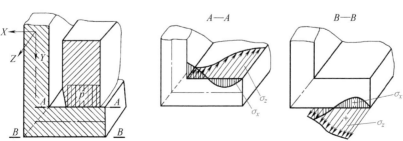

图 6-54 翼缘局部弯曲应力分布

经有关文献精确分析和实验研究，在已知如图 6-55 所示的尺寸时，对于滚轮这样均布压力作用下的翼缘局部弯曲应力，可按下列公式计算。

翼缘与腹板连接处的应力为

$$\sigma_x = \pm 0.7 \frac{p}{t^2} \sqrt[4]{\left(\frac{c}{b}\right)^3}$$

$$\sigma_z = \pm 1.7 \frac{p}{t^2} \sqrt[4]{\left(\frac{c}{b}\right)^3} \quad (6-13)$$

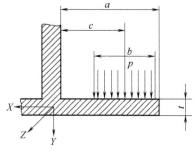

图 6-55 翼缘局部应力计算简图

均布压力中心处的应力为

$$\sigma_x = \pm 2.1 \frac{p}{t^2} \sqrt[4]{\left(\frac{c}{b}\right)^3}$$

$$\sigma_z = \pm 0.3 \frac{p}{t^2} \sqrt[4]{\left(\frac{c}{b}\right)^3} \quad (6-14)$$

从式（6-13）和式（6-14）可以看出，翼缘厚度 t 对局部应力影响很大，普通的型钢（如槽钢等）由于翼缘厚度较小，局部应力过大会造成永久变形，不能用作叉车门架立柱。因此，一般都是先设计好截面，再选用经专门轧制或焊接而成的特种型钢来制成门架立柱。表 6-5、表 6-6 分别为国产中小吨位叉车门架推荐使用的 C 型和 J 型截面尺寸。

3. 合成应力

根据滚轮压力的作用位置，可以确定内门架立柱与叉架下滚轮接触处为最危险截面，其应力最大点是翼缘内壁的根部，该点为平面应力状态。如果将数值较小的各项剪应力（弯曲剪应力、扭转剪应力）略去不计，将 X 轴和 Z 轴方向的正应力作为主应力，按照第四强度理论，强度条件为

$$\sigma_A = \sqrt{(\sigma_W + \sigma_z)^2 + \sigma_x^2 - \sigma_x(\sigma_W + \sigma_z)} \leq [\sigma] \quad (6-15)$$

许用应力 $[\sigma] = \sigma_s/n$，考虑到滚轮压力 p 的动载情况以及货物的偏载、约束扭转的影响等，取安全系数 $n = 2 \sim 3$。门架立柱一般采用 Q355 钢、20MnV、20CrMnSi 等，可取 $[\sigma] = 230\text{MPa}$。

4. 滚轮接触应力

滚轮与立柱翼缘板接触传力时，在接触处产生局部挤压应力，这会导致立柱翼缘内侧表面磨损与剥蚀，因此必须考虑。因产生接触挤压应力的位置不在翼缘材料表层，而在其下一定深度处，且其破坏作用不同于其他应力分量，故只要单独对它进行校核。计算公式为

$$\sigma_j = 0.418 \sqrt{\frac{pE}{br}} \leq [\sigma_j] \quad (6-16)$$

式中　p——滚轮压力（N）；

　　　E——弹性模量，$E = 2.1 \times 10^5 \text{MPa}$；

　　　b——滚轮宽度（mm）；

　　　r——滚轮半径，（mm）；

　　　$[\sigma_j]$——许用挤压应力（MPa）。

许用挤压应力值与材料的硬度有关,若用布氏硬度,则许用挤压应力可取为材料布氏硬度值的 5 倍。

6.4.6 门架刚度

门架刚度的计算主要是计算门架的整体变形量。门架在载荷作用下将向前弯曲倾斜,并使货叉及载荷中心前移,倾覆力矩增加。载荷中心前移量较大将影响叉车的稳定性,尤其在起升高度大的情况下更是如此。

计算门架刚度的工况和计算门架强度的工况相同,即门架垂直,额定起重量的重心位于载荷中心,起升到最大高度的工况,在这种工况下计算门架顶端的水平前移量及转角。外门架顶端的水平前移量为

$$f = f_1 + \theta_1 (l_2 - A_g) + \frac{\Delta}{A_g}(l_2 - A_g) + f_2 \tag{6-17}$$

式中 f_1——外门架顶端的水平前移量(mm);
θ_1——外门架顶端的转角(rad);
Δ——门架滚轮与导轨的间隙(mm);
l_2——内门架的计算高度,取内门架不伸出时上、下两滚轮间的距离(mm);
A_g——起升到最大高度时,门架两滚轮的中心距(mm);
f_2——内门架顶端的弯曲位移量(mm)。

内门架顶端的水平前移量及转角由内、外门架的弯曲变形及门架滚轮与导滚间隙构成。内门架顶端的水平前移量如图 6-56 所示。

内门架的顶端对垂直线的转角为

$$\theta_2 = \theta_1 + \frac{\Delta}{A_g} + \theta_2 \tag{6-18}$$

式中 θ_2——内门架的弯曲转角(rad);
θ_1、Δ、A_g——意义同前。

式(6-17)和式(6-18)中的 f_1、f_2、θ_1、θ_2 均可用弯矩图乘法求得。对于最大起升高度 H 小于 4m 的叉车,允许的水平前移量 $[f] \leq H/100$,允许的转角 $[\theta] \leq 2°$。

6.4.7 其他问题

1. 侧向载荷

内门架在横向平面,即门架所在平面内的受力:当内门架上升时,在内门架上横梁上作用有起升液压缸的推力 F_1(图 6-57),F_1 用来克服内门架本身的重力及内门架的滚轮摩擦阻力 W_2,这两种力分别作用在立柱上,使立柱产生轴向力和弯矩。但这些力都很小,故这个平面的力可以忽略不计。

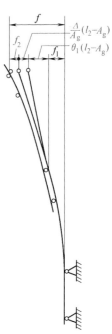

图 6-56 门架变形示意图

2. 超静定刚架

侧向滚轮压力作用在门架平面内，会对门架立柱产生侧向的弯矩。但因为门架在其平面内为高次超静定的框架结构，内力的求解十分繁杂，因此一般不进行计算，只计算纵向弯曲应力、局部弯曲应力和滚轮接触应力，其他应力均通过适当增大安全系数来考虑。

3. 约束弯曲和约束扭转产生的附加正应力

根据内门架的受力情况，由于滚轮压力不是作用在立柱的弯心平面内（图 6-46a），故立柱除了受弯矩（图 6-46c）外，两端还受转矩。上端由叉架滚轮引起的转矩较大，下端门架滚轮引起的转矩很小，若将立柱看成独立的杆件，则其转矩如图 6-46d 所示。在这种受力情况下，由于门架横梁的作用，立柱受约束扭转，不仅产生自由扭转剪应力，还将产生约束扭转正应力和约束扭转剪应力。

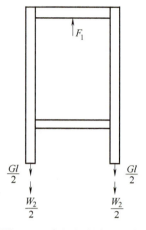

图 6-57 内门架所在平面的受力分析

同样，外门架除了承受立柱整体弯曲产生的应力外，也承受着局部弯曲及约束扭转产生的应力，另外倾斜液压缸连接处以下还受有轴向力。

叉车门架立柱槽钢属于薄壁开口杆件，滚轮着力点距离其弯曲中心较远，据有关资料，约束弯曲和约束扭转所产生的附加正应力水平可达到其整体弯曲应力的同一数量级。但由于约束应力的计算过于复杂，一般均以增大安全系数的方法加以考虑。

4. 振动问题

货物起升、下降，以及门架前倾、后倾的过程中会产生动载荷，通常应在安全系数中予以考虑。

5. 偏载问题

货物偏载而使货物重心与其几何中心偏离，以及路面不平、侧移式属具动作等原因都会造成叉车偏载。偏载会使侧向滚轮受力，在门架平面内产生弯矩。由于门架横梁的作用，门架在其自身平面内属于多次超静定结构，一方面计算比较复杂，另一方面该平面内的刚度比较大，因此一般不进行计算。偏载或侧向载荷过大会引起叉车的侧向倾翻，这属于整机稳定性问题，不属于强度、刚度问题。由于叉车偏载或承受侧向载荷是难免的，因此人们普遍采用 CJ 型、CL 型或 II 型的门架立柱截面，就是为了提高门架的侧向刚度。

6. 制造工艺问题

门架生产完成后，为保证安全，需要检查叉车门架起升系统的工作性能，即门架结构的强度、位移、可靠性及液压系统的密封性能。确保门架通过寿命试验后，门架不得有永久变形、开焊、裂纹现象。而且，门架滚轮、导轨面磨损应正常，起升、倾斜液压缸不得有严重漏油现象。

6.5 叉车属具

货叉是叉车配备的标准取物装置，它适用于许多货种的装卸作业，但对有些货种作业并不方便。因此，为扩大叉车的用途，提高装卸效率，使其能适应某些具有特殊形状货物

(如散粒物料、圆桶、圆木、环状物品）的装卸作业，除货叉外，还可以配备其他各种属具，如铲斗、起重臂、桶夹等。由于属具往往适用于特定种类货物的装卸，是非标准的取物装置，与货叉相比，自重和载荷中心距都有可能发生变化，因此，设计合适的属具来取代货叉，既要保证安全还要便于拆装，这样才能安全、高效地进行装卸作业。

6.5.1 叉车属具的分类与构造

1. 简单属具

（1）套盘类属具　叉套套装在货叉的水平段以增大货叉的长度，可用于装卸棉花包等小密度大体积类物品。专用托盘可在车间中用来盛放螺母、螺钉等小零件，搬运时，货叉直接托起托盘。这类属具结构简单，相当于货叉的延伸，安装与使用特别方便，对货物的适应性较强。

（2）简单属具　简单属具包括用来装卸盘条的串杆、吊装货物的起重臂等，如图6-58所示。这类属具自身没有动作，构造比较简单，可直接取代货叉使用。其安装方式与货叉完全相同，更换也比较方便。

图6-58　串杆和起重臂

2. 单自由度属具

单自由度属具有一个动作，一般通过液压缸实现，这样液压系统就得配有相应的管路与控制阀。单自由度属具包括只有横向动作的桶夹、平夹（抱夹器），可以卸货的倾翻叉、推出器，用来装卸散粒物料的铲斗，用来搬运啤酒瓶的稳压器等，如图6-59~图6-61所示。

图6-59　单自由度桶夹和平夹

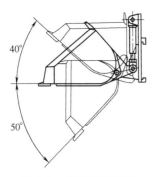 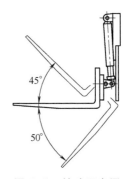

图 6-60　倾翻叉示意图　　　　　　　图 6-61　铲斗示意图

3. 双自由度属具

双自由度属具除了有一个平移动作外，还有一个旋转动作，使用起来比较方便。但属具内部得有两个液压缸，使其构造复杂，自重大，成本高，所需的外部配套设施多，安装与更换也不方便。双自由度桶夹如图 6-62 所示。

图 6-62　双自由度桶夹

4. 特殊属具

（1）专用属具　专用属具包括集装箱叉车用的集装箱吊具或夹具、环卫部门夹持卫生箱或倾倒自卸式卫生箱用的属具等，如图 6-63 所示。这类属具的功能专一，对安装是否方便的要求不高。

图 6-63　卫生箱夹和纸卷夹

（2）特殊属具　属具本身就是特殊的，因此只要装卸工作需要，就可以研制新的属具。设计时要符合对属具的一般性要求。

5. 特殊门架

有的装置是一种不可更换的特殊叉架，可将其看成是具有特殊性能的叉车的一部分，而不作为属具，如图 6-64 和图 6-65 所示。

图 6-64 推出器和侧移叉

图 6-65 轻型装载机

6. 属具的典型构造

图 6-66 所示为几种常用的叉车属具。

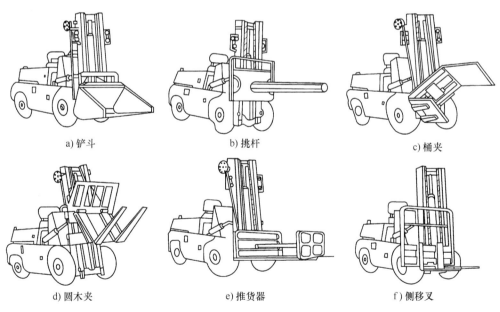

a) 铲斗　　　b) 挑杆　　　c) 桶夹

d) 圆木夹　　　e) 推货器　　　f) 侧移叉

图 6-66 常见的叉车属具

铲斗如图 6-66a 所示,适用于粉状、散料及小块物料的装卸。对坚硬的碎石块料,可使用带齿的铲斗,斗齿一般用有高抗磨性能的锰钢制成。斗下部与叉架铰接,用转斗液压缸操纵它上下摆动，以便装卸物料。由于铲斗属具有一个实现其摆动的液压缸，是单自由度属具。在叉车液压操作系统中的分配阀就有相应的控制滑阀及操纵杆，而且油路管道的布置还要考虑铲斗随叉架升降和门架前后倾的特点，具备伸缩功能。在用铲斗取料时，常需克服较大的切入阻力，因此要求车辆必须有足够的牵引力，一般适用于液力传动的叉车。

挑杆如图6-66b所示，是简单属具。它适用于较大的管状物件（如水泥管）、钢卷板、环形物料（如盘条等）。对尺寸较小的管材，可使用挑杆排，即在一个底架上并排安装几个挑杆，以提高起重量的利用率。

图6-66c所示为桶夹，属于双自由度属具。夹持圆桶的两侧板间距依据桶直径的大小变化并开合抱紧，另外，整个桶夹可以实现左右一定范围的旋转。因此，控制液压系统更为复杂。

圆木夹如图6-66d所示，适合在贮木场或木材加工企业用于装卸搬运长段的圆木。叉架上的夹板可以转动，能把几根圆木包紧在货叉上。

带推出器的货叉如图6-66e所示。货叉前水平段有一垂直框架或板，连接在液压缸活塞头部，受液压缸推动沿货叉移动，前移时可将叉上货物推出，堆垛时便于货叉从货物下抽出。

可横移的货叉或侧移器如图6-66f所示。两个货叉或其他取物器可用液压缸推动，同时向某一侧移动，在叉车不能正好到位的情况下，也能准确将货物堆放在所需的位置上，既可以减少驾驶员的操作困难，也可使仓库的地面得到更充分的利用。但必须注意横移会使载荷重心偏离门架中央，不仅使门架产生严重的侧向力，影响其强度与刚度，而且对整车的横向稳定性有很不利的影响，设计时务必予以重视。

叉车的属具发展迅速，种类形式甚多。一般的叉车生产厂都可以提供几十种属具，而且可根据用户需求进行设计与生产。另外也有专门制造叉车属具的厂家。有些属具的用途已超越搬运装卸的范围，能够进行专门性的辅助工作，如为小型建筑安装和农业服务。

6.5.2 属具使用和设计的一般原则

许多叉车不是在设计时就考虑配装属具，而是在使用过程中根据作业对象随时更换，换用属具通常会使叉车的载荷状态发生变化，因此，为保证作业可靠安全，必须对叉车的稳定性及门架系统的强度和刚度进行校验，根据校验结果降低叉车允许的起重量。基本的计算原则一般应考虑以下几个方面。

1. 起重量折算的原则

（1）整车稳定性问题——稳定系数原则　过去人们曾采用稳定系数的方法来衡量叉车的稳定性，认为货物、货叉、门架等对前轮着地中心的力矩为倾翻力矩，而其他部分的重量对前轮着地中心产生稳定力矩，稳定力矩与倾翻力矩之比为稳定系数。因此只要倾翻力矩不变，即原额定起重量与货叉自重对前轮着地点的力矩等于折算起重量与属具自重对同一点的力矩，就能保证稳定性不变。当属具重量及载荷中心距有变化时，如图6-67所示，需折算起重量，计算式为

$$Q'_1 = \frac{Q(c+d) + G_c(S_c+d) - G_N(S_N+d)}{c'+d} \tag{6-19}$$

式中　　　　Q——原额定起重量；
$Q'_N(Q'_1、Q'_2、Q'_3)$——换用属具后的起重量（以下同）；
　　　　　　c——原载荷中心距；
　　　　　　c'——换用属具后的载荷中心距；
　　　　　　G_c——货叉自重；
　　　　　　S_c——货叉自重重心到货叉垂直段前壁的距离；
　　　　　　G_N——新属具的自重；
　　　　　　S_N——新属具自重重心到货叉垂直段前壁的距离；
　　　　　　d——前桥中心到叉架前壁的水平距离。

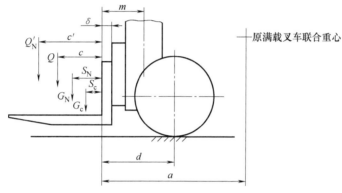

图 6-67　折减起重量计算示意图

一般情况下这条原则的限制性较弱，第（3）条原则若能满足，稳定性往往自然也就满足了。

（2）整车稳定性问题——试验稳定性原则　现在人们采用稳定性试验的方法来衡量叉车的稳定性。按此原则，只要货物及属具对叉车重心的力矩不变，即原额定起重量与货叉自重对原满载叉车重心的力矩等于折算起重量与属具自重对同一点的力矩，即可保持倾翻角不变。起重量的折算公式为

$$Q'_2 = \frac{Q(c+a) + G_c(S_c+a) - G_N(S_N+a)}{c'+a} \tag{6-20}$$

式中　a——原满载叉车重心到叉架垂直段前壁的水平距离。

一般情况下这条原则的限制性也较弱，若第（3）条原则能满足，则稳定性条件往往自然也就满足了，但仍需当属具改变了起升高度时注意稳定性问题。例如，起重臂使载重的着力点升高，会影响到整机稳定性，需要限制门架的前倾角或折减起重量。

（3）门架立柱强度问题——门架应力原则　属具自重及载荷中心距的改变还会影响门架的受力。要想保持门架的应力水平，也就是门架强度的安全裕量不变，必须保持换用属具后的允许起重量及属具的自重对门架中心线的力矩之和等于原叉车的额定起重量及货叉自重对相同点的力矩之和。因此，换用属具后起重量应折减为

$$Q'_3 = \frac{Q(c+m) + G_c(S_c+m) - G_N(S_N+m)}{c'+m} \tag{6-21}$$

式中　m——货叉垂直段前壁到门架中心线间的水平距离。

当 $c'>c$ 时，该原则的限制性最强，必须首先保证。

（4）液压系统压力和起升链条拉力原则　应保证属具的允许起重量与其自重之和等于原额定起重量与货叉自重之和。即

$$Q'_4 = Q + G_c - G_N \tag{6-22}$$

也就是说即使 $c'<c$，为了保证起重链条和液压系统安全可靠，叉车原来的额定起重量也是不能突破的。

（5）结论　观察式（6-19）~式（6-22）可以看出只是取矩点不同而已，其中，式（6-22）可以看成是对无限远点取矩而得。把通过式（6-19）~式（6-22）得出的折算起重量画成曲线，如图6-68所示，可以看出，当新的载荷中心距 c' 大于原载荷中心距 c 时，门架应力原则最强。而当新的载荷中心距 c' 小于原载荷中心距 c 时，液压系统压力和起升链条拉力原则最强。

（6）平衡重式叉车的载荷曲线　如果撇开属具问题，单讨论载荷中心距对于额定起重量的影响，则可简化为

$$Q' = \frac{Q(c+m)}{c'+m} \tag{6-23}$$

图6-68就成为图6-69所示的叉车载荷曲线图了。

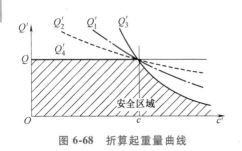

图6-68　折算起重量曲线

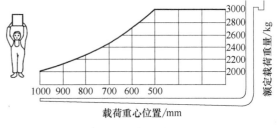

图6-69　叉车载荷曲线图

2. 其他问题

（1）几何参数是否超标　属具如果超长、超宽、超高，将影响叉车的外形尺寸、最小转弯半径、最低结构高度、通过性等指标。

（2）驱动系统能否适应　由于叉车只是前桥驱动，受附着力的限制，其最大牵引力很有限，所以不宜配用铲斗、挖掘装置一类的属具，即使配用了，也只能用于铲掘阻力小的场合，如粮食、煤炭等，而铲石子是无法实现的。具有自身动作的属具需要靠叉车上的液压系统来驱动。属具自身的动作并不与门架的动作同时进行，流量通常不存在问题。有几个动作自由度的属具就得有几个液压缸来驱动，同时需要增加多路换向阀片和油管。

（3）自身机构动作与强度、刚度　属具的动作机构要简单可靠，结构紧凑，满足类似于起重机吊钩的强度、刚度和可靠性要求。

（4）安全防护问题　例如，考虑是否需要增设支腿用以保证叉车的稳定性，是否安装落物防护装置用以保证司机的安全。

6.5.3 属具的连接与控制

1. 属具与叉架的连接

属具与叉架的连接要标准，要完全模仿货叉上、下钩与叉架上、下横梁的连接配合方式，才能使属具与货叉具有互换性，如图 6-70 和图 6-71 所示。

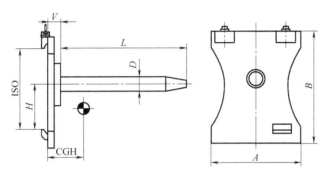

图 6-70 属具串杆

2. 油管连接与布置

属具上有液压缸时，为了便于更换属具，要使用快速油管接头。

由于属具液压缸将随着货物升降，因此要采用可自动收放油管的装置，类似起重机电缆卷筒，如图 6-72 和图 6-73 所示。也可使油管的走法与起升链条相同，这样只要另装两只与链轮并列的导轮即可。这种油管自动收放布置方式同样适用于为全自由起升叉车的短液压缸供油，如图 6-74 和图 6-75 所示。

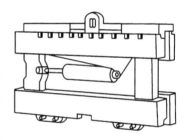

图 6-71 特殊属具侧移叉

图 6-72 属具油管卷筒（低位）

图 6-73 属具油管卷筒（高位）

3. 多路换向阀

属具的动作也是要由多路换向阀来控制的，每增加一个动作，就要在多路换向阀上增加一个阀片和相应的操作手柄及操作提示，如图 6-76 所示。

4. 属具的安装与更换

属具与货叉一样位于叉车支承平面之外，而且是关系到装卸安全的部件，所以不论何种

图 6-74　与链条并列的属具油管　　　　图 6-75　与链轮并列的属具油管导轮

图 6-76　属具多路阀与操作提示

属具都必须安全可靠，还要自重轻，机构和结构简单，尽量不增加或少增加原来的载荷中心距。由于属具只能适用于特定种类的货物，因此安装与更换一定要方便，最好由司机在不需要别人协助和不需要特定工具的条件下就能更换。

习题

6-1　一台具有自由提升二级门架的叉车，已知其内门架重146kg，外门架重208kg，两个货叉共重108kg，叉架重121kg，起升液压缸的柱塞直径为100mm，自由提升高度为200mm。当这台叉车将2000kg的货物垂直地起升到100mm、1000mm和2950mm的高度时，起升链条中的拉力分别为多大？起升液压缸中的液压油压力分别为多大？说明：自由提升是靠内门架净空高度与液压缸的最小安装高度之差获得的。计算中不计摩擦、偏载及起升液压缸的柱塞重量。

6-2　一台2t叉车的内、外门架之间及叉架上的纵向滚轮间距为380mm，货叉厚度为40mm，要求的最大起升高度为3m。试确定内、外门架的理论高度尺寸。门架尺寸为多少合适？

第 7 章　总体设计

叉车是一种典型的工业车辆，其总体设计过程具有代表性。叉车底盘与工作装置各系统的设计参数和选用配套件所需的主要参数都要通过总体设计来确定，另外，叉车操作中的许多特点也会对总体设计提出许多要求与限制，因此总体设计是叉车新产品设计中的首要环节。

7.1　总体设计概述

7.1.1　总体设计内容

1) 总体参数：吨位、起升高度、自由提升高度、转弯半径、轴距、轮距、运行速度等。
2) 方案选型：发动机类型、传动型式、转向型式、制动型式、门架型式等。
3) 总体计算：自重与轴载计算、牵引计算、机动性能计算、制动性能计算、稳定性计算。
4) 总体布置（总图）：安装、外形、限制尺寸等。

7.1.2　总体设计步骤

1) 下达整机设计任务书：明确总体参数、技术型式、完成日期等（方案设计）要求。
2) 进行总体计算：由总体参数推算出所需要的牵引性能、机动性、制动性等总体性能。
3) 进行总体布置：排尺寸链，画总图，定限制尺寸。
4) 下达各部件设计任务书：确定传动系统、制动系统、转向系统、门架系统等的设计任务。
5) 进行部件设计与协调：检验尺寸与性能参数上的冲突，进行协调与修改。
6) 总体性能验算：修改后重新计算，出设计计算书。
7) 完善设计，绘制出全套设计图：进行全部技术与工艺的设计。

总体设计与部件设计有时是交叉的，当总体设计规定的性能参数和尺寸布置与各部件设计时的实际情况有出入、无法实现或有冲突时，需要进行协调与修改，反复设计，直到满足各方面要求为止。

7.1.3 叉车新产品设计的技术趋势

1) 门架系统：高起升门架可达到 4.5m、6m 或更高，满足棉花仓库、集装箱搬运等用途需求；低起升门架一般为 2m，满足铁路或进集装箱等用途需求；可采用一些特殊结构，如三级门架、全自由提升门架、特殊属具、综合滚轮等。

2) 转向系统：中、小吨位叉车采用动力转向；改变轴距后需要重新设计曲柄滑块横置液压缸转向桥；向增大最大转角方向改进设计，如接近 80°、减小转弯半径。

3) 制动系统：大吨位叉车采用助力制动、盘式制动器。

4) 传动系统：中、小吨位叉车采用液力传动、静压传动，采用轮边减速、二级主传动；传动部件（变速器、驱动桥）采用专业化生产产品；机械传动采用同步器换档；采用宽基轮胎或高弹性实心轮胎。

5) 整机技术参数：不求高，求合理（行驶速度一般在 20km/h 左右）；适当加大轴距以获得减轻自重、布置和系列化设计方面的便利；适当加大起升速度以提高生产率。

6) 可靠性：可靠性设计重点在发动机、传动系统、液压系统、操纵系统方面。

7) 舒适性：设计出更舒适的司机座椅、隔热降噪的发动机、符合人机工程学的仪表盘、操作杆等。

8) 外观设计：整机设计向流线型设计、平衡重的流线型设计、形状色彩均衡搭配等方向发展，如图 7-1 所示。

9) 品种规格：叉车规格做到 0.5t~42t 全吨位系列产品覆盖；试制蓄电池叉车；覆盖机械传动、液力传动、静压传动品种；试制集装箱叉车等特殊产品。

a) 发动机隔热

b) 平衡重装配

c) 光滑的平衡重

d) 外形与色系

图 7-1 叉车设计

7.2 确定叉车总体参数的基本原则

7.2.1 轴距

轴距大的优点：能减轻自重，降低轴载，延长轮胎寿命，便于布置和进行系列化设计，提高叉车行驶的平顺性，提高纵向稳定性。

轴距小的优点：能减小叉车的尺寸，减小转弯半径，提高叉车的机动性。

发展过程：过去人们追求较小的轴距来提高叉车的机动性。后来发现过分小的轴距会增大自重，降低行驶的平顺性，增加设计布置与维修保养的难度。现在通常适当增大轴距，然后通过精心设计转向系统来保证不增大转弯半径。

7.2.2 轮距

轮距大的优点：横向稳定性好，布置容易，维修空间大。

轮距小的优点：通过性好，机动性好。

发展过程：前轮距受门架布置方面的限制，变化空间不大；后轮距要考虑发动机布置、转向车轮偏转空间等因素，不应追求过分小的轮距，应与轴距保持一定的比例关系。

7.2.3 轮胎

轮胎小的优点：价格低；能直接减小平衡重式叉车的前悬距，从而减轻自重；能够直接降低叉车的重心高度，提高整机稳定性；对传动系统传动比的要求小，便于设计。

轮胎大的优点：增大最小离地间隙，提高行驶的平顺性，降低轮胎负载，延长使用寿命。

发展过程：叉车轮胎很特殊，直径小，负载大，气压高，寿命短，平顺性差。近年来前轮使用宽基轮胎和高弹性实心轮胎的增多，大吨位叉车则采用双胎。叉车后轮作为转向轮，若其直径过大，也会增加重心高度，影响平衡重的尺寸。但转向轮空载时的负载也很大，同样存在直径小、负载大的问题。

7.2.4 其他总体参数

1) 起重量：向全系列、大吨位的方向发展。
2) 载荷中心距：应取标准值。近年来出现一种500mm载荷中心距的5t叉车，称为"小5吨"，特点是前轮采用单胎、自重较轻、价格便宜。
3) 起升高度：根据用户需要，决定是高起升还是低起升，全自由提升还是三级门架。
4) 行驶速度：20km/h，合理化，不追求高指标。但因其与生产率有关，不能降低。

5) 起升速度：300~500mm/s，大吨位可小一些。为了迎合用户提高生产率的需求，有适当提高的趋势。

6) 最小离地间隙：大一些好。但既要降低重心高度，又要提高离地间隙，实际很难实现。

7) 满载爬坡度：20%，再大没有意义。但因其与叉车的加速能力和动力性能有关，不能降低。

8) 门架倾角：前倾6°/后倾12°，大吨位和高起升时可取一半。

9) 最小转弯半径：为了在适当增大轴距的情况下保证机动性，多采用增大转向机构的最大内轮转角的方式来保持较小的转弯半径。最大内轮转角从72°提高到75°、80°、82°甚至85°。但是内轮转角过大时，叉车急转弯行驶不稳定，因此不能仅增大最大内轮转角，还要通过改变平衡重后部形状等各种综合途径，来实现较小的转弯半径。

7.3 重心与轴载

7.3.1 叉车自重

叉车的自重及其重心位置是设计的重要基础参数，与发动机选择、牵引性能、制动性能和稳定性等都有关系，而且在设计之初就要用到，只能参考现有结构或进行适当的估算，待设计过程中再进行修正。

叉车在静止状态下的自重重心一般规定为叉车放置于水平地面，门架对地面垂直且货叉在最低位置，叉车不动的情况下的重心；而行驶状态下的自重重心同样规定为叉车放置于水平地面上，但货叉升起300mm且门架完全后倾时的重心位置。自重重心的位置取决于各组成部分的重量分布。

叉车的满载重心位置（即带有额定起重量时的重心位置，也称为合成重心位置）与门架的倾斜程度和起升状态有关，在进行稳定性计算时有相关的规定。

由于平衡重式叉车的特殊工作原理和典型结构，同吨位叉车的自重与重心位置的差别并不大，设计时完全可以互相参考，见表7-1。

表7-1 叉车自重　　　　　　　　　　　　　　　　　　（单位：t）

起重量	1	2	3	5	6
叉车自重	2.0	3.4	4.5	7.5	8.5

7.3.2 静轴载

满载：前桥桥载 G_1 应为满载叉车总重量的90%左右，保证平衡重式叉车的纵向静态稳定性。后桥桥载 G_2 应为满载叉车总重量的10%左右，保证转向所需要的附着力，如图7-2所示。

空载：前桥桥载 G_1' 应为空载叉车自重的45%左右。后桥桥载 G_2' 应为空载叉车自重的55%左右，保证叉车的横向稳定性。

叉车的前悬距 B（前轮中心到货叉垂直段前表面的距离）大约是前轮半径 R 的1.4倍（统计得来），由门架构造所决定，变化空间不大。

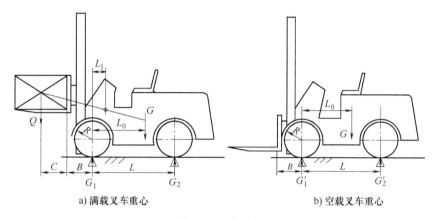

a) 满载叉车重心　　　　b) 空载叉车重心

图 7-2　叉车重心

7.3.3　轴载转移的概念

前、后轴的载荷随其运动情况而变化，称为轴载转移。由于叉车重心具有一定的高度，叉车在行驶过程中若受到惯性力的作用，轴载会发生变化，类似于在静止状态下移动了叉车上所承受的载荷，因此称之为载荷转移。载荷转移会使桥载（即轴载）变化，对驱动、制动、转向附着力，以及桥的强度、整机稳定性等均有影响，一般用载荷转移系数来体现。载荷转移系数定义为指定运行情况下的轴载与其静止状态下相应的轴载之比，在有关部件设计中会用到。

7.3.4　自重重心

横向（司机的左右方向）：重心应居中，保证严格的对称，才能获得最好的横向稳定性。

纵向（司机的前后方向）：重心距前轮中心的距离 L_0 应为轴距 L 的55%左右。

高度：重心越低越好，受轮胎直径、传动系统布置、最小离地间隙的影响，并由整机稳定性指标控制。

7.3.5　自重估算

基本假设有

$L_0 = 0.55L$，$L_1 = 0.1L$，$B = 1.4R$（见静轴载）。

而

$$L_1 = \frac{GL_0}{G+Q} - \frac{Q(C+B)}{G+Q}$$

解出 G 来，有

$$L_1(G+Q) = GL_0 - Q(C+B)$$

$$G = \frac{L_1 Q + (C+B)Q}{L_0 - L_1}$$

代入基本假设有

$$G = \frac{(0.1L+C+1.4R)Q}{(0.55-0.1)L} = \left(\frac{C+1.4R}{0.45L} + 0.22\right)Q$$

此为叉车自重估算的经验公式，可供设计参考。

7.3.6 重心实算

根据整机布置和部件设计结果，可以利用平行力系的合成原理进行重心的实际核算，有

$$G = \sum G_i$$

$$L_0 = \sum \frac{G_i L_i}{G} \quad \text{（加权平均的概念）}$$

$$H_0 = \sum \frac{G_i H_i}{G} \tag{7-1}$$

式中　G_i——各部件的重量；

　　　L_i——各部件重心距前轮中心的水平距离；

　　　H_i——各部件重心距地面的垂直距离。

7.3.7 重心实测

产品试制后可对重心进行实测，以便检验设计结果，寻找误差，指导今后的设计。

水平距离

$$L_0 = \frac{L_1(G_0 - G_1')}{G_0} \tag{7-2}$$

式中　L_0——重心距前轴中心线的水平距离（mm）；

　　　G_1'——前桥桥载测量值（kN）；

　　　G_0——总质量测量值（kN）；

　　　L_1——轴距（mm）。

垂直距离可采用垫称法（吊称法）获得，如图 7-3 所示，有

$$H_0 = \frac{L_1(G_f' - G_1') + (R_f' - R_r')G_f'\tan\theta}{G_0 \tan\theta} + R_r' \tag{7-3}$$

式中　H_0——质心高度（mm）；

　　　θ——叉车前倾角度（°）；

　　　G_f'——叉车前倾 θ 角度时前桥桥载测量值（kN）；

G_1'——前桥桥载测量值（kN）；
R_f'——叉车抬起后前轮静力半径测量值（mm）；
R_r'——叉车抬起后后轮静力半径测量值（mm）。

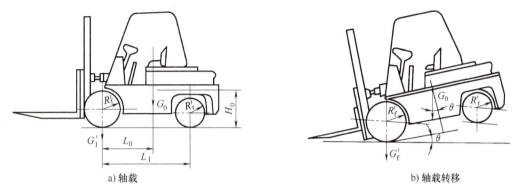

图 7-3 重心实测

7.4 牵引计算

7.4.1 牵引阻力

叉车行驶时必须克服各项阻力，主要包括滚动摩擦阻力、坡道阻力和惯性阻力三项。由于叉车的车速较低，一般不考虑风阻力。

(1) 滚动摩擦阻力 滚动摩擦阻力 F_f 为

$$F_f = f(Q+G)\cos\alpha \tag{7-4}$$

式中 f——滚动阻力系数，叉车一般工作在较好的路面条件下，可取 $f=0.02$；

$\cos\alpha$——在坡度较小的情况下，可认为 $\cos\alpha=1$，则 $F_f = f(Q+G)$。

(2) 坡道阻力 坡道阻力 F_i 为

$$F_i = (Q+G)\sin\alpha$$

在坡度较小的情况下，可认为 $\sin\alpha = \tan\alpha$，则 $F_i = (Q+G)i$，其中，$i = \tan\alpha$，为坡度值，即坡度的百分比，标准的最大爬坡度为 $i=20\%$。

(3) 惯性阻力 由于叉车的自重较大，车速较低，略去车轮、发动机飞轮等旋转部件的惯性，或者用简单的旋转质量加速系数 δ 来考虑（一般可取 $\delta=1.1$），惯性阻力为

$$F_j = \frac{\delta(Q+G)}{g}\frac{dv}{dt} \tag{7-5}$$

7.4.2 牵引特性

(1) 牵引力与速度 叉车的牵引力由发动机转矩通过传动系统传递到驱动车轮上作用

于地面，因此，叉车的牵引力（N）为

$$F_t = \frac{M_e i_0 i_g \eta}{r_g}$$

式中　M_e——发动机的转矩（N·m）；
　　　i_0——主传动与轮边减速的传动比；
　　　i_g——变速箱相应档位的传动比；
　　　η——传动系统的总效率，对于机械传动可取 $\eta=0.85$；
　　　r_g——驱动车轮的滚动半径（m），可取为其自由半径的97%。

注意该牵引力并不牵引别的车辆，而是克服叉车自身运行的各项阻力，也就是用来牵引自己的。

叉车的行驶速度（km/h）为

$$v = \frac{0.377 r_g n_e}{i_0 i_g}$$

式中　n_e——发动机转速（r/min）。其他符号同前。

（2）牵引平衡　在稳定状态下，叉车的牵引力与各项阻力平衡，叉车处于匀加速行驶状态，牵引平衡方程为

$$F_t = F_f + F_i + F_j$$

（3）牵引平衡图及其作用　牵引平衡图的本质是内燃机转矩外特性曲线在不同坐标尺度下的体现。根据发动机的 $M_e\text{-}N_e$ 外特性曲线，以及传动系统不同档位的传动比等参数，经过简单的比例换算即可得到叉车的牵引平衡图，如图7-4所示。利用牵引平衡图可以方便地确定叉车的工作状态，确定叉车的最大爬坡度和最大加速能力。

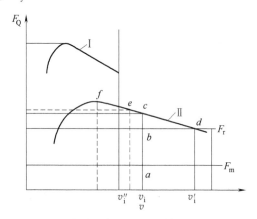

图 7-4　牵引平衡图（Ⅰ一档，Ⅱ二档）

（4）动力因素　牵引平衡图是针对具体车辆的，不同吨位的车辆之间没有可比性，因此引入动力因素的概念，有

$$D = \frac{F_t}{Q + G_0}$$

动力因素即单位车重的牵引力。

（5）动力因素曲线　采用动力因素，牵引平衡方程和牵引平衡图可改为动力特性方程和动力特性曲线，有

$$F = F_f + F_i + F_j = f(Q+G_0) + (Q+G_0)i + (Q+G_0)\frac{a}{g}$$

$$D = f + i + \frac{a}{g} \tag{7-6}$$

式中　a——加速度；
　　　g——重力加速度。

动力因素量纲为1,在动力特性曲线上可以更方便地确定叉车的工作状态、最大爬坡度和最大加速能力,还能够比较不同吨位叉车之间动力特性的优劣,如图7-5所示。

(6) 影响动力特性的因素 牵引力的源头是发动机的转矩,因此发动机外特性是影响车辆动力特性的关键因素。另外主传动和轮边减速器的、变速器的档位数和各档传动比分配、车轮的滚动半径等传动系统的参数对于充分发挥发动机的功率、满足动力性能指标也起着重要的作用。

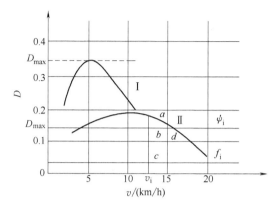

图7-5 动力因素平衡图 (Ⅰ一档,Ⅱ二档)

7.4.3 牵引计算内容

(1) 发动机功率 发动机功率 P_{ej} 为净功率 P_n 与附件功率 P_f 之和,即

$$P_{ej} = P_n + P_f = \frac{\beta D_{vmax} v_{max}(G+Q)}{3600\eta_0} + P_f \tag{7-7}$$

式中 β——限速影响系数,$\beta = 1.1$;

D_{vmax}——高档动力因素,小于2t的取0.08~0.12;3~5t的取0.05~0.08;大于5t的取0.04~0.06;

v_{max}——最大车速,一般为20km/h;

$G+Q$——叉车自重与起重量(N);

η_0——传动效率,机械传动取0.85,液力传动取0.7;

P_f——附件功率,发动机的额定功率为台架试验时的功率,实际使用时要考虑风扇等附件功率。

【例7-1】 5t机械传动叉车,取高档动力因素 $D_{vmax} = 0.08$,叉车自重为7.5t,求该叉车的发动机功率。

解:根据式(7-7),有

$$P_{ej} = P_n + P_f = \frac{\beta D_{vmax} v_{max}(G+Q)}{3600\eta_0} + P_f = \frac{1.1 \times 0.08 \times 20 \times (75000+50000)}{3600 \times 0.85} + P_f = 71.9 + P_f \tag{7-8}$$

取附件功率为净功率的10%,考虑行驶时液压转向等损耗,再增大15%~20%,有

$$P_{emax} = 1.2(P_{ej} + P_f) = 1.2 \times (71.9 \times 1.1) \text{kW} = 94.9 \text{kW} \tag{7-9}$$

讨论:在实际的叉车产品中,相同吨位叉车的发动机功率可能相差很大,这是什么原因呢?

这主要是由于叉车引入了液力传动。叉车可以采用比较小功率的发动机仅满足平路满载最大车速运行的功率,而在爬坡时依靠液力变矩器的特性,以较低的车速爬上规定的坡度。即以高档动力因素 $D_{vmax} = 0.02$(道路阻力系数)来计算就能得到叉车的最小发动机功率。一般叉车产品所配用的发动机功率通常大于上述最小发动机功率,多余的功率产生的牵引力供叉车加速时克服惯性阻力用,能够提高生产效率。另外,较大的发动机功率也能使发动机

在平常使用时不处于满载状态,有利于降低振动和噪声,延长发动机寿命;当然,功率裕量太大也不好,明显的"大马拉小车"会增加产品成本。常用吨位叉车产品发动机配用情况见表 7-2。

表 7-2 发动机配用情况

起重量 /t	传动类型	D_{vmax}	v_{max} /(km/h)	G_a /kN	P(计算) /kW	P(选用) /kW	发动机型号
0.5	机械	0.20	12	17.75	15.3	22 汽	475C
1	机械	0.12	15	33.00	21.4	25.7 汽	480C2/485QC
2	机械	0.08	18	54.00	28.0	46.3 汽/40.4 柴	492Q/490Q
3	液力	0.07	19	75.00	46.9	46.3 汽/40.4 柴	492Q/490Q
5	液力	0.06	24	129.8	87.9	52.9 柴	X4105CQ

(2)传动系统总传动比确定 叉车的最低档用来爬坡,其总传动比由要求的最大爬坡度决定,有

$$i_{总max} = i_{变低} \, i_{主} \, i_{轮} = \frac{(G+Q)(\alpha_{max}+f)r}{M_{emax}\eta_t} \tag{7-10}$$

叉车的最高档用来以最快的速度行驶,其总传动比由要求的最大行驶速度决定,有

$$i_{总min} = i_{变高} \, i_{主} \, i_{轮} = \frac{0.377 n_e r}{\beta v_{max}} \tag{7-11}$$

式中 $i_{变高}$——变速器传动比;

$i_{主}$——主传动比;

$i_{轮}$——轮边减速传动比。

【例 7-2】 5t 机械传动叉车,自重为 7.5t,最大爬坡度为 20%,道路阻力系数为 0.02,最大车速为 20km/h,选 90kW 发动机,设发动机的额定转速为 3000r/min,取最大转矩约等于额定转矩,有

$$M_{emax} \approx M_n = \frac{9550 N_e}{n_e} = \frac{9550 \times 90}{3000} \text{N} \cdot \text{m} = 286.5 \text{N} \cdot \text{m} \tag{7-12}$$

设车轮半径为 0.3m,则有

$$\begin{aligned} i_{总max} = i_{变低} \, i_{主} \, i_{轮} &= \frac{(G+Q)(\alpha_{max}+f)r}{M_{emax}\eta_t} \\ &= \frac{(75000+50000) \times (0.2+0.02) \times 0.3}{286.5 \times 0.85} \\ &= 33.87 \end{aligned} \tag{7-13}$$

$$i_{总min} = i_{变高} \, i_{主} \, i_{轮} = \frac{0.377 n_e r}{\beta v_{max}} = \frac{0.377 \times 3000 \times 0.3}{1.1 \times 20} = 15.42 \tag{7-14}$$

(3)传动比分配 确定了最小总传动比和最大总传动比之后,可以进行传动比分配,这关系到叉车整机及其传动系统的方案选择与设计。通常先确定是否采用轮边减速器,再确定主传动的传动比,最后得到变速器传动比。

大吨位叉车多采用轮边减速器,能够提高总传动比,或者减小主减速器、差速器、半轴

的载荷和尺寸。轮边减速器多采用行星减速器，布置在轮辋内部，传动比为 3.5~5.5。大吨位叉车和一些中吨位叉车往往也采用二级主传动，优点是可以减小主传动大锥齿轮的体积。当采用二级主传动时，总传动比可安排为 10~12，若采用一级主传动，其传动比多为 6~7。

然后便可确定减速器低档和高档传动比，根据式（7-13）式（7-14）有

$$i_{变低} = \frac{(G+Q)(\alpha_{max}+f)r}{M_{emax}\eta_t i_主 i_轮} \tag{7-15}$$

$$i_{变高} = \frac{0.377 n_e r}{\beta v_{max} i_主 i_轮} \tag{7-16}$$

由于叉车的车速较低，因此传动系统的传动比较大。但叉车变速器的最低档传动比最好不要超过 4，否则设计比较困难，需要改为采用二级主传动，或者增加轮边减速器来降低对变速器的传动比要求。叉车变速器的最高档传动比大致应为 1.5~2，一般不出现直接档，更不出现超速档。否则就是传动系统的传动比分配不合理，应重新分配。

变速器内部各档传动比安排则应采用等比级数，以便在车辆逐渐加速换档过程中充分发挥发动机的功率，使加速时间最短。公比 q 一般为 1.4~1.8，不宜超过 2，否则换档困难。

总之叉车的牵引计算是一个选择发动机功率、转矩、转速，统筹安排传动系统各部件传动比，满足叉车的车速、爬坡度等动力性能指标的过程。

【例 7-3】 根据式（7-13）和式（7-14），有例 7-2 所述 5t 机械传动叉车的传动比分配，取轮边减速器的传动比为 2，主传动的传动比为 4.833，计算减速器低档和高速传动比，并讨论主传动的传动比为 6.67 和采用二级主传动的情况。

$$i_{变低} = \frac{i_{总max}}{i_主 i_轮} = \frac{33.87}{4.833 \times 2} = 3.604 \tag{7-17}$$

$$i_{变高} = \frac{i_{总min}}{i_主 i_轮} = \frac{15.42}{4.833 \times 2} = 1.595 \tag{7-18}$$

若取主传动的传动比为 6.67，不要轮边减速，则有

$$i_{变低} = \frac{i_{总max}}{i_主 i_轮} = \frac{33.87}{6.67 \times 1} = 5.078 \tag{7-19}$$

$$i_{变高} = \frac{i_{总min}}{i_主 i_轮} = \frac{15.42}{6.67 \times 1} = 2.312 \tag{7-20}$$

若采用二级主传动，传动比为 10，不要轮边减速，则有

$$i_{变低} = \frac{i_{总max}}{i_主 i_轮} = \frac{33.87}{10 \times 1} = 3.387 \tag{7-21}$$

$$i_{变高} = \frac{i_{总min}}{i_主 i_轮} = \frac{15.42}{10 \times 1} = 1.542 \tag{7-22}$$

可见有多种组合方式，如一级主传动、二级主传动、带或不带轮边减速器。

7.5 制动性能计算

7.5.1 选型

(1) 操纵机构 一般小吨位叉车和驻车制动系统可采用机械式操纵机构,由拉杆或制动钢丝绳来操作制动器。为了便于布置,中小吨位叉车的行车制动系统更多地采用人力液压式操纵机构,如图 7-6 所示。由于叉车制动系统需要频繁操作,大吨位叉车可采用助力式制动操纵机构,如真空助力式、气顶油式、液压助力式等。

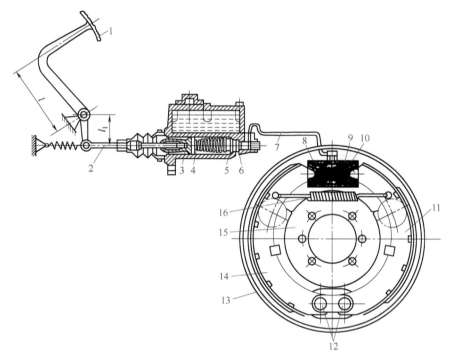

图 7-6 制动操纵机构
1—制动踏板 2—推杆 3—总泵柱塞 4—制动总泵 5—回油阀 6—出油阀 7—油管 8、10—分泵活塞
9—制动分泵 11、14—制动蹄片 12—支承销 13—制动鼓 15—制动器底板 16—回位弹簧

(2) 制动器 叉车的车速较低,对于制动稳定性的要求不高。在车轮直径小、结构紧凑的条件下,为了减小操作力,降低司机劳动强度,同时满足制动性能要求,多采用制动效力系数大的制动器。小吨位叉车可采用双向自动增力并附带驻车制动的鼓式(蹄式)制动器,大吨位叉车可采用双向双紧蹄式制动器。在空间布置允许的情况下,大吨位叉车也有可能采用盘式制动器。

7.5.2 制动力矩

1) 要求:标准规定,空载叉车以 20km/h 的车速行驶,制动距离应不大于 6m。

2）制动减速度：由 $v_t^2 - v_0^2 = 2as$ 可求出制动减速度 $a = \dfrac{v_t^2 - v_0^2}{2s}$。

3）制动力：由 $F = Ma$，根据估算的叉车质量 M 可求出制动力 F。

4）制动力矩：由 $T = Fr$，根据选定的车轮半径 r 可求出制动力矩 T。

5）其他因素：由于存在司机反应、制动动作传递等滞后时间，以及摩擦片的磨损、温度变化、异物进入等情况，须留出一定的裕量，实际的制动力矩应大于上述计算值。

驻车制动则根据在最大坡度（20%）上驻车的要求来计算。

7.5.3 综合计算

1）选制动器型式。
2）计算制动力矩 T。
3）根据所选制动器的制动效力系数 K 和制动鼓半径 R 计算蹄端推力 F_p，在有两个制动器的情况下，有

$$F_p = \frac{0.5T}{KR}$$

4）选系统压力，计算分泵直径与行程。
5）计算总泵直径与行程。
6）配操纵系统杠杆比，无法实现时用助力制动。
7）验算制动性能、踏板力、踏板行程等各项指标。

脚踏板力不应超过 500N，行程不应大于 150mm。

7.5.4 算例

2t 叉车，自重为 3.4t。

1）制动减速度

$$a = \frac{v_t^2 - v_0^2}{2s} = \frac{(20 \times 1000/3600)^2}{2 \times 6} \text{m/s}^2 = 2.572 \text{m/s}^2$$

2）制动力

$$F = Ma = 3.4 \times 1000 \times 2.572 \text{N} = 8744.8 \text{N}$$

3）制动力矩

$$T = Fr = 8744.8 \times 0.333 \text{N} \cdot \text{m} = 2912 \text{N} \cdot \text{m}$$

采用 7.00-12 的轮胎 $\phi = 68$mm，滚动半径为原来的 97%。

4）蹄端推力：设制动效力系数 $K = 3$，制动鼓半径 $R = 140$mm，在有两个制动器的情况下，有

$$F_p = \frac{0.5T}{KR} = \frac{0.5 \times 2912}{3 \times 0.14} \text{N} = 3467 \text{N}$$

实际蹄端制动操作力要更大一些才行。

7.6 机动性能计算

7.6.1 选型

（1）机构类型　转向系统决定了叉车的机动性能。过去叉车多采用交叉式双梯形或八字式双梯形转向机构，现在大部分叉车都采用曲柄滑块式横置液压缸转向机构。

（2）操纵方式　大吨位叉车应采用助力式或全液压式转向操纵方式，中小吨位叉车可采用机械式转向操纵方式。为了便于操作，提高转向的灵敏性，降低司机的劳动强度，随着曲柄滑块式横置液压缸转向桥的普及，现在越来越多的中小吨位叉车采用全液压式转向操纵系统。

7.6.2 最大内轮转角

（1）最小转弯半径　衡量和评价叉车机动性能（通过性能）的指标有最小外侧转弯半径、最小直角通道宽度、最小堆垛通道宽度等。其中，最直观的就是最小外侧转弯半径，如图7-7所示，最小转弯半径

$$R_{\min} = \frac{L}{\sin\beta_{外\max}} + C$$

式中　L——叉车的轴距；

$\beta_{外\max}$——外侧转向车轮的最大偏转角度，简称为最大外轮转角；

C——车体最外侧到同侧转向主销之间的距离。

可见减小轴距，增大外侧转向车轮的偏转角度，合理设计车体（平衡重）的形状，能够减小叉车的转弯半径，提高机动性。

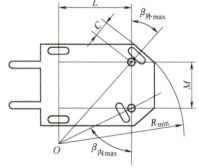

图7-7　最小外侧转弯半径

（2）最大外轮转角　根据最小外侧转弯半径的要求，可以反推出对于最大外轮转角的要求，有

$$\sin\beta_{外\max} = \frac{L}{R_{\min} - C}$$

最大外轮转角通常在50°~60°的范围内。

（3）最大内轮转角　根据在转向行驶过程中保持车轮纯滚动的条件

$$\cot\beta_{外\max} - \cot\beta_{内\max} = \frac{M}{L}$$

可求出

$$\beta_{内\max} = \arctan \frac{\tan\beta_{外\max}}{1-\dfrac{M}{L}\tan\beta_{外\max}}$$

式中　M——主销间距；

　　　$\beta_{内\max}$——内侧转向车轮的最大偏转角度，简称为最大内轮转角。

最大内轮转角一般为 70°~80°，以此作为选择或设计转向机构（转向桥）的依据。

7.6.3　转向操作系统

1）转向轻便性：要求手力<100N。

2）转向灵敏性：要求转向盘单侧回转圈数 $n \leqslant 2 \sim 3$ 圈。

由于现在叉车基本上都采用动力转向，因此上述要求很容易得到满足。

7.6.4　算例

最小外侧转弯半径 $R_{\min} = 2200\text{mm}$，轴距 $L = 1600\text{mm}$，主销间距 $M = 800\text{mm}$，车体最外侧到同侧转向主销之间的距离 $C = 200\text{mm}$。求，最大内轮转角 $\beta_{内\max}$。

解：因为 $R_{\min} = \dfrac{L}{\sin\beta_{外\max}} + C$，所以

$$\sin\beta_{外\max} = \frac{L}{R_{\min}-C} = \frac{1600}{2200-200} = 0.8$$

$$\beta_{外\max} = 53.13°$$

又因为 $\cot\beta_{外\max} - \cot\beta_{内\max} = \dfrac{M}{L}$，所以

$$\tan\beta_{内\max} = \frac{\tan\beta_{外\max}}{1-\dfrac{M}{L}\tan\beta_{外\max}} = \frac{\tan 53.13°}{1-\dfrac{800}{1600}\tan 53.13°} = \frac{1.33}{1-0.5\times 1.33} = 3.97$$

$$\beta_{内\max} = 75.86°$$

通常最大内轮转角可以达到 80°。

7.7　稳定性计算

7.7.1　稳定性试验原理

由于平衡重式叉车的载荷位于车轮支撑平面之外，在装卸和搬运作业中有失稳倾覆的危险，因此在总体设计中要进行稳定性计算。过去曾采用稳定系数等方法来衡量平衡重式叉车的稳定性，现在根据稳定性试验标准，均采用稳定性试验中的翻倒坡度角来衡量平衡重式叉

车的稳定性。稳定性试验的原理是利用倾斜平台上重力的分力模拟实际工作中的水平力，如图 7-8 所示，试验中的规定见表 7-3。

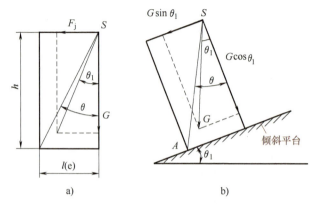

图 7-8 稳定性平台试验基本原理

表 7-3 稳定性试验的规定

试验编号		1	2	3	4
稳定性类别		纵向		横向	
操作类别		堆垛	运行	堆垛	运行
载荷情况		试验载荷	试验载荷	试验载荷	空载
起升高度		最大	0.30m	最大	0.30m
门架位置		垂直	全后倾（对可倾斜门架叉车）		
平台倾斜度	额定起重量 <5000kg	4%	18%	6%	$(15+1.1v_{max}^{①})\%$（最大 40%）
	额定起重量 5000~10000kg	3.5%	18%	6%	$(15+1.1v_{max}^{①})\%$（最大 50%）
叉车在倾斜平台上的位置 实物视频					

① v_{max}——叉车空载状态的最大速度（km/h）。

7.7.2 稳定性试验

1. 纵向静稳定试验

工况：门架垂直于倾斜平台，前轴与倾斜平台轴线平行，额定载荷，起升到最大高度。

指标：平台倾斜度为4%。

用途：模拟堆垛作业中受到的纵向力，如地面不平、门架前倾制动等情况。

2. 纵向动稳定试验

工况：门架全后倾，前轴与倾斜平台轴线平行，额定载荷，起升300mm。

指标：平台倾斜度为18%。

用途：模拟满载运行制动。

3. 横向静稳定试验

工况：门架全后倾，前轮着地点和转向桥铰轴中心连线与倾斜平台轴线平行，额定载荷，起升到最大高度。

指标：平台倾斜度为6%。

用途：模拟堆垛作业中受到的横向力，如地面不平、偏载等情况。

4. 横向动稳定试验

工况：门架全后倾，前轮着地点和转向桥铰轴中心连线与倾斜平台轴线平行，空载，起升300mm。

指标：倾斜度$(15+1.1v_{max})\%$。

用途：模拟空载运行转向时所受的离心力。

7.7.3 稳定性计算内容

在设计时，通过控制叉车的重心位置，预先控制稳定性试验的结果，可以适当增加轴距、减小前悬距、使叉车重心对称居中、尽量降低叉车重心高度等。稳定性计算包括纵向静稳定计算、纵向动稳定计算、横向静稳定计算和横向动稳定计算四项，四项稳定性计算的最终结果是控制叉车的空载重心高度不得超过某一数值。

1. 纵向静稳定计算

【例7-4】 如图7-9所示，某叉车起重量$Q=2t$，起升高度$H_{max}=3000$mm，门架垂直于地面，载荷中心距$C=500$mm，自重$G=3.4t$，轴距$L=1600$mm，试进行纵向静稳定性计算（忽略轮胎变形的影响）。

解：根据平衡重式叉车轴载的基本假设，可认为进行叉车纵向静稳定性试验时，满载叉车联合重心位于距前轮中心$0.1L$处，即$l=0.1L$。根据平行力系的合成原理，可求出满载叉车联合重心的高度

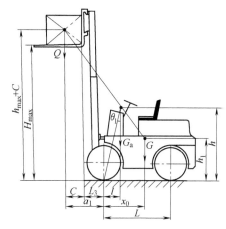

图7-9 纵向静稳定计算

$$h = (H_{\max}+C)\frac{Q}{G+Q}+h_1\frac{G}{G+Q} \qquad (7\text{-}23)$$

根据纵向静稳定性试验的通过要求，有

$$i_1 = \frac{l}{h} = \frac{0.1L}{(H_{\max}+C)\dfrac{Q}{G+Q}+h_1\dfrac{G}{G+Q}} > 0.04$$

$$0.1L(G+Q) > 0.04[(H_{\max}+C)Q+h_1 G]$$

$$h_1 < \frac{0.1L(G+Q)-0.04(H_{\max}+C)Q}{0.04G}$$

$$= \frac{0.1\times1.6\times(3.4+2)-0.04\times(3+0.5)\times2}{0.04\times3.4}\text{m} = 4.29\text{m}$$

分析：只要该叉车的自重重心高度不大于 4290mm，就能通过纵向静稳定性试验。可见纵向静稳定计算还是比较容易通过的。当然不要忘了前提条件是满载叉车联合重心位于距前轮中心 0.1L 处。

2. 纵向动稳定计算

【例 7-5】 叉车同例 7-4，处于起升 300mm、门架全后倾的运行状态，如图 7-10 所示，试进行纵向动稳定性计算。

解：根据例 7-4 的假设，并近似地认为此时叉车的自重心位置不变，原理同上，有

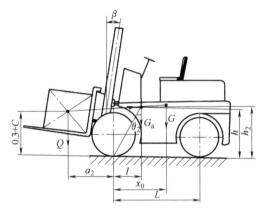

图 7-10 纵向动稳定计算

$$i = \frac{l}{h} = \frac{0.1L}{(0.3+C)\dfrac{Q}{G+Q}+h_2\dfrac{G}{G+Q}} > 0.18$$

$$0.1L(G+Q) > 0.18[(0.3+C)Q+h_2 G]$$

$$h_2 < \frac{0.1L(G+Q)-0.18(0.3+C)Q}{0.18G}$$

$$= \frac{0.1\times1.6\times(3.4+2)-0.18\times(0.3+0.5)\times2}{0.18\times3.4}\text{m} = 0.941\text{m}$$

分析：纵向动稳定性对叉车自重重心高度的限制较大。

3. 横向静稳定计算

【例 7-6】 叉车同例 7-4，前轮距 $B=970$mm，后轮半径 $k=270$mm，处于起升 3000mm、门架全后倾的堆垛状态，如图 7-11 所示，试进行横向静稳定性计算。

解：根据例 7-4 的假设，并近似地认为此时叉车的自重心位置不变，原理同上，有

$$i = \frac{l}{h} = \frac{0.5B\times0.9\times\cos\Psi}{(3+C)\dfrac{Q}{G+Q}+h_3\dfrac{G}{G+Q}-0.1k\dfrac{1}{G+Q}} > 0.06$$

式中，
$$\cos\Psi = \frac{L}{\sqrt{(0.5B)^2 + L^2}} = \frac{1.6}{\sqrt{(0.5\times 0.97)^2 + 1.6^2}} = 0.9570$$

$$0.5B\times 0.9\times \cos\Psi \times (G+Q) > 0.06[(3+C)Q + h_3 G - 0.1k]$$

$$h_3 < \frac{0.5B\times 0.9\times \cos\Psi \times (G+Q) - 0.06(3+C)Q + 0.06\times 0.1k}{0.06G}$$

$$= \frac{0.5\times 0.97\times 0.9\times 0.957\times (3.4+2) - 0.06(3+0.5)\times 2 + 0.06\times 0.1\times 0.27}{0.06\times 3.4}\text{m} = 9.006\text{m}$$

分析：横向静稳定性对叉车自重重心高度的限制不大。

4. 横向动稳定计算

【例 7-7】 叉车同例 7-6，处于空载、起升 300mm、门架全后倾的运行状态，如图 7-12 所示，车速为 20km/h，试进行横向动稳定性计算。

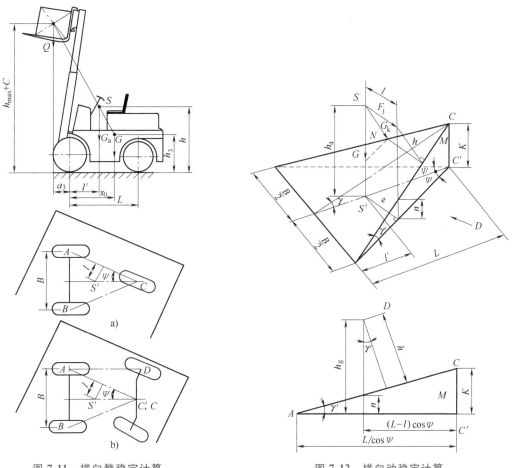

图 7-11 横向静稳定计算　　　图 7-12 横向动稳定计算

解：根据平衡重式叉车空载轴载的基本假设，可认为进行叉车横向动稳定性试验时，叉车的自重重心位于距前轮中心 $0.55L$ 处，则有稳定性要求

$$i = \frac{l}{h} = \frac{0.5B(1-0.55)\cos\Psi}{h_4 - 0.55k} > 0.37$$

式中，

$$\cos\Psi = \frac{L}{\sqrt{(0.5B)^2+L^2}} = \frac{1.6}{\sqrt{(0.5\times 0.97)^2+1.6^2}} = 0.957$$

$$0.5B(1-0.55)\cos\Psi > 0.37(h_4-0.55k)$$

$$h_4 < \frac{0.5B(1-0.55)\cos\Psi + 0.37\times 0.55k}{0.37}$$

$$= \frac{0.5\times 0.97\times(1-0.55)\times 0.957 + 0.37\times 0.55\times 0.27}{0.37} \text{m}$$

$$= 0.4265 \text{m}$$

$$(15+1.1v)\% = (15+1.1\times 20)\% = 37\% = 0.37$$

分析：可见横向动稳定性对叉车自重重心高度的限制最大。上述四个自重重心高度限制，显然要按最苛刻的来，因此该叉车自重重心的高度应不大于426mm。

习题

7-1　已知叉车甲满载后总重为 5.2t，最大牵引力为 880kg；叉车乙满载后总重为 3.1t，最大牵引力为 570kg。问哪台叉车的动力性能好？用一个具体的性能参数来说明。滚动阻力系数 f 可取 0.05，打滑限制可不考虑。

7-2　已知一台叉车的总重量为 5400kg（包括货重），发动机输出的转矩见表 7-4。

表 7-4　题 7-2 数据

转速 n_e/(r/min)	1400	1600	1800	2000	2200	2400	2600	2800	3000
转矩 M_e/kg·m	14.5	15.0	15.3	15.5	15.4	15.2	14.6	14.0	13.2

变速器各档的传动比为：前进 I 档为 5.333，前进 II 档为 2.545；后退 I 档为 6.8，后退 II 档为 3.245；主传动传动比为 6.667，驱动车轮的滚动半径为 0.325m，机械传动系统的总效率为 0.85。试画出这台叉车各档的动力因素曲线。设滚动阻力系数为 0.05，求各档的最大爬坡度（可不考虑打滑限制）。

7-3　在发动机一样的情况下，驱动桥中主传动传动比大的叉车是否一定车速低、爬坡能力和加速能力强？请解释理由。

7-4　如图 7-13 所示，已知一台叉车自重 2t，自重重心 G 的位置与前轮之间的距离 $L_0 = 600$mm，两轮轴距 $L=1200$mm，驱动车轮的滚动半径为 260mm，两个驱动车轮上的制动器所能产生的制动力矩最大为 280 kg·m。求这台叉车空载以 22km/h 的速度在平路上前行的最短制动距离。可设旋转部分的惯性影响系数 $\delta=$

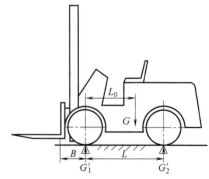

图 7-13　题 7-4 图

1.1，在平路上前行制动时驱动桥的载荷转移系数 $m_1 = 1.2$，车轮与地面的摩擦系数 $\mu = 0.9$。

7-5 试讨论偏载可能对叉车造成的各种不良影响。

7-6 新设计一台叉车，给定起重量 $Q = 1000$kg，载荷中心距 $C = 500$mm，货叉垂直段前表面至前轮中心的纵向水平距离 $b = 361$mm，叉车自重 $G = 2000$kg，轴距 $L = 1200$mm，自重重心至前轮中心的纵向水平距离 $l_0 = 0.55L$。试按纵向静稳定试验的要求，确定这台叉车空载重心高度 h_0 的控制尺寸。

7-7 分析叉车在工作中的哪些要求或结构（构造）上的哪些特点会对其发动机、离合器、变速器、制动器和转向系统产生特殊要求，并说明分别会产生什么特殊要求。

7-8 试从设计的角度分析前轮直径的大小会对叉车的总体设计产生哪些影响？

7-9 试讨论轴距对于叉车总体性能的影响。

第 8 章 液压系统

流体传动是以气体或液体等为工作介质进行能量传递和控制的传动方式。根据能量传递形式不同，流体传动可分为液力传动和静液传动。液力传动是利用液体动能进行能量转换，静液传动是利用液体压力能进行能量转换。流体传动能实现执行元件的低速重载运动，并在运行过程中可进行大范围无级调速，具有同功率条件下体积小、重量轻、结构紧凑、液压容量大、管路便于布置、运动平稳、控制方便等一系列优点，被广泛应用于各种机械装备中。

8.1 液压系统组成与类型

8.1.1 液压系统组成

液压系统一般由动力元件、执行元件、控制元件、辅助元件、工作介质五部分组成。

动力元件是将发动机、电动机等原动机输入的机械能转换为油液压力能的元件，如各种液压泵。

执行元件是在油液压力的推动下输出力和速度（直线运动），或者力矩和转速（回转运动），将系统油液的压力能转换为机械能的元件，如各类液压缸和液压马达。

控制元件是通过控制或调节液压系统中油液的压力、流量和方向，使执行元件完成预定功能的元件，如各种溢流阀、节流阀及换向阀等，不同控制元件的组合形成了各种液压传动系统。

辅助元件是为保证系统正常工作，进行散热、贮油、输油、连接、蓄能、过滤和密封等的元件，如油箱、油管、油管接头、蓄能器、滤油器及各种密封元件等。

工作介质用于在液压传动及控制中传递动力、运动及信号，如矿物液压油或其他合成液压油。

在液压系统正常工作条件下，执行元件运动应可控，应设置卸荷回路使液压系统在不工作时，液压泵处于无负载运行状态，或者电动机处于停转状态；可根据工作情况设置温控传感器，实时监控油温。液压泵回路应向液压系统提供满足执行元件需要的压力和流量，当制动、转向与工作装置共用一个液压泵供油时，应按制动、转向、工作装置的优先顺序保证供油；为保证转向液压缸的用油，在液压泵的供油油路上应设分流阀。液压泵的吸油口高度应根据液压泵自吸性能来确定，其与液压油箱液面高度差一般不大于500mm。

工业车辆负载回路一般包括起升液压缸回路和倾斜液压缸回路,当配装属具时,还包括属具回路。起升液压缸和倾斜液压缸等执行机构的动作顺序可用多路换向阀控制。多路换向阀在结构上可实现串联回路、并联回路和顺序回路。目前,叉车通常采用并联回路的形式,利用门架刚度条件保证起升液压缸或倾斜液压缸同步动作,利用多路换向阀卸荷回路使液压泵在执行元件不工作时处于卸荷状态。

负载回路通常装有防止过载的安全阀,不同回路的压力限值通过设置相应的安全阀来控制。为控制门架的向前倾斜速度,可在倾斜液压缸回路设置平衡阀或液压锁等负载控制阀;为控制起升装置的满载下降速度,可在起升液压缸回路中设置限速阀;为防止起升高压油管突然破裂造成的货物急剧下降,可在起升液压缸的底部设置管路防爆阀。

机械传动叉车和液力传动叉车通常采用开式液压系统,静压传动叉车通常采用闭式液压系统,流量需求较小的全液压转向叉车一般采用单泵分流式液压系统,流量需求较大、执行机构较多、复合动作要求较高的全液压转向叉车一般采用双泵或多泵液压系统。叉车液压系统的工作压力一般选用 10~30MPa。

8.1.2 典型叉车液压系统

机械转向、机械传动叉车的典型液压系统如图 8-1a 所示。注意多路换向阀在中位时是卸荷状态。门架在起升时,操作员将操作手柄向后拉回,起升液压缸换向阀下位工作,液压油通过油口 P、油口 B 和单向节流阀(此时单向阀打开)进入起升液压缸油腔推动柱塞起升;同时油口 T、油口 A、油口 C 和油口 D 封闭,如图 8-1b 所示。门架在下降时,操作员将操作手柄向前推动,起升液压缸换向阀上位工作,起升液压缸油腔的油液在重力作用下,依次通过单向节流阀(此时单向阀封闭、节流阀节流控制下降速度)、油口 B、油口 T 回油箱,如图 8-1c 所示。

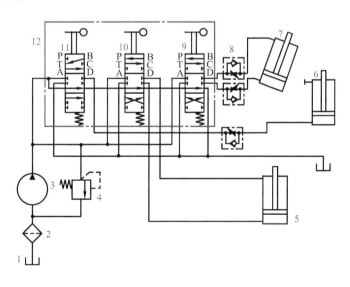

a)

图 8-1 典型叉车液压系统

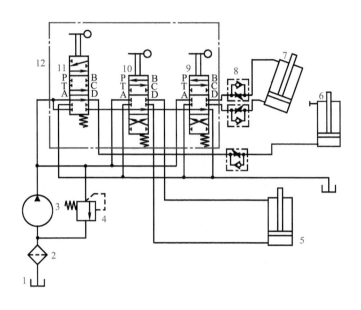

b)

c)

图 8-1 典型叉车液压系统（续）

1—油箱 2—过滤器 3—液压泵 4—安全阀 5—属具液压缸 6—起升液压缸 7—倾斜液压缸 8—单向节流阀
9—倾斜液压缸换向阀 10—属具液压缸换向阀 11—起升液压缸换向阀 12—多路换向阀

8.1.3 双速起升系统

为提高大型叉车和集装箱叉车作业效率，其起升工作机构可采用双速起升，既能在空载时快速起升，又能在满载时以较慢的安全速度起升，以保障叉车的操作安全和效率。图 8-2

所示为具有双速起升工作机构的液压系统。主要由工作液压泵 1、2 和双速阀 3、起升液压缸换向阀（起升阀）4、起升液压缸 5 和先导控制阀 7 等组成。工作液压泵向起升系统提供液压油，先导控制阀、双速阀和起升阀控制叉车的起升机构。双速阀和起升阀是实现空载快速起升、满载慢速起升的主要元件。双速起升系统的工作原理如下。

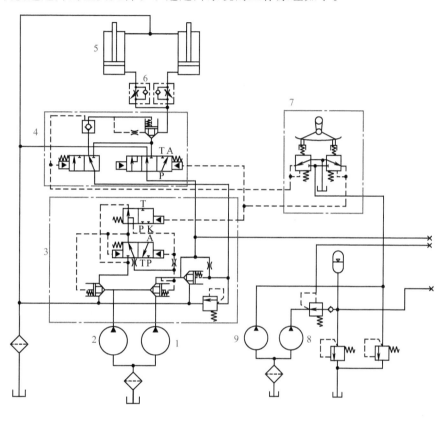

a) 双速起升液压系统
1—工作液压主泵　2—工作液压副泵　3—双速阀　4—起升阀　5—起升液压缸　6—单向节流阀
7—先导控制阀　8—辅助泵　9—控制泵

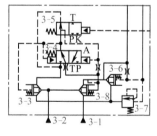

b) 双速阀
3-1—来自主泵油源　3-2—来自副泵油源
3-3、3-6、3-8—逻辑阀　3-4、3-5—滑阀
3-7—安全阀

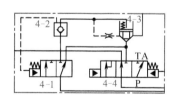

c) 起升阀
4-1—先导压力阀　4-2—液控单向阀
4-3—逻辑阀　4-4—三位四通电液换向阀

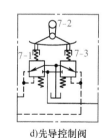

d) 先导控制阀
7-1—小阀　7-2—控制手柄　7-3—弹簧阻尼

图 8-2　双速起升液压系统原理

1）当不进行起升操作时，先导控制阀 7 控制手柄 7-2 和起升阀 4 处于中位，工作液压主泵 1 输出的液压油通过双速阀中的逻辑阀 3-8 侧面油口经安全阀 3-7 回油箱。工作液压副

泵 2 输出的液压油进入双速阀 3，滑阀 3-4、3-5 保持原位、逻辑阀 3-3 背压卸荷后主油路连通，工作液压副泵 2 输出的液压油经逻辑阀 3-3 回油箱。

2）当空载快速起升时，先导控制阀 7 控制手柄 7-2 位于起升位，其液压油推动起升阀 4 的滑阀和双速阀 3 的滑阀 3-5 左移，关闭逻辑阀 3-3 卸荷油路，在背压作用下关闭逻辑阀 3-3 主油路。工作液压副泵 2 的液压油打开逻辑阀 3-8 与工作液压主泵 1、倾斜控制阀的液压油合流至起升阀 4 后，进入起升液压缸 5 下腔，实现快速起升。

3）当满载慢速起升时，先导控制阀 7 控制手柄 7-2 亦位于起升位，在负载作用下系统工作压力升高，并反馈作用在双速阀 3 滑阀 3-4 的柱塞上。当系统工作压力升高到设定值时，柱塞油压作用力克服弹簧力推动滑阀 3-4 左移，逻辑阀 3-3 的背压卸荷，逻辑阀 3-3 主油路打开，工作液压副泵 2 连通油箱卸荷。工作液压主泵 1 液压油经逻辑阀 3-8 主油口和倾斜控制阀的液压油合流至起升阀 4 后，进入起升液压缸 5 下腔，实现慢速起升。

4）当先导控制阀 7 的控制手柄 7-2 位于下降位，在控制液压油作用下，起升阀 4 滑阀右移，工作液压主泵 1 输出的液压油经安全阀卸荷回油箱。逻辑阀 3-3 背压卸荷后，工作液压副泵 2 输出的压力经逻辑阀 3-3 主油路回油箱；起升阀 4 的逻辑阀 4-3 背压卸荷，起升液压缸 5 下腔的液压油回油箱，货叉下降。

8.1.4 转向液压系统

对于液力转向的机械传动叉车，中小吨位的多采用共泵（单泵）分流液压系统，如图 8-3 所示。共泵分流液压系统是对门架液压系统和转向液压系统使用同一液压泵，液压油在满足转向器稳定流量的前提下，多余部分供给系统中其他工作部件，可以使设计简化并降低

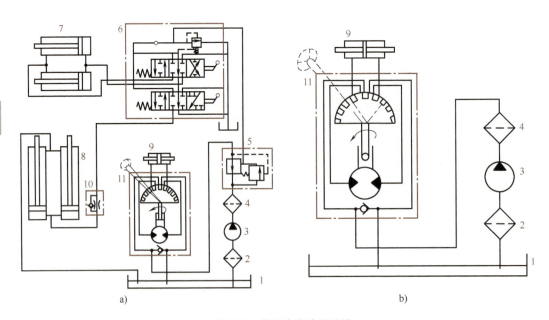

图 8-3 共泵分流液压系统

1—油箱 2、4—过滤器 3—液压泵 5—单稳分流阀 6—换向阀 7—倾斜液压缸
8—起升液压缸 9—转向液压缸 10—单向节流阀 11—液压转向器

成本。通过单稳分流阀与全液压转向器配套使用，在液压泵供油及液压操作系统负载变化时，优先保证转向器工作所需的稳定流量。当两个油路中只有一个工作时，会有一部分溢流损失。吨位较大的叉车一般使用两个液压泵，分别向门架和转向液压系统供油，称为分泵（多泵）系统，转向及起升的双泵液压系统如图8-4所示。

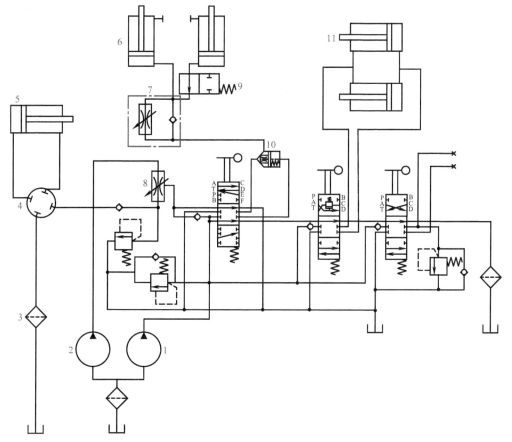

图 8-4　双泵液压系统

1—前泵　2—后泵　3—过滤器　4—转向器　5—转向液压缸　6—起升液压缸
7—限速阀　8—调速阀　9—切断阀　10—插装阀　11—倾斜液压缸

8.2　液力传动

液力传动是通过液体在循环流动过程中液体动能的变化来传递动力，其输入轴与输出轴之间以液体为工作介质，是构件间不直接接触的一种非刚性传动形式，能吸收冲击和振动，过载保护性好，带载启动容易，能实现自动变速和无级调速等。

8.2.1　工作原理

液力传动的原理如图8-5所示，离心泵叶轮2在内燃机1驱动下旋转，使工作液体获得速度和压力（液体获得动能）。高速流体经导管 3 冲击水轮机叶轮 4，从而带动工作机 6 旋转做功，这时工作介质的动能便转变为机械能。工作介质将动能传给叶轮后沿管道流回水箱 5 中，往复循环传递动力。图 8-5 所示的传动装置离心泵叶轮 2 与水轮机叶轮 4 相距较远时，传动中的损失大，效率低。若将离心泵与水轮机叶轮集成在一起，便是图 8-5a 中 7 所示的液力变矩器。

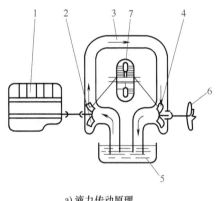

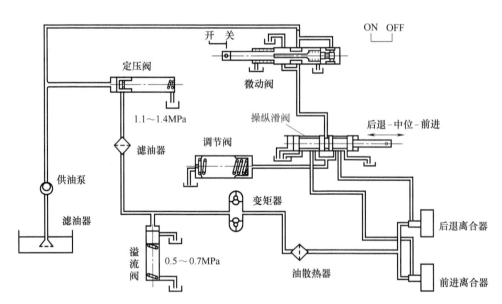

图 8-5 液力传动

1—内燃机 2—离心泵叶轮 3—导管 4—水轮机叶轮 5—水箱 6—工作机 7—液力变矩器

液力传动使用的液力变矩器能自动适应外部阻力的变化，在一定范围内无级地改变其输出的转矩和转速。当阻力增大时，液力变矩器能自动增大牵引力，降低车速，从而增大叉车的爬坡能力；而当阻力减小时，液力变矩器又能自动减小牵引力，提高车速，也就是使发动机经常在额定功率下工作，也不容易熄火的原因。由于液力变矩器的工作介质是液体，能够吸收来自发动机和外载荷的冲击和振动，具有过载保护的性能，可有效提高传动系统零部件的使用寿命，还可使叉车起步平稳，提高舒适性。叉车在使用过程中，离合器、变速器的操作非常频繁，而液力传动没有离合器，使用动力换档变速器，减少了换档次数，简化了驾驶操作，从而大幅降低驾驶员的劳动强度。因此液力传动在叉车上被广泛应用。大吨位的5t和6t叉车有机械传动和液力传动的产品，基本上都是液力传动的。产量较大的2t和3t叉车也大多采用液力传动，如图8-5b所示。

液力传动的缺点是传动效率较低、结构复杂，当长时间工作造成液压油温度过高时，尤其会影响传动效率。液力传动叉车通常采用动力转向，采用双泵分别为起升液压系统和动力换档变速器、液力变矩器及动力转向系统提供液压动力。

8.2.2 液力变矩器

1. 液力变矩器构造

液力变矩器构造如图8-6所示，主要由可旋转的泵轮4和涡轮3，以及固定不动的导轮5三个元件构成。各工作轮用铝合金精密铸造或用钢板冲压焊接而成，如图8-7所示。泵轮4与变矩器壳体2连成一体，固定在发动机曲轴（输入轴）1上。变矩器壳体2上设有起动齿圈，结构常做成剖分式的，装配后焊成一体或用螺栓连接为一体。导轮5与导轮固定套管6固连，涡轮3通过从动轴（输出轴）7与传动系统负载相连。当液力变矩器装配后形成截面为循环圆的环形结构。

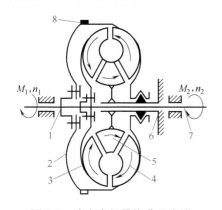

图8-6 液力变矩器构造示意图
1—发动机曲轴 2—变矩器壳体 3—涡轮
4—泵轮 5—导轮 6—导轮固定套管
7—从动轴 8—起动齿圈

图8-7 液力变矩器零件

液力变矩器正常工作时，储于环形内腔中的工作液体除有绕变矩器轴的圆周运动以外，还有在循环圆中沿图8-6中箭头所示方向的循环流动，故能将转矩从泵轮传到涡轮上。与耦合器不同，变矩器不仅能传递转矩，而且能在泵轮转矩不变时，随着涡轮的转速（叉车行驶速度）的变化而相应改变涡轮输出的转矩。

2. 液力变矩器功能

1) 代替主离合器，使叉车能够带载起步。
2) 避免发动机过载熄火。
3) 实现自动换档，方便驾驶。
4) 提高爬坡能力等动力性能。

3. 液力变矩器的特性

（1）液力变矩器特性参数　变矩比（变矩系数）K 为涡轮转矩 M_T 与泵轮转矩 M_P 之比，即 $K = M_T/M_P$。涡轮转速 $n_T = 0$ 时的变矩比 K_0 称为起动变矩比（或失速变矩比）。K_0 越大则叉车的起动性能与加速性能越好。

转速比 i_{TP} 为涡轮转速 n_T 与泵轮转速 n_P 之比，是传动比的倒数，即 $i_{TP} = n_T/n_P$。传动效率 η 为涡轮输出功率 P_T 与泵轮输入功率 P_P 之比，即

$$\eta = \frac{P_T}{P_P} = \frac{M_T n_T}{M_P n_P} = K i_{TP} \tag{8-1}$$

可知传动效率 η 是变矩比 K 与转速比 i_{TP} 之积。

（2）液力变矩器外特性曲线　图 8-8 所示液力变矩器外特性曲线中，横坐标为涡轮转速 n_T，纵坐标相应为涡轮转矩 M_T、泵轮转矩 M_P、效率 η。涡轮转矩 M_T 随涡轮转速 n_T 变化较大，从零到最大值，其本质是涡轮转速随道路阻力而变化，当道路阻力增大时涡轮转速降低，涡轮转矩随之增大，实现变矩器自动适应外载变化的无级变速功能。当 $n_T = 0$ 时，涡轮转矩 M_T 达到最大值，满足起步时大转矩需要。可知，液力变矩器是一种随叉车行驶阻力变化而自动改变变矩系数的无级变速器。泵轮转矩 M_P 随涡轮转速变化较小，即道路阻力变化对泵轮转矩 M_P 影响较小（称为非透过性）。液力变矩器空载时的效率和堵转时的效率为零，最大效率一般不超过 85%。图 8-9 所示为液力变矩器输入特性，汽油机一般采用具有较小正透性的变矩器，柴油机选用接近不透性的变矩器。

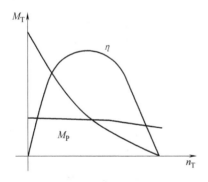

图 8-8　液力变矩器外特性

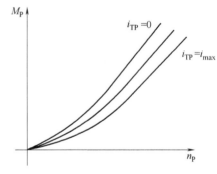

图 8-9　液力变矩器输入特性

4. 液力变矩器类型

由于不同车辆对液力变矩器的性能要求不一致，液力变矩器的性能和结构也有所不同，可按以下几种方式进行分类，见表 8-1。

1）按牵引工况下工作轮在循环圆中的排列顺序，分为正转液力变矩器（PTD，泵轮-涡轮-导轮）型和反转液力变矩器（PDT，泵轮-导轮-涡轮）型液力变矩器，正转液力变矩器在牵引工况下涡轮与泵轮的旋转方向一致，反转液力变矩器涡轮与泵轮旋转方向相反。

2）按液力变矩器中涡轮叶栅的列数（各列之间插入导轮叶栅）或刚性连接在一起的涡轮的数目，液力变矩器分为单级、两级、三级和多级。

3）按单级液力变矩器中导轮和泵轮的数目，还可分为单导轮和双导轮、单泵轮和双泵轮式液力变矩器。

4）按液力变矩器中各叶轮的组合和工作状态的不同，可分为单相、两相及多相。所谓

"相"是指在单向离合器或制动器等机构的作用下,可调节控制液力元件的工作状态的数量。

5)按液力变矩器中涡轮的形式,可分为轴流式和离心式涡轮液力变矩器。

6)按液力变矩器中泵轮和涡轮能否闭锁成一体工作,可分为闭锁式和非闭锁式液力变矩器。

表 8-1 液力变矩器分类

分类依据	类型	特征
工作轮排列顺序	正转变矩器(PTD)	涡轮与泵轮同向旋转(常用)　　涡轮与泵轮反向旋转
	反转变矩器(PDT)	
涡轮翼栅列数	单级翼栅涡轮	单级四相双泵轮液力变矩器
	两级翼栅涡轮	
	三级翼栅涡轮	
	多级翼栅涡轮	
泵(导)轮数量	单泵(导)轮	双泵轮变矩器 L—离合器　1—进油管路　2—出油管路
	双泵(导)轮	
传动形态	单相	单级两相液力变矩器
	两相	
	多相	
涡轮形式	轴流式	轴流式　　离心式 1—进油管路　2—出油管路
	离心式	

分类依据	类型	特征
闭锁形式	闭锁式	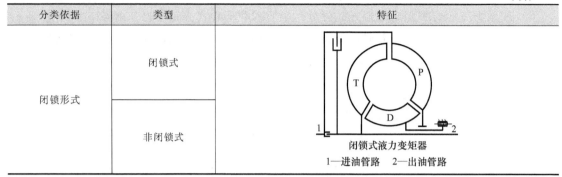 闭锁式液力变矩器 1—进油管路　2—出油管路
	非闭锁式	

8.2.3　液力变矩器的匹配

对于正透性的变矩器，应该使最高效率时发动机与变矩器的共同工作点位于或接近内燃机的最大静功率点；$i_{TP}=0$ 时的共同工作点接近内燃机的最大转矩点，如图 8-10 所示。

图 8-11 是几台不同的发动机与一台变矩器的匹配情况，曲线 1～4 是发动机外特性。由图 8-11 可知：发动机 1 和 4 匹配较好；发动机 3 转矩小，发动机和液力变矩器匹配在低转速高转矩区，无法工作在高速区，发挥不出最大功率。发动机 2 转速低，转矩大，驱动负载所需的转矩小，发动机外特性和液力变矩器无共同工作点，工作在部分特性上时，无法发挥最大转矩和功率。

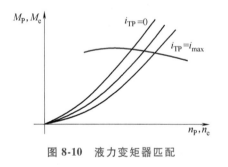

图 8-10　液力变矩器匹配

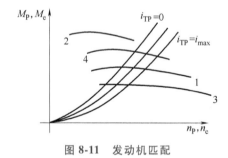

图 8-11　发动机匹配

8.2.4　液力传动系统设计

5t 叉车液力传动系统如图 8-12 所示，液力传动牵引特性如图 8-13 所示，该图要根据变矩器的外特性曲线和机械部分的传动比绘制。

牵引力（N）为

$$F_t = \frac{M_T i_0 i_g \eta_t}{r} \text{N} \tag{8-2}$$

车速（r/min）为

$$v = \frac{0.377 n_T r}{i_0 i_\sigma} \tag{8-3}$$

式中　M_T——涡轮转矩（N·m），即液力变矩器的输出转矩；
　　　i_0——主传动传动比；
　　　i_g——相应档位的变速器传动比；
　　　η_t——机械传动部分的效率，可取为85%；
　　　r——驱动车轮半径（m）；
　　　n_T——涡轮转速（r/min），即液力变矩器的输出转速。

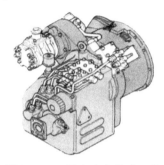

图8-12　5t叉车液力传动系统

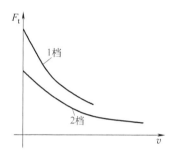

图8-13　液力传动牵引特性

由图8-13可知液力传动在低速时的牵引力大，加速快；1档和2档的重叠区间大，能自动调速，不需要经常换档，操作方便，发动机不易熄火。叉车用液力变矩器的规格较少，见表8-2。

表8-2　蚌埠液力机械厂冲焊型液力变矩器参数

型号	零速变矩比 K_0 /N·m	能容系数 /[10^{-6}N·m/(r/min)]	最高效率 η_{max}(%)	匹配动力 /kW	应用领域
YJH265	3±0.15	≥32	≥78	20～119	1～3t叉车、ZL15和ZL18装载机、挖掘机
YJH315	3±0.1	≥70	≥78	32～185	4.5～10t叉车

【例8-1】　3t叉车液力传动系统设计参数：额定起重量$Q=3000$kg，自重$G=4500$kg，车轮半径$r=0.351$m，主减速传动比为6.67，轮边减速传动比为1。

1）选择发动机。首先计算

$$P_{ej} = \frac{\beta D_{vmax} V_{max}(G+Q)}{3600\eta_t} + P_f$$

$$= \frac{1.1 \times 0.06 \times 20 \times (4500+3000) \times 9.8}{3600 \times 0.7} + P_f$$

$$= 31.7 + P_f = 31.7 \times 1.1 \text{kW} = 34.87 \text{kW}$$

选取型号为4L68的发动机，额定功率$P_e=37$kW，额定转速$n_e=2200$r/min。取最大转矩约等于额定转矩，即

$$M_{emax} = 9550 \frac{P_e}{n_e} = 9550 \times \frac{37}{2200} \text{N·m} = 160.61 \text{N·m}$$

2）选择液力变矩器。根据匹配发动机参数，额定功率$P_e=37$kW，额定转速$n_e=2200$r/min，选择液力变矩器型号为YJH265，其主要参数见表8-3。

表 8-3　YJH265 液力变矩器参数

参数项	参数值												
液力变矩器转速比 i	0	0.1	0.2	0.3	0.4	0.5	0.591	0.7	0.773	0.8	0.85	0.9	0.98	0.99
变矩比 K	3.2	2.85	2.52	2.2	1.913	1.65	1.43	1.17	0.99	0.982	0.968	0.95	0.926	1
液力变矩器效率 η	0	0.285	0.504	0.66	0.765	0.825	0.848	0.82	0.772	0.768	0.823	0.855	0.88	0.9

根据表 8-3 参数绘制出液力变矩器原始特性曲线，如图 8-14 所示。

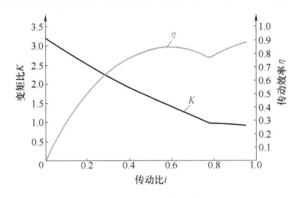

图 8-14　液力变矩器原始特性曲线

由参数可知：YJH265 为多元件液力变矩器，最大变矩比为 3.2，耦合工况液力变矩器的变矩比为 1，转速比为 0.99。

3) 传动系统总传动比的确定。取液力变矩器爬坡时的变矩比为 3.1，则有

$$i_{总max} = i_{变低} \, i_{主} \, i_{轮} = \frac{(G+Q)(\alpha_{max}+f)r}{M_{Tmax}\eta_t}$$

$$= \frac{(G+Q)(\alpha_{max}+f)r}{M_{Pmax}K\eta_t}$$

$$= \frac{(3000+4500)\times 9.8\times(0.2+0.02)\times 0.351}{160.61\times 3.1\times 0.85}$$

$$= 13.41$$

取液力变矩器平路满载行驶时的转速比为 0.99，则有

$$i_{总min} = i_{变高} \, i_{主} \, i_{轮} = \frac{0.377n_{Tmax}r}{\beta v_{max}} = \frac{0.377n_{Bmax}ri}{\beta v_{max}}$$

$$= \frac{0.377\times 2200\times 0.99\times 0.351}{1.1\times 20}$$

$$= 13.10$$

$$i_{变低} = \frac{i_{总max}}{i_{主} \, i_{轮}} = \frac{13.41}{6.67} = 2.01$$

$$i_{变高} = \frac{i_{总min}}{i_{主} \, i_{轮}} = \frac{13.10}{6.67} = 1.96$$

由上述计算可知，3t 液力叉车的两个档位的传动比极为接近，因此只需一个前进档位

即可。故 3t 液力叉车的变速器（俗称倒档箱）只由一个前进档和一个倒退档组成。

【例 8-2】 5t 叉车液力传动系统设计参数：额定起重量 $Q=5000\text{kg}$，自重 $G=7500\text{kg}$，车轮半径 $r=0.42\text{m}$，主减速传动比为 6.67，轮边减速传动比为 1。

1）选择发动机，首先计算

$$P_{ej}=\frac{\beta D_{v\max}v_{\max}(G+Q)}{3600\eta_t}+P_f$$

$$=\frac{1.1\times0.04\times20\times(7500+5000)\times9.8}{3600\times0.7}+P_f$$

$$=42.78+P_f=42.78\times1.1\text{kW}=47.058\text{kW}$$

选取型号为 4L88 的发动机，额定功率 $P_e=48\text{kW}$，额定转速 $n_e=2200\text{r/min}$。取最大转矩约等于额定转矩，即

$$M_{e\max}=9550\frac{P_e}{n_e}=9550\times\frac{48}{2200}\text{N·m}=208.36\text{N·m}$$

2）选择液力变矩器。根据匹配发动机参数，额定功率 $P_e=48\text{kW}$，额定转速 $n_e=2200\text{r/min}$，选择液力变矩器型号为 YJH315，其参数见表 8-4。

表 8-4　液力变矩器 YJH315 参数

参数项	参数值														
液力变矩器转速比 i	0	0.1	0.2	0.25	0.3	0.4	0.45	0.5	0.55	0.6	0.65	0.7	0.75	0.8	0.85	0.9
变矩比 K	3.15	2.73	2.38	2.22	2.06	1.8	1.68	1.59	1.48	1.39	1.3	1.19	1.1	1.02	0.99	1
液力变矩器效率 η	0	0.27	0.48	0.56	0.63	0.72	0.76	0.78	0.8	0.81	0.82	0.83	0.82	0.75	0.6	0.5

根据表 8-4 所列参数绘制出液力变矩器 YJH315 特性曲线，如图 8-15 所示，可知液力变矩器 YJH315 的最大变矩比为 3.15，耦合工况的液力变矩器的变矩比略小于 1（取 0.99），转速比为 0.85。

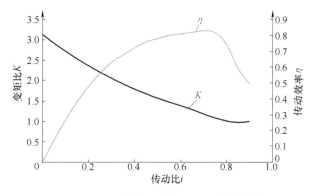

图 8-15　液力变矩器 YJH315 特性曲线

3）传动系统总速比的确定。取液力变矩器爬坡时的变矩比为 3，则有

$$i_{总max} = i_{变低} \, i_主 \, i_轮 = \frac{(G+Q)(\alpha_{max}+f)r}{M_{Tmax}\eta_t} = \frac{(G+Q)(\alpha_{max}+f)r}{M_{Pmax}K\eta_t}$$

$$= \frac{(5000+7500) \times 9.8 \times (0.2+0.02) \times 0.42}{208.36 \times 3 \times 0.85} = 21.30$$

取液力变矩器平路满载行驶时的转速比为 0.85,则有

$$i_{总min} = i_{变高} \, i_主 \, i_轮 = \frac{0.377 n_{Tmax} r}{\beta v_{max}} = \frac{0.377 n_{Bmax} r i}{\beta v_{max}}$$

$$= \frac{0.377 \times 2200 \times 0.85 \times 0.42}{1.1 \times 20} = 13.46$$

$$i_{变低} = \frac{i_{总max}}{i_主 \, i_轮} = \frac{21.30}{6.67} = 3.19$$

$$i_{变高} = \frac{i_{总min}}{i_主 \, i_轮} = \frac{13.46}{6.67} = 2.02$$

4) 计算牵引特性。

牵引力为

$$F_t = \frac{M_T i_0 i_g \eta_t}{r}$$

车速为

$$v = \frac{0.377 n_T r}{i_0 i_\sigma}$$

5t 叉车液力传动系统牵引特性曲线如图 8-16 所示,可知叉车在低速爬坡时的牵引力大,1 档和 2 档之间有很大的重叠部分,这说明液力叉车在行驶过程中能够实现自动调速,不需要经常换档,操作方便且发动机不易熄火。

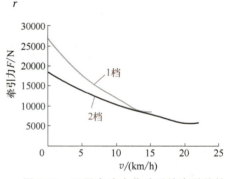

图 8-16 5t 叉车液力传动系统牵引特性曲线

8.3　静压传动

8.3.1　工作原理

发动机的功率通过液压泵、液压调速控制系统、液压马达、配合机械传动的驱动桥或轮边减速装置实现对车轮的驱动,称为液压机械传动,简称静压传动或静液传动(Hydro-Static Transmission, HST)。与液力传动不同,静压传动是利用工作液体的静压力来传递动力的,即利用液体的不可压缩性来实现运动的传递,其调速是通过改变泵或同时改变马达的排量来实现的,故称为容积调速。

由于取消了离合器、变速器甚至驱动桥等部件,静压传动具有结构简单、布置方便、低

速性能好、驱动力大、微动性能好、可实现无级调速、能充分利用发动机的功率、调速和操纵方便等优点。当然也存在高速性能差，传动效率较低（总效率为50%左右），成本较高，液压元件的质量不过关时容易发生泄漏等缺点。

目前，静压传动广泛应用于液压挖掘机，以及一些装载机、军用叉车和进口叉车上。林德内燃叉车一直采用静压传动，只需一个前进和一个后退两个踏板操作，松开踏板即自动减速并停止，操作十分方便，是静压传动叉车中的典型案例。

静压传动系统有高速液压马达方案和低速液压马达方案之分。高速液压马达方案如图8-17所示，取消了离合器与变速器，保留原机械传动的驱动桥，静压传动部分只起调速的作用。高速液压马达方案的优点是传动效率较高、马达成本较低，缺点是保留了机械传动的驱动桥等中间环节，相应的噪声和维修量较大。低速液压马达方案如图8-18所示，采用低速大转矩的轮边液压马达直接驱动车轮，完全取消了机械传动部件，能充分体现静压传动布置方便、中间环节少的特点，其缺点是低速液压马达的尺寸大、效率低、转速有脉动、制造困难。

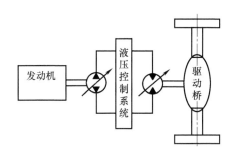

图8-17 高速液压马达静压传动方案

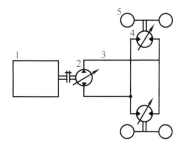

图8-18 低速液压马达静压传动方案

1—内燃机 2—变量泵 3—管路 4—液压马达 5—驱动车轮

在实际应用当中，普遍采用一种高速液压马达加轮边减速器分别驱动的模式，如图8-19所示。该方案将高速轴向柱塞式变量马达与轮边减速器制成一体，采用双列行星齿轮传动，整个驱动装置可装在车轮内，起到一个低速液压马达的作用，可综合高速方案和低速方案二者的优点，两轮分别驱动可起到差速作用，而且结构紧凑，应用比较多。

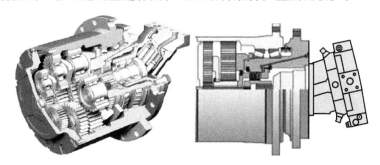

图8-19 轮边减速带液压马达

8.3.2 静压传动系统设计

1. 发动机功率

静压传动系统通过变量泵和液压控制系统的调节作用，能够实现恒功率调速，既照顾到

最大爬坡度工况，又照顾到最大车速工况，因此可以按最小功率选择发功机。发动机功率（kW）为

$$P_e = \frac{KD_{vmax}v_{max}(G+Q)}{3600\eta_0} \tag{8-4}$$

式中　K——考虑附件功率的系数，可取 1.2；

D_{vmax}——高档动力因素，静压传动可取最小值 0.02（道路滚动阻力系数）；

v_{max}——最大车速，一般叉车为 20km/h；

$G+Q$——叉车自重与起重量（N）；

η_0——传动效率，静压传动可取 0.5。

2. 液压马达

静压传动系统通常选用较大功率的液压泵和液压马达，以便在调速的全程范围内充分吸收发动机功率。即在低速时，液压泵要输出小流量高压力的油液；而在高速时，要输出大流量低压力的油液，要按高压力大流量来选液压泵，如图 8-20 所示。

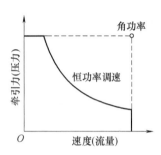

传动系统的角功率（kW）为：

$$P_1 = \frac{\alpha_{max}v_{max}(G+Q)}{3600} \tag{8-5}$$

图 8-20　变量泵（马达）角功率示意图

式中　α_{max}——最大爬坡度，如 20%。

行走马达的期望输出角功率（kW）

$$P_{it} = \frac{P_i}{Z\eta_L} \tag{8-6}$$

式中　Z——行走马达的个数，$Z=2$；

η_L——轮边减速器的效率，可取 0.9。

根据液压马达的压力、排量、转速、效率可以计算输出角功率（kW）为

$$P_P = \frac{\Delta P_{max} \cdot q_{max} n_{max} \eta_t}{60 \times 1000} \tag{8-7}$$

式中　ΔP_{max}——液压马达连续工作时的最大压力差（MPa）；

q_{max}——液压马达的最大排量（mL/r）；

n_{max}——液压马达的最高转速（r/min）；

η_t——液压马达的总效率，可取 0.85。

3. 轮边减速器

轮边减速器是将整个驱动装置装在车轮内，内装埋入式液压马达的双列或三列行星齿轮传动装置，如图 8-21 所示。这类液压马达与减速器集成一体的行走装置广泛用于液压挖掘机、摊铺机、钻探机械、掘进机等多种工程机械设备上。轮边减速器有许多引进产品可供选择。与前述那些工程机械相比，叉车的最大车速一般应达到 20km/h，在选择轮边减速器的转速比、转速时应注意该点。另外叉车的车轮较小，要注意安装空间问题。

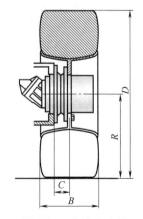

图 8-21　轮边减速器

单个车轮最大转矩（N·m）为

$$T_L = \frac{(G+Q)\alpha_{max} r}{Z} \tag{8-8}$$

式中 r——车轮半径（m）。

车轮最大转速（r/min）为

$$n_L = \frac{1000 v_{max}}{60 \times 2\pi r} \tag{8-9}$$

4. 变量泵

变量泵的期望输出角功率（kW）为

$$P_{iP} = \frac{P_i}{\eta_0} \tag{8-10}$$

变量泵的压力要根据发动机的转速选择，例如，发动机的转速为2400r/min时，变量泵的压力可取20~35MPa，排量（流量）则根据已选的液压马达来确定。

在泵的参数换算中，流量（L/min）为

$$Q = \frac{q \times n \times \eta_V}{1000} \tag{8-11}$$

式中 q——排量（mL/r）；
n——转速（r/min）；
η_V——泵的容积效率，可取0.9。

角功率（kW）为

$$P_1 = \frac{Q \cdot \Delta P}{61.2 \times \eta} \tag{8-12}$$

式中 Q——泵的流量（L/min）；
ΔP——泵的进、出口压力差（MPa）；
η——液压泵的总效率，对于柱塞泵可取0.8。

【**例 8-3**】 某一2t内燃叉车，自重为3.4t，最大车速为20km/h，最大爬坡度为20%，取系统压力为20MPa，试设计静压传动系统。

解：选上述高速液压马达加轮边减速器分别驱动的模式。

1）选择发动机。发动机功率

$$P_e = \frac{K D_{vmax} v_{max}(G+Q)}{3600 \eta_0}$$

$$= \frac{1.2 \times 0.02 \times 20 \times (20000+34000)}{3600 \times 0.5} kW = 14.4 kW$$

可见所需的发动机功率很小，因为发动机的选取是按照高档动力因素及最小功率选取的。在静压传动系统中，可以通过变量泵和液压控制系统的调节作用实现恒功率调速，这样既考虑了最大爬坡工况，又考虑了最大车速工况。在选取发动机时，通常选取实际功率高于计算功率的发动机。本例可选取北内柴油机F3L912，其最大输出功率为38kW，额定转速为2500r/min。

2）选择液压马达。传动系统的角功率

$$P_1 = \frac{\alpha_{max} v_{max}(G+Q)}{3600} = \frac{0.2 \times 20 \times (20000+34000)}{3600} \text{kW} = 60 \text{kW}$$

行走马达的期望角功率

$$P_{it} = \frac{P_i}{Z\eta_L} = \frac{60}{2 \times 0.9} \text{kW} = 33.33 \text{kW}$$

GFT 系列行走减速器适配的变量液压马达型号有 A10VM45、A10VE45、A10VE63、A6VE55。可选 A6VE55 型内藏式变量液压马达,最大连续工作压力为 31.5MPa,排量为 54.8mL/r,最大转速为 3750r/min,其最大功率 P_{Pmax} 为

$$P_{Pmax} = \frac{\Delta P_{max} \cdot q_{max} \eta_{max} \eta_t}{60 \times 1000} = \frac{20 \times 54.8 \times 3750 \times 0.85}{60 \times 1000} \text{kW} = 58.225 \text{kW}$$

因变量液压马达最大功率大于行走马达的期望角功率,即 $P_{Pmax} > P_{it}$,故满足要求,参数见表 8-5。

表 8-5 A6VE55 型内藏式变量马达参数(公称压力为 31.5MPa,最高压力为 35MPa)

规格	排量/(mL/r)	最大流量/(L/min)	最高转速/(r/min)	转矩常数/(N·m/MPa)	最大转矩/N·m	最大输出功率/kW	惯性矩/kg·m²	质量/kg
55	15.8~54.8	206	3750	2.511~8.701	88~304	120	0.0042	26
80	23~80	268	3350	3.73~12.75	130~446	156	0.008	34
107	30.8~107	321	3000	4.9~16.97	171~594	187	0.0127	45
160	46~160	424	2650	7.35~25.41	267~889	247	0.0253	64

注:摘自北京华德伟业液压技术有限公司样本。

3)选择轮边减速器。选轮胎 7.00-12-12,半径为 0.338mm,车轮最大转矩

$$T_L = \frac{(G+Q)\alpha_{max} r}{Z} = \frac{(20000+34000) \times 0.2 \times 0.338}{2} \text{N} \cdot \text{m} = 1825.2 \text{N} \cdot \text{m}$$

车轮最大转速

$$n_L = \frac{1000 v_{max}}{60 \times 2\pi r} = \frac{1000 \times 20}{60 \times 2 \times 3.14 \times 0.338} \text{r/min} = 157 \text{r/min}$$

选 GFT17T2 型轮边减速器,其技术参数见表 8-6。传动比为 26.4,排量为 54.8mL/r,转速为 158.9r/min,输出转矩为 10362N·m,均能满足要求。

表 8-6 GFT17T2 技术参数(宁波邦力,T2 表示二级行星减速)

传动比	马达排量/(mL/r)	最大停车制动力矩/N·m	总排量/(mL/r)	最大排量下马达转速/(r/min)	37mL/r 排量下输出转速/(r/min)	输入流量/(L/min)	压差/MPa	马达转矩/N·m	输出转矩/N·m
26.4	54.8	400	1448	4200	158.9	230	45	392	10362
32.1	54.8	400	1761	4200	130.7	230	45	392	12603
45.4	54.8	400	2489	4200	92.5	230	43	374	17000

对 GFT17T2 型轮边减速器的安装尺寸未核对,可选型号为 GFT7T2、GFT9T2、GFT13T2,其技术参数见表 8-7。

表 8-7　GFT 系列行走减速器技术参数（宁波中瑞）

型号	输出转矩 /N·m	传动比 i	液压马达	质量/kg（不包含马达）
GFT7T2	7000	30.9~62.6	A10VM45	45
GFT9T2	9000	38.3~47.6	A10VE45	67
GFT13T2	13000	16.3~60.2	A2FE56、A6VE55、A10VE63、A10VM45	92
GFT17T2	17000	26.4~54	A2FE63、A6VE55、A10VE63	95

4）选择变量泵。变量泵的期望输出角功率

$$P_{iP} = \frac{P_i}{\eta_0} = \frac{60}{0.5} \text{kW} = 120 \text{kW}$$

A7V 型轴向柱塞泵技术参数见表 8-8。具体选择 A7V78 斜轴式轴向柱塞泵，排量为 78mL/r，功率为 123kW，最大转速为 3000r/min，满足要求。

表 8-8　A7V 型轴向柱塞泵技术参数（力士乐引进产品）

型号	排量/(mL/r)	摆角变化/(°)		排量变化/(mL/r)		压力/MPa		最大转速/(r/min)		最大功率/kW		转动惯量/(kg·m²)	质量/kg
		α_{max}	α_{min}	最大	最小	额定	最大	$n_{1.0}$	$n_{1.5}$	$n_{1.0}$	$n_{1.5}$		
A7V20	20	18	0	20.5	0			4100	4750	49	57	0.0017	19
A7V28	28	25	7	28.1	8.1			3000	3600	49	59	0.0017	19
A7V40	40	18	0	40.1	0			3400	3750	80	88	0.0051	28
A7V55	55	25	7	54.8	15.8			2500	3000	80	96	0.0052	28
A7V58	58	18	0	58.5	0	35	40	3000	3350	102	114	0.0100	44
A7V80	80	25	7	80	23.1			2240	2750	105	128	0.0100	44
A7V78	78	18	0	78	0			2700	3000	123	136	0.0167	53
A7V107	107	25	7	107	30.8			2000	2450	125	153	0.0167	53
A7V117	117	18	0	117	0			2300	2650	161	181	0.0322	76

注：$n_{1.0}$、$n_{1.5}$ 指吸油口绝对压力分别为 0.1MPa、0.15MPa 时的最大转速。最大功率是在压力为 35MPa、转速为最大时的功率。

8.4　液压元件

在液压传动中，以动力元件、执行元件、控制元件、辅助元件（附件）和液压油等构成系统，进行动力传递和运动控制，输出满足特定要求的功能。

8.4.1　液压泵

按结构形式，液压泵主要有柱塞泵、叶片泵、齿轮泵等。柱塞泵容积效率高，泄漏小，可输出较高的工作压力,但其结构复杂,成本高,而且对材料性能、加工精度和油液清洁度要求严格。叶片泵流量均匀,运转平稳,噪声小,其压力和容积效率比齿轮泵高,但结构比齿轮泵复杂。齿轮泵具有结构简单、体积小、重量轻、工作可靠等优点。使用时优先选用齿轮泵和叶片泵,无法满足要求时再选用柱塞泵。

叉车上广泛应用 CB 系列高压齿轮泵,如图 8-22 所示。根据系统设计的要求选择压力,再根据起升速度的要求选择流量。当发动机直接带泵时,应选用高速齿轮泵。齿轮泵属于容积式液压泵,输出压力会随着负载变化,在系统中必须设置安全阀。

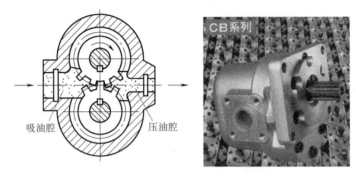

图 8-22 齿轮泵

1. 压力

液压泵说明书一般会提供额定压力和最大压力两个参数。额定压力是在保证泵的容积效率和使用寿命的前提下,允许使用的正常工作压力。最大压力是在短时间内超载所允许的极限压力,由液压系统中的安全阀限定。额定工作压力一般为 10MPa、16MPa、20MPa、25MPa 几个等级。

2. 流量

理论流量(mL/min)等于排量与转速的乘积,即

$$Q_0 = V_0 n \tag{8-13}$$

式中 V_0——理论排量(mL/r);

n——转速(r/min)。

实际流量(mL/min)等于理论流量与容积效率的乘积,即

$$Q = Q_0 \eta_V \tag{8-14}$$

齿轮泵的容积效率 η_V 一般不小于 90%。

3. 转速

泵的额定转速是保证泵具有一定自吸能力、避免产生空穴和气蚀现象的设计参数。转速一般为 1000~3000r/min。

4. 转矩与功率

泵的输入转矩(N·m)为

$$M_1 = \frac{PV_0}{2\pi\eta_K} = \frac{0.159 PV_0}{\eta_K} \tag{8-15}$$

式中 P——工作压力(MPa);

η_K——机械效率,一般为90%左右。

泵的输入功率(kW)正比于压力、排量和转速的乘积,即

$$N_1 = \frac{1}{60} \times \frac{1}{1000} \frac{PV_0 n}{\eta_Z} \tag{8-16}$$

式中 η_Z——总效率,一般为80%左右。

5. 自吸能力

自吸能力是指泵在额定转速下,从低于泵的开式油箱中自行吸油的能力。由于受气蚀条件的限制,一般泵所允许的吸油高度不超过500mm,在布置时需要注意。

6. 其他

齿轮泵的旋转方向是一定的,不可逆向转动。齿轮泵的型号含义和技术参数见表8-9和表8-10。

表8-9 齿轮泵型号含义

齿轮泵代号	结构系列代号	压力等级	公称排量/(mL/r)	安装形式	油口形式	轴伸形式	旋向
CB	F、J、L、Q	D:10MPa E/F$_\mathrm{C}$/H$_\mathrm{B}$:16MPa F/F$_\mathrm{D}$/H$_\mathrm{C}$:20MPa G:25MPa	10、16、20、25、32、40、50、63	A:菱形法兰 C:矩形法兰 T:特殊法兰	F:法兰连接 L:螺纹连接	P:平键 H:矩形花键 J:渐开线花键 Z:半圆键 B:扁口键	L:左 R:右(略)

表8-10 齿轮泵技术参数

吨位/t	型号	额定压力/MPa	最大压力/MPa	排量/(mL/r)	转速/(r/min)	容积效率(%)	总效率(%)	驱动功率/kW
1	CBQ-F425	16	20	25	2500	93	85	16
2	CBQ-F540	20	25	40	2500	≥92	≥82	28
3	CBQ-F550	16	20	50	2000	≥93	≥83	31
5	CBF-F71	20	25	71	2000	≥92	≥83	61

8.4.2 液压缸

1. 起升液压缸

现在多采用柱塞式起升液压缸,其液压缸的外径较细,液压缸下部支撑在外门架下横梁处,多为半球形,柱塞上端与浮动横梁连接或直接顶住内门架上部。柱塞式起升液压缸如图8-23所示。

2. 倾斜液压缸

倾斜液压缸为双作用式活塞缸,缸体尾部铰接在车架上,活塞杆头部铰接在外门架中横梁外侧或后侧。倾斜液压缸结构如图8-24所示。

3. 转向液压缸

过去采用交叉式或八字式双梯形转向机构时,转向液压缸为双作用式活塞缸。为了减小

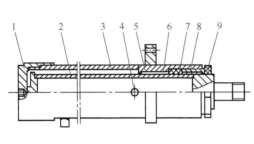 

图 8-23 柱塞式起升液压缸

1—液压缸底 2—柱塞 3—缸筒 4—排气孔 5—液压缸头 6—导向套
7—密封圈 8—压紧螺母 9—防尘毡圈

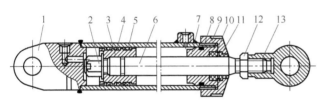 

图 8-24 倾斜液压缸结构

1—缸体 2—压紧螺母 3—活塞 4—支撑环 5、10—Yx 型密封圈 6—活塞杆 7—导向套
8—O 形密封圈 9—螺盖 11—防尘圈 12—螺母 13—耳环

差动现象,避免左、右转向灵敏度相差太多,活塞杆往往做得比较细,常发生弯曲或折断事故。横置液压缸式转向桥使用的转向液压缸为双杆双作用活塞缸。由于该液压缸的缸筒固定,工作时活塞杆不仅受轴向力,还受转向机构的横向力,因此活塞杆的直径较粗,导向套较长。安装在转向桥上的转向液压缸如图 8-25 所示。

图 8-25 安装在转向桥上的转向液压缸

8.4.3 液压控制阀

液压控制阀的额定压力和额定流量应分别大于系统最高实际工作压力和最大流量,且通过液压控制阀的最大流量不应超过其额定流量值的 120%。

1. 多路换向阀

多路换向阀通常按起升、下降和前倾、后倾两联确定功能结构,可以加两个端部阀块,然后根据工作需求选择阀的机能和最大流量。若使用需要液压动力的属具，则根据需要再插入相应的控制阀块。系统的安全阀往往也附在端部阀块中。多路换向阀如图 8-26 所示。

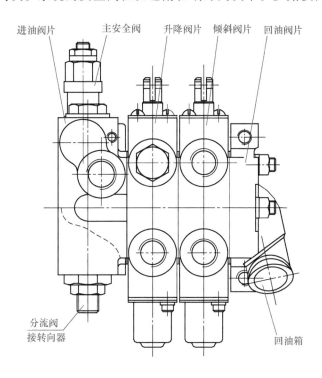

a) 结构图

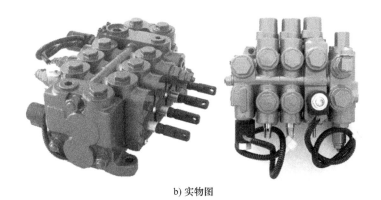

b) 实物图

图 8-26　多路换向阀

2. 节流阀

为了防止操作失误或油管爆裂等液压系统故障造成货物急速下降，需要在起升液压缸进油口安装限制下降速度的单向节流阀。同样地，在倾斜液压缸处也装有单向节流阀，如图 8-27 所示。

3. 单路稳定分流阀

单路稳定分流阀是将液压泵来油分成两路输出，并保证其中一路在各种工况下输出流量基本上恒定的流量控制阀。单路稳定分流阀应用于行走车辆的转向系统中，保证在车辆行驶速度变化时不因液压泵供油量变化或两路执行元件工作负载的变化而影响转向系统的正常工作。单路稳定分流阀还可以用于要求有稳定转速的马达的多路系统中。

当起升（门架）和转向液压系统采用单泵分流方案时，为了保证转向系统有稳定的动力供应，需要一个单路稳定分流阀，如图 8-28 所示，单路稳定分流阀液压回路如图 8-29 所示。

单路稳定分流阀由定差减压元件和固定节流孔组成。液压泵的流量进入阀后分成两路，一路经 A 口进入不要求稳流的液压系统（分流口），输出非稳定流量；另一路经固定节流孔后，由 B 口输出稳定流量，供全液压转向系统使用。定差减压阀的阀芯维持固定节流孔的压差基本恒定，流量不会因泵供油量的变化或两路执行元件工作负载的变化而影响全液压转向系统的正常工作。单路稳定分流阀实际上是个调速阀，当转向盘转速变化时，单路稳定分流阀系统不能够相应改变供油流量，而优先阀则可以。

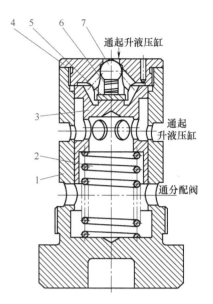

图 8-27 起升液压缸单向节流阀

1—阀体　2—弹簧　3—阀芯　4—单向阀座
5—弹簧座　6—单向阀弹簧　7—钢球

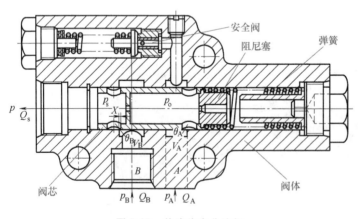

图 8-28 单路稳定分流阀

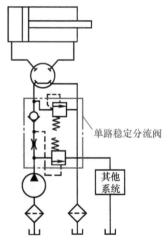

图 8-29 单路稳定分流阀液压回路

8.4.4 液压转向器

液压转向器操作轻便、转向灵敏、重量轻、体积小、便于安装。缺点是如果油路出现故障，虽然摆线泵可作手泵使用，但转向非常沉重，甚至难以实现。

全液压转向器按配油阀的结构型式，可分为摆线转阀式和摆线滑阀式。叉车常用的是摆线转阀式，它由配油转阀、摆线转子泵和安全阀组成，图 8-30 为其实物照片及工作油路。

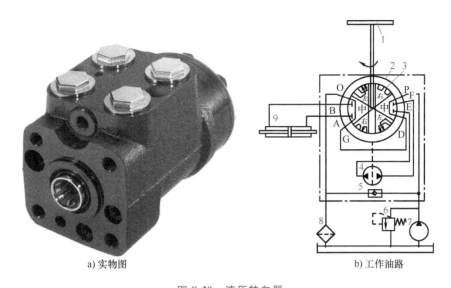

图 8-30 液压转向器

1—转向盘 2—转阀阀体 3—转阀阀芯 4—摆线泵 5—单向阀 6—安全阀
7—液压泵 8—滤油器 9—转向液压缸

当叉车直线行驶时，转向盘处于中间位置，液压油经 P→D→G→O 流回油箱，通往转向液压缸的 A、B 口关闭。叉车右转弯转动转向盘时，阀芯顺时针转动，液压泵来的液压油经 P→F 进入摆线泵（此时为摆线马达，也称为计量马达）驱动转子。然后油液流出，经 E→D→G→A 进入转向液压缸右腔，其左腔的油经 B→O 流回油箱。左转弯时，动力油经 P→E 进入摆线马达，然后经 F→D→G→B 进入转向液压缸左腔，而其右腔的油经 A→O 流回油箱。

摆线马达在转向系统中有两个如下用途：

1) 实现机械反馈。转动转向盘使阀芯转动，液压油经转阀进入摆线马达使转子转动，向转向液压缸输送液压油，同时，转子要通过与其连在一起的机械元件带动阀套转动，使阀套与阀芯恢复到中间位置。

2) 构成手泵闭式油路，实现机械转向。当发动机或油路发生故障时，若叉车正在右转弯，转向盘带动阀芯转动，转角超过 6°~8°后，就可通过机械元件带动液压马达的转子转动将齿隙中的油挤出，经 E→D→G→A 进入转向液压缸右腔，而左腔的液压油由 B→O 经单向阀 5 到进油道，再由 P 进入摆线泵 4，摆线马达成为手泵，实现机械转向。设计动力转向系统时，一定要解决无动力油供应时的手动转向实现问题。全液压转向器的技术参数见表 8-11。

表 8-11 全液压转向器的技术参数（镇江液压件厂）

型号	公称排量/ (mL/r)	公称流量/ (L/min)	最大入口压力/ MPa	最大连续背压/ MPa	重量/kg
BZZ1、2、3-E50	50	4	16	2.5	4.72
BZZ1、2、3-E80	80	6			5.00
BZZ1、2、3-E100	100	7.5			5.27
BZZ1、2、3-E125	125	9.5			5.43
BZZ1、2、3-E160	160	12			5.75

（续）

型号	公称排量/ (mL/r)	公称流量/ (L/min)	最大入口压力/ MPa	最大连续背压/ MPa	重量/kg
BZZ1、2、3-E200	200	15			6.08
BZZ1、3-E250	250	19			6.48
BZZ1、3-E280	280	21			6.78
BZZ1、3-E315	315	24			7.13
BZZ1、3-E400	400	30	16	2.5	7.78
BZZ1、3-E500	500	38			8.67
BZZ1、3-E630	630	48			9.72
BZZ1、3-E800	800	60			11.18
BZZ1、3-E1000	1000	75			12.80

注：型号中 BZ 表示摆线转阀式；Z 表示转向器；1 表示开芯无反应型，2 表示开芯有反应型，3 表示闭芯无反应型，4 表示负荷传感型；短横线后的数字表示排量。

8.4.5 辅助液压元件

1. 液压油箱

在液压系统中，油箱用来储存液压系统工作所需的油液，同时兼有散热、沉淀杂质、分离油液中的水、气体等作用。根据叉车整机布局不同，液压油箱可设置成与车架连成一体的整体式油箱，也可采用独立式油箱。通常情况下，车架的左侧是燃料油箱，右侧是液压油箱，液压油箱部分结构如图 8-31 所示。

油箱应有足够的容量，以保证液压系统的正常使用。进行初始设计时，可根据系统最大流量确定油箱容积，一般按液压泵额定流量值的 0.8~1 倍选取，兼顾散热影响因素。低压系统油箱有效容积一般为泵最大流量的 2~4 倍，中高压系统油箱有效容积一般为泵最大流量的 5~7 倍；大负载且长期连续工作的系统，油箱有效容积要根据液压系统发热量通过计算确定；闭式液压系统油箱有效容积应由外循环需油量或补油量确定。液压油箱根据实际情况设置辅助部件，如油箱空气呼吸器、液位显示器、回油铁屑收集磁石、放油螺塞和油箱隔板等。

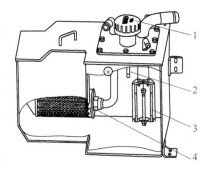

图 8-31 液压油箱部分结构
1—加油盖（含呼吸器） 2—液位计
3—吸油过滤器 4—回油过滤器

按照液压系统的发热量确定油箱容积。叉车液压系统在连续工作时，油温不宜超过 80℃。

从油箱散热计算油箱的有效容积 V，为

$$V = \sqrt{\left(\frac{H}{\tau_1 - \tau_2}\right)^3} \qquad (8-17)$$

油箱散热面积的近似值 A 为

$$A = 0.065 \sqrt[3]{V^2} \tag{8-18}$$

式中 τ_1——长期连续工作后的油温（℃）；
τ_2——周围空气的温度（℃）；
H——液压系统的总发热量（kcal/h）；
V——液压油箱的有效容积（L）；
A——液压油箱散热面积（m²）。

2. 油管收放机构

叉车使用液压动力属具时，为实现叉架升降，需要设置液压油管的收放机构，其结构类似于电缆卷筒，如图 8-32 所示。

图 8-32　属具的液压油管收放机构

属具的液压油管也可以平行地布置在起升链条旁，加一套类似链轮的装置。链条在起升和下降的过程中并不发生长度变化，因此只要将油管布置得松一点，不使其受力即可。这种布置比较简单，但难免会遮挡一些视野。

3. 过滤器

液压系统应安装过滤器，过滤器的过滤能力应满足液压元件的工作要求；过滤器的通油能力应满足所有工况下的流量需求，一般宜大于实际通过流量的 2 倍。

4. 冷却器

为防止液压系统因各种能量损失而液压油温度过高，进而导致液压元器件磨损加快、密封老化和功能失效，可在液压系统中设置冷却器。

5. 蓄能器

蓄能器的功用主要是储存油液的压力能，在液压回路中的安放位置随其功用而不同。吸收液压冲击或压力脉动时，蓄能器宜布置在冲击源或脉动源旁；补油保压时，蓄能器宜布置在尽可能接近有关执行元件的位置。蓄能器与管路系统之间宜安装截止阀，供充气、检修时使用。蓄能器与液压泵之间应安装单向阀，防止液压泵停转时蓄能器内储存的油液倒流回泵。

6. 安全装置

1）液压起升系统在正常工作温度、门架垂直、满载的情况下，10min 内由内部泄漏造成的载荷下降要求：额定起重量不大于 10t 的叉车，其载荷下降不应超过 100mm；额定起重量大于 10t 的叉车，其载荷下降不应超过 200mm。

2）液压起升系统液压回路发生故障时（不包括起升液压缸），应能将起升装置的满载下降速度限制在不超过 0.6m/s 的范围内。

3）液压倾斜系统（包括液压缸、阀等）在其液压油处于正常工作温度、额定载荷位于 2500mm 的高度时，10min 内门架由内部泄漏造成的从垂直位置开始的前倾不应超过 5°；而对于起升高度小于 2500mm 的叉车，载荷应处于其最大起升高度处。对于最大前倾角小于 5° 的叉车，内部泄漏导致的平均倾斜速度不应超过 0.5°/min。

4）承受内部压力的软管、硬管和接头应至少能承受液压回路 3 倍的工作压力而不破裂或发生永久变形。硬管和软管均应可靠定位，必要时应加以固定，从而使磨损、尖角以及其他导致损坏的来源降到最小。

习题

8-1 工业车辆液压系统一般由哪几部分构成？

8-2 工业车辆采用液力传动时，具有哪些特点？

8-3 工业车辆采用静压传动时，具有哪些特点？

8-4 液压转向的优点和缺点分别是什么？

8-5 进行液压系统油箱设计或选取时，主要需要考虑哪些主要因素？

第 9 章　蓄电池工业车辆

9.1　蓄电池工业车辆概述

9.1.1　蓄电池工业车辆的特点

1. 优点

1）无污染。蓄电池工业车辆采用电动机驱动，依靠蓄电池提供电能，没有废气排放，适合于对排放要求较高的工作场合，如食品车间、冷库等。

2）低噪声，节约能源。相较于内燃工业车辆，电动机噪声低、效率高、能量利用率高，并且在工作过程中，能够通过控制系统对能量进行回收再利用。

3）调速性能好。内燃工业车辆需要通过变速器档位控制实现理想工作曲线，而蓄电池工业车辆可直接通过电控系统达到工作要求。

4）传动系统结构简单。蓄电池工业车辆驱动、转向和工作装置采用三个不同的电动机分别驱动，相较于于内燃工业车辆，蓄电池工业车辆驱动系统省去了离合器和变速器，驱动电动机通过减速器直接与驱动桥相连，简化了驱动系统结构，提高了传动效率。

2. 缺点

1）功率小。受结构尺寸限制，蓄电池工业车辆电动机功率较小，能够驱动的爬坡度小，速度低。

2）受到蓄电池储能限制。蓄电池工业车辆持续工作时间短，勉强能达到 6~8h 的一个班次。

3）一次性投资费用高。蓄电池工业车辆需要装设专用充电设备，且蓄电池寿命短，更换费用较高，适合于货物相对集中的使用场合。

9.1.2　蓄电池工业车辆的种类

蓄电池工业车辆主要按照以下方式进行分类。

1. 按照有无平衡重

按照有无平衡重，蓄电池工业车辆分为平衡重式蓄电池工业车辆和非平衡重式蓄电池工业车辆。其中，非平衡重式蓄电池工业车辆主要有前移式、三支点等结构形式。

2. 按蓄电池种类

按蓄电池种类，蓄电池工业车辆分为铅酸蓄电池工业车辆和锂电池工业车辆。

3. 按电动机种类

按电动机种类，蓄电池工业车辆分为直流电动机工业车辆、交流电动机工业车辆。

9.1.3　行业情况

电动化已经成为当前车辆发展的重要趋势，许多内燃工业车辆厂商也加大了对蓄电池工业车辆的研发和生产力度。近几年行业中产量比较大的有如下企业。

林德（中国）叉车有限公司：德国独资，生产内燃工业车辆、静压传动工业车辆、蓄电池工业车辆。产品非常精美，处于行业领先地位。

安徽叉车集团有限责任公司、杭州叉车集团股份有限公司：既生产内燃工业车辆，又生产蓄电池工业车辆，处于国内领头羊地位。

力至优（上海）工业车辆制造有限公司：是隶属于力至优三菱叉车株式会社的日本独资公司，只生产电动类型的工业车辆。

很多工程机械企业都成立了工业车辆分公司，生产蓄电池工业车辆，如徐州集团工程机械股份有限公司、广西柳工机械股份有限公司、中联重科股份有限公司等。

除此之外，在江苏、浙江和安徽等地，很多民营企业也生产蓄电池类型的工业车辆。

9.2　电动机选择

蓄电池工业车辆各机构通常采用分别驱动布置型式，即用3个电动机分别驱动行走机构、起升液压系统的液压泵和转向液压系统的液压泵，如图9-1所示。

驱动行走机构的电动机称为牵引电动机。目前，蓄电池工业车辆常采用的电动机有串励直流电动机、三相异步交流电动机和永磁同步电动机。

图 9-1　蓄电池工业车辆分别驱动布置型式

9.2.1　蓄电池工业车辆对电动机的要求

1) 转速低，转矩大。工业车辆自重和起重量较大，蓄电池工业车辆最大车速约为18km/h，且爬坡度也较大，故要求驱动电动机具有低速大转矩的特性。

2) 体积小。受到工作环境、转弯半径和续驶里程的影响，蓄电池工业车辆转向电动机、工作装置电动机和驱动电动机空间有限，要求电动机在相同功率下体积尽量小。

3) 特性匹配适应性好。蓄电池工业车辆的电动机需要与液压泵、驱动装置等配合，需要具有良好的匹配适应性。

4) 性价比高。蓄电池工业车辆运行频繁，耗能高，且工业车辆行业竞争激烈，需要电动机性能优越，价格合适。

9.2.2 串励直流电动机

蓄电池工业车辆采用串励直流电动机是由于串励电动机具有较软的机械特性，能适应车辆运行的要求，且经济性较好。该型电动机的励磁绕组与电枢绕组串联，电枢电流增大时，磁极的磁通增加，电动机的电磁转矩不仅由于电枢电流增大而增大，同时也由于磁通的增大而增大，在磁极磁通未饱和的情况下，电动机电磁转矩几乎与电枢电流的二次方成正比。因此，可在电枢电流较小（与其他励磁型式的电动机相比）的情况下获得较大的电磁转矩，有利于减小蓄电池的放电电流，充分利用蓄电池容量。

1. 直流电动机原理

根据载流导线在磁场中受到的电磁力的作用，电磁力的方向由左手定则判定。相较于转子中心，在励磁绕组的电磁力作用下，电动机的转子受到一个电磁力矩的驱动。由于换向器的作用，转子将始终受到一个方向电磁力矩的驱动而连续旋转，并从轴上输出一定大小的机械功率，从而将直流电源输入的电功率转变为转轴上输出的机械功率。原理简图和电磁力方向判断如图9-2所示。

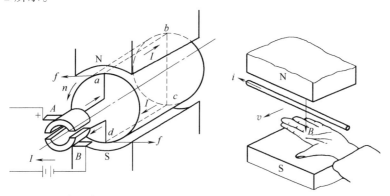

图9-2 直流电机工作原理示意图（用左手定则确定电磁力的方向）

2. 串励直流电动机的机械特性

（1）励磁方式对机械特性的影响 直流电动机的机械特性随励磁方式不同而有很大差别，并励、串励、复励直流电动机的机械特性曲线如图9-3所示。

1) 并励：在忽略电枢反应影响的前提下，并励（他励或永磁）直流电动机的机械特性是一条比较平直、略向下倾斜的直线。当阻力矩增大时，转速会略有下降，这时电动机的感应电动势下降，使得流入电动机的电流增大，电磁转矩增大，与阻力矩平衡，使电动机维持稳定的转速。因此并励直流电动机的机械特性很硬。

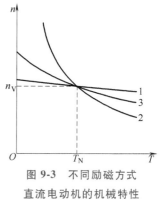

图9-3 不同励磁方式
直流电动机的机械特性
1—并励　2—串励　3—复励

2) 串励：相对于并励直流电动机，串励直流电动机的机械特性是一条非线性曲线。当阻力矩增大时，电流的增大使磁感应强度增大，同时使电磁转矩增大，相应地，感应电动势和转速降低，电动机在较大电流和较低的转速下达到力矩平衡。反之，阻力矩减小时，转速增高，且转矩和转速的变化范围都很大。串励直流电动机起动转矩大，过载能力强，因此可以带载起动。另外，当转矩很小时，转速很高，会产生"飞车"的危险，因此串励直流电动机不允许空载运行或在很轻的负载下运行。

3) 复励：复励直流电动机分为积复励和差复励。如果并励与串励两个励磁绕组的极性相同，则称为积复励；若极性相反，则称差复励。积复励直流电动机的机械特性介于他励与串励直流电动机之间，它具有串励电动机的起动转矩大、过载能力强的优点，且没有空载转速很高而引起"飞车"的缺点，故这种电动机的用途也很广泛。

（2）串励直流电动机特性分析　对于串励直流电动机，励磁电流等于电枢电流。根据左手定则，转矩正比于磁感应强度和电枢电流。当磁通未饱和时，磁感应强度 B 正比于电枢电流，因此转矩正比于电流的二次方。而当磁通饱和时，磁感应强度不再增长，转矩随电流按线性增长。中间一段磁通逐渐饱和，属于过渡区间。总之转矩变化的倍数大于电流变化的倍数，相关特性和过渡曲线如图9-4所示。

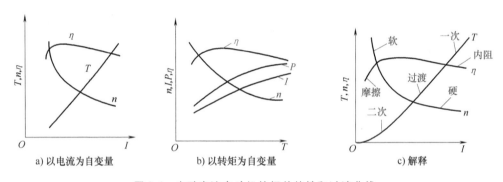

图 9-4　串励直流电动机的相关特性和过渡曲线

串励直流电动机用于车辆牵引具有如下优点。

1) 可以带载起动，传动系统不需要离合器；能正反转，不需要倒档。

2) 机械特性软，虽然不能达到恒功率的理想特性，但具有自动适应阻力变化的趋势，能通过电气调速，不需要变速器，只需要减速器。

3) 转矩变化的倍数大于电流变化的倍数，对保护蓄电池、延长其容量和寿命有利。

4) 与液力传动相比，在不同转速（阻力）下的高效区宽。

3. 串励直流电动机的调速特性

串励直流电动机的特性是可调的，可以通过改变电枢电压或改变磁通来实现。以前常采用在电枢电路中串联入不同电阻而同时改变电枢电压和磁通来调节。如图9-5所示，外串电阻 $R=0$ 时的曲线1为自然机械特性曲线，曲线2、3、4为串联了不同电阻的人为机械特性曲线。电动机在起动时或要求低速运转时，使用人工机械特性。然而，采用串联电阻调速的方法存在电能损失较大的缺点，故现在多采用晶闸管调速系统，它以高频脉冲供电的

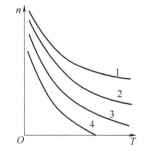

图 9-5　串励直流电动机的人为特性曲线

方法控制电动机的端电压,进而调节电动机的机械特性。晶闸管调速系统由于没有附加电阻引起的能量损失,可以节约电能。

4. 串励直流电动机的特性拟合

串励直流电动机的特性通常只能通过其特性曲线来了解,在车辆牵引计算时不太方便,尤其不利于进行计算机辅助设计的编程实现。因此,常在一些假设下完成对其特性的数学拟合,实践证明拟合精度可以满足工程要求。

(1) 磁饱和曲线 磁饱和是铁磁材料固有的一种特性,磁饱和曲线的形状与电容器充电时电压随时间的变化曲线非常相似,虽然二者的物理本质是不同的。可以用类似形状的曲线来拟合磁饱和曲线,以便求出转矩与电流的关系,如图9-6所示。

(2) 转矩拟合 电容充电曲线的表达式为 $V=E_0(1-e^{-\frac{t}{T}})$,磁饱和曲线的表达式为

$$B = k_2 \left[1 - e^{(I-I_0)/I_T} \right] \tag{9-1}$$

设串励直流电动机的转矩式为 $T=k_1(I-I_0)B$,则有

$$T = k_1(I-I_0)k_2\left[1-e^{(I-I_0)/I_T}\right] \tag{9-2}$$

即

$$T = k_m(I-I_0)\left[1-e^{(I-I_0)/I_T}\right] \tag{9-3}$$

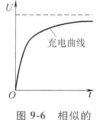

图 9-6 相似的饱和曲线

式中 k_m——串励直流电动机转矩系数;
I_0——空耗电流;
I_T——电流常数;
k_1、k_2、k_m——常数。

有关系数可以通过电动机的额定参数求出。

(3) 转矩系数 根据经验取 $I_0=0.04I_N$(I_N 为额定电流),$I_T=0.9I_N$;则可将电动机的额定转矩 T_N 代入式 (9-3) 求出 k_m,有

$$k_m = \frac{T_N}{(I-I_0)\left[1-e^{(I-I_0)/I_T}\right]} \tag{9-4}$$

(4) 转速拟合 根据图9-7所示的等效电路可以算出,端电压 $U_N=E_0+IR_D$,自感电动势 $E_0=K_3B_n$,可推导出串励直流电动机的转速为

$$n = \frac{E_0}{K_3 B} = \frac{\frac{U_N-IR_D}{K_3}}{k_2\left[1-e^{(I-I_0)/I_T}\right]} = \frac{K_n(U_N-IR_D)}{\left[1-e^{(I-I_0)/I_T}\right]} \tag{9-5}$$

式中 K_n——转速系数。

(5) 转速系数 当取转速为额定转速 n_N 时,可以由式 (9-5) 推导得到转速系数 K_n,有

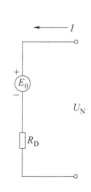

图 9-7 等效电路

$$K_{\mathrm{n}} = \frac{n_{\mathrm{N}}\left[1-\mathrm{e}^{(I-I_0)/I_{\mathrm{T}}}\right]}{U_{\mathrm{N}}-IR_{\mathrm{D}}} \tag{9-6}$$

式中 R_{D}——串励直流电动机等效内阻,取 $R_{\mathrm{D}} = 0.12U_{\mathrm{N}}/I_{\mathrm{N}}$;

U_{N}——额定电压;

I_{N}——额定电流。

(6) 功率拟合 串励直流电动机的功率等于输出的转矩乘以转速,即

$$P = K_4 Tn = \frac{K_4 K_{\mathrm{m}}(I-I_0)\left[1-\mathrm{e}^{(I-I_0)/I_{\mathrm{T}}}\right]K_{\mathrm{n}}(U_{\mathrm{N}}-IR_{\mathrm{D}})}{\left[1-\mathrm{e}^{(I-I_0)/I_{\mathrm{T}}}\right]}$$

$$= K_4 K_{\mathrm{m}} K_{\mathrm{n}}(I-I_0)(U_{\mathrm{N}}-IR_{\mathrm{D}})$$

令 $K_{\mathrm{P}} = K_4 K_{\mathrm{m}} K_{\mathrm{n}}$,则功率可以进一步表示为

$$P = K_{\mathrm{P}}(I-I_0)(U_{\mathrm{N}}-IR_{\mathrm{D}}) \tag{9-7}$$

实际计算时,$K_{\mathrm{P}} \approx 1$,对式(9-7)进一步简化,有

$$P = K_{\mathrm{P}}(I-I_0)(U_{\mathrm{N}}-IR_{\mathrm{D}}) \approx U_{\mathrm{N}}I - I^2 R_{\mathrm{D}} - I_0(U_{\mathrm{N}}-IR_{\mathrm{D}}) \tag{9-8}$$

串励直流电动机功率的物理解释为

$$\text{输出功率} \approx \text{输入功率} - \text{铜损} - \text{铁损}$$

式(9-8)反映了串励直流电动机的功率分配关系。

9.2.3 异步交流电动机

相较于直流电动机,交流电动机没有碳刷,也没有直流电动机对最大电流的限制,电动机在实际使用中可以得到更多的能量及更大的制动转矩,能够以更快地速度运转。交流电动机的热量主要产生在电动机外壳部分的定子线圈上,这里便于冷却与散热。交流电动机比直流电动机所需元件数量大大减少,没有需要定期更换的易损件,几乎不用维护,更高效,更坚固耐用。交流电动机消除了由电刷接触不良引起的故障隐患,省去了对电刷的检查、保养和更换工作,无须进行日常保养,工作时噪声较小。在交流电动机中,三相异步电动机是工业车辆最常用的一类交流电动机。

行走、液压马达供电的动力模块是把直流变为交流的逆变模块,每组三个逆变模块,组成六个桥臂,由直流的正、负两极变为三相交流的 U、V、W 三相。电控部分则由直流斩波调速改为交流变频调速。

1. 原理

三相异步电动机是一种典型的异步交流电动机,下面以三相异步电动机为例说明异步交流电动机基本原理和基本特性。

三相异步电动机定子接三相电源后,电动机内便形成圆形旋转磁通,设圆形旋转磁通势方向为逆时针方向,如图9-8所示,若转子不转,转子笼导条与旋转磁通势有相对运动,导条中有感应电动势 e,方向由右手定则确定。由于转子导条彼此在端部短路,于是导条中有电流 i,如果不考虑电动势与电流的相位差,电流方向与电动势方向相同。这样,导条就在

磁场中受力,力的方向利用左手定则确定,如图9-8所示。当转子受到电磁力后,围绕转轴中心形成的电磁转矩 T 的方向与旋转磁通势同向,转子在电磁转矩驱动下,便在该方向上旋转起来。

转子旋转后转速为 n,只要 $n<n_1$(n_1 为旋转磁通势的转速,称为同步转速),转子导条与旋转磁场就有相对运动,产生与转子不转时相同方向的电动势、电流、电磁力、电磁转矩 T,只需维持转子与旋转磁场的转速差,转子便能继续旋转,最终稳定运行在电磁转矩等于负载转矩的情况下。

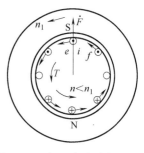

图 9-8 三相异步电动机原理图

2. 三相异步电动机的机械特性

三相异步电动机的机械特性是指在定子电压、频率和参数固定的条件下,电磁转矩 T 与转速 n(或转差率 s)之间的函数关系。

三相异步电动机的电磁转矩与转子电流的关系为

$$T=\frac{3I_2'^2\dfrac{r_2'}{s}}{\dfrac{2\pi n_1}{60}}=\frac{3I_2'^2\dfrac{r_2'}{s}}{\dfrac{2\pi f}{p}} \tag{9-9}$$

式中 r_2'——三相异步电动机 T 型等效电路中的转子一相等效电阻;

s——转差率,$s=(n_1-n)/n_1$;

p——三相异步电动机的极对数;

f——电源频率;

I_2'——T 型等效电路中励磁阻抗电路为开路时的电流,可表示为

$$I_2'=\frac{U_1}{\sqrt{\left(r_1+\dfrac{r_2'}{s}\right)^2+(x_1+x_2')^2}} \tag{9-10}$$

把式(9-10)代入式(9-9),电磁转矩可表示为

$$T=\frac{3U_1^2\dfrac{r_2'}{s}}{\dfrac{2\pi f_1}{60}\left[\left(r_1+\dfrac{r_2'}{s}\right)^2+(x_1+x_2')^2\right]}=\frac{3pU_1^2\dfrac{r_2'}{s}}{2\pi f_1\left[\left(r_1+\dfrac{r_2'}{s}\right)^2+(x_1+x_2')^2\right]} \tag{9-11}$$

式中 U_1——三相异步交流电动机一相的电压幅值;

f_1——三相异步交流电动机定子电源频率;

r_1——三相异步交流电动机定子一相的电阻;

x_1——三相异步交流电动机定子在频率 f_1 下的一相的电抗;

x_2'——三相异步交流电动机 T 型等效电路中转子一相的电抗。

三相异步电动机在电压、频率均为额定值,定、转子回路不串入任何电路元件时的机械特性称为固有机械特性,如图9-9所示。

9.2.4 永磁同步电动机

永磁同步电动机是一种利用永久磁铁产生磁场的电动机，它的转子上安装有永磁体，定子上通以交流电，通过电磁感应使转子旋转。永磁同步电动机的优点是结构简单、体积小、重量轻、效率高、转矩大、噪声小、制动能量回收率高、维护成本低。永磁同步电动机的缺点是成本高、对温度敏感、容易出现磁极失控和永磁体脱落的风险，需要复杂的控制系统来调节转速和转矩。永磁同步电动机适用于对动力性能和能耗要求较高的驱动系统。

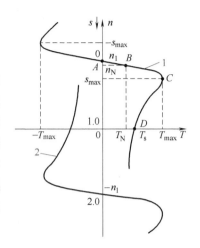

图 9-9 三相异步电动机固有机械特性

1. 基本原理

永磁同步电动机的起动和运行是在定子绕组、转子笼形绕组和永磁体这三者产生的磁场的相互作用下完成的。电动机静止时，给定子绕组通入三相对称电流便会产生定子旋转磁场，定子旋转磁场相对于转子旋转而在笼形绕组内产生电流，形成转子旋转磁场，定子旋转磁场与转子旋转磁场相互作用产生的异步转矩使转子由静止开始加速转动。在这个过程中，转子永磁磁场与定子旋转磁场转速不同，会产生交变转矩。当转子加速到速度接近同步转速的时候，转子永磁磁场与定子旋转磁场的转速接近相等，定子旋转磁场速度稍大于转子永磁磁场速度，它们相互作用产生转矩而将转子牵入到同步运行状态。在同步运行状态下，转子绕组内不再产生电流，此时转子上只有永磁体产生磁场，它与定子旋转磁场相互作用，产生驱动转矩。由此可知，永磁同步电动机是靠转子绕组的异步转矩实现起动的。起动完成后，转子绕组不再起作用，由永磁体和定子绕组产生的磁场相互作用产生驱动转矩。

2. 永磁同步电动机的特性

（1）转速　永磁同步电动机的转子转速 n 与定子产生的旋转磁通势转速 n_1 相等，故称为同步电动机。在分析定子和转子的磁通势之间的转速关系时，转子的磁动势相应的转速也为 n，定子电流相应的频率是 f_1，定子旋转磁通势的旋转速度是由定子上的电流产生，即为

$$n_1 = n = \frac{60f_1}{p} \tag{9-12}$$

（2）电动势平衡方程　对于永磁同步电动机的电压特性研究，可以利用电动机的惯例来直接写出它的电动势平衡方程式，有

$$\dot{U} = \dot{E}_0 + j\dot{I}_d X_d + j\dot{I}_q X_q \tag{9-13}$$

式中　$\dot{U}$——外加相电压有效值；

$\dot{E}_0$——每相空载反电动势有效值；

X_d、X_q——直、交轴电枢反应同步电抗；

$\dot{I}_d$、$\dot{I}_q$——直、交轴电枢电流。

(3) 电磁功率 对于永磁同步电动机的功率而言，同样可以根据发电机的惯例得到永磁同步电动机的电磁功率，有

$$P_M = m\frac{UE_0}{X_d}\sin\delta + m\frac{U^2}{2}\left(\frac{1}{X_q} - \frac{1}{X_d}\right)\sin2\delta \tag{9-14}$$

式中 E_0——每相空载额定电动势；
U——外加相额定电压；
δ——永磁同步电动机稳态运行时，电流和反电动势之间的超前或滞后角度；
m——定子相数。

(4) 电磁转矩 对于永磁同步电动机的转矩而言，在恒定的转速 n_1、角速度 Ω_1 下，转矩和功率是成正比的，所以电磁转矩可以表达为

$$T = \frac{P_M}{\Omega_1} = \frac{mUE_0}{\Omega_1 X_d}\sin\delta + \frac{mU^2}{2\Omega_1}\left(\frac{1}{X_q} - \frac{1}{X_d}\right)\sin2\delta \tag{9-15}$$

9.2.5 蓄电池工业车辆电动机选择方法

蓄电池工业车辆在选用电动机时，应依据结构类型、功率、工作制、额定转矩、堵转转矩和最大转矩、额定转速和最高转速、冷却方式、调速方式、防护等级、环境温度和湿度、海拔等因素考虑。在绝缘等级上应不低于 F 级，防护等级应不低于标准规定的 IP20。牵引电动机应采用 S2 工作制，液压泵电动机最好采用 S3 工作制，转向电动机宜采用 S2 工作制。

1. 电动机种类的选择

电动机种类的选择首先应考虑蓄电池工业车辆搬运过程的工艺特点，综合考虑电动机的性能、电源、安装与维护、成本、控制方式等因素，从而选择满足工艺要求的合适的电动机。

2. 电动机结构类型的选择

根据蓄电池工业车辆对电动机的安装及连接要求、环境条件等选择电动机的结构类型。

3. 电动机额定参数的选择

(1) 额定电压的选择 优先选用的电压有 24V、36V、48V、72V、80V、96V、120V、144V、168V、192V、216V、240V、264V、288V、312V、336V、360V、384V、408V、540V、600V、650V、700V、750V。

(2) 额定转速的选择 额定转速的选择应考虑具体使用场合、工艺特点、调速方式等因素。

(3) 额定功率 额定功率的选择应满足起动、调速、制动和过载等要求，并且使电动机在运行中能够充分利用其功率，而且其温升不是超过而是接近国家标准所规定的数值。

对于海拔超过 1000m 的环境，或者在使用环境与额定环境温度不一致时，蓄电池工业车辆电动机的输出功率 P'_N 应按实际使用地点的海拔和使用环境温度进行修正，有

$$P'_N = \frac{P_N}{K} \tag{9-16}$$

式中 K——功率修正系数，由图 9-10 选取。

修正系数 $K>1$ 的值需由电动机制造商和主机厂共同确定，海拔高度大于 1000m 时，要指出环境温度。

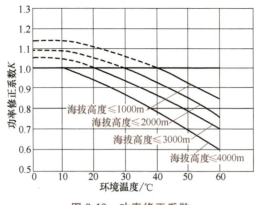

图 9-10 功率修正系数

4. 经济性

在合理选择电动机参数的前提下,应选用运行可靠、结构简单、便于维护、价格便宜、起动及调速控制设备简单的电动机,综合考虑节能、货源、售后服务等方面。

9.3 蓄电池

9.3.1 工业车辆蓄电池的种类

在工业车辆行业中,常采用的蓄电池主要有铅酸蓄电池和碱性蓄电池。

铅酸蓄电池:大量使用,分为起动用、牵引用、固定型和便携型四种。传统蓄电池工业车辆多采用铅酸蓄电池。

碱性蓄电池:代表为镍镉电池、镍氢电池、锂电池。其中,镍镉电池最为常见,镍氢电池和锂电池相对较为先进,在工业车辆中的使用逐渐增多。

9.3.2 工业车辆对蓄电池的要求

1. 电池容量

蓄电池的容量是决定工业车辆工作时间的关键因素之一,在相同工作条件下,通常容量越大,工作时间越长。容量增大同时会带来电池重量增大的弊端,需要根据工业车辆的使用环境和工作强度来确定电池电量的大小。

2. 充电时间

充电时间是蓄电池的一个重要指标,高品质工业车辆蓄电池的充电时间一般不超过 8h,较短的充电时间可以提高工作效率。

3. 寿命

蓄电池的寿命影响整个工业车辆的使用寿命,较长的寿命可以带来维修和更换成本的降低,还可以避免蓄电池到寿命而更换导致的生产线停滞。

4. 应对温度变化能力

部分蓄电池工业车辆用于特殊温度环境，如食品冷库等，要求蓄电池具备应对不同环境温度变化的能力，特别是需要有更好的耐寒能力，以确保工业车辆的正常运行。

5. 高放电能力

部分工业车辆需要在重载下搬运、举升或牵引重物，同时还要满足爬坡路况和高效率等要求，需要蓄电池提供较大的电流，以使电动机输出更大的转矩和更高的转速。

9.3.3 铅酸蓄电池

凡是以呈酸性水溶液作为电解质的蓄电池统称为酸性蓄电池，其中最为典型的是铅酸蓄电池。酸性蓄电池的主要优点是工作电压较高、使用温度宽、高低速率放电性能良好、原料来源丰富、价格低廉，其缺点是能量密度较低、体积和重量较大。

铅酸蓄电池的正极为二氧化铅，负极为海绵状铅，电解质为硫酸水溶液，隔板（隔膜）使用微孔橡胶隔板、微孔塑料隔板或其他材料，电池壳体使用硬橡胶、工程塑料、玻璃钢等材料制成。

电动工业车辆用的铅酸蓄电池应符合 GB/T 7403.1 中的相关规定。

1. 铅酸蓄电池的特点

（1）成本较低　铅酸蓄电池的制造成本相对较低，广泛应用于一些低成本的应用领域。

（2）具备很大的起动电流　铅酸蓄电池的起动电流很大，非常适合于需要短时间大电流输出的应用场景，如汽车起动。

（3）存在很多缺点　铅酸蓄电池具有自放电、寿命短、会受到温度影响等缺点。

2. 铅酸蓄电池的充放电特性

铅酸蓄电池的充放电特性如图 9-11 所示。

（1）充电过程　铅酸蓄电池在充电时，首先进入恒流充电阶段，此时电池的电压会逐渐升高，直至达到充电器的设定电压，然后进入恒压充电阶段，此时电池电压会保持在设定电压，电池容量逐渐恢复。

（2）放电过程　铅酸蓄电池在放电时，电池的电压会逐渐下降，当电池电压下降到设备的工作电压时，电池的放电过程结束。

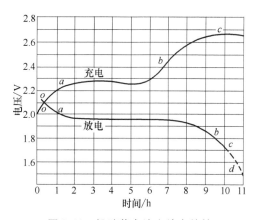

图 9-11　铅酸蓄电池充放电特性

（3）充放电效率　铅酸蓄电池的充放电效率相对较低，大约为 70%~80%。

（4）充电时间　铅酸蓄电池的充电时间需要根据电池的容量和充电器的输出电流来计算，一般在 8h 以上。

总之，铅酸蓄电池作为一种常见的电池类型，广泛地应用于蓄电池工业车辆等各领域，但其存在很多缺点，需要注意维护。应根据充放电特性合理充电，并进行定期保养，以延长铅酸蓄电池的寿命和提高充电效率。

9.3.4 锂电池

锂电池是一类由锂金属或锂合金为正（负）极材料、使用非水电解质溶液的电池。锂电池大致可分为锂金属电池和锂离子电池两类。锂离子电池不含有金属态的锂，并且是可以充电的。相较于铅酸蓄电池，锂电池寿命更长，耐用价值高，相同体积下续驶里程更远，重量轻，搬运方便。虽然锂金属的化学特性非常活泼，其加工、保存、使用对环境要求非常高，锂电池的安全性一直被诟病，但近年来，随着技术趋于成熟和价格的下降，锂电池广泛用作车辆蓄电池，并逐渐成为主流配置。在电动工业车辆中，锂电池的运用也越来越广泛，在使用时，要符合 T/CCMA 0111 的相关规定。

1. 锂电池的特点

（1）绿色环保　锂电池的生产、使用甚至是报废都不产生铅、汞、镉等有毒重金属物质。

（2）无记忆效应　锂电池随时可以充电和放电，而不像镍氢、镍镉电池一定要等到电量耗尽才能充电。

（3）环境温差变化适应性强　可在 -20~60℃ 的环境下使用，经过特殊处理，可以在 -45℃ 环境下使用。

（4）节约水资源　锂电池的主要原材料为锂、锰、铁、钒等，它们在我国都属于富产资源，生产基本不消耗水，对水资源稀缺的国家十分有利。

（5）锂电池电压高　单体电池的平均电压为 3.2V 或 3.7V，大约等于 3 个镍镉电池或镍氢电池的串联电压，便于组成电池组。

（6）使用寿命相对较长　使用寿命可达到 6 年以上。例如，以磷酸亚铁锂为正极的锂电池在 1C 充放电倍率下，循环周期可达 1000 次。

（7）自放电率很低　自放电率是锂电池突出的特点之一，室温下，满电存储一个月的自放电率约为 10%，而相同条件下镍镉电池为 25%~30%，镍氢电池为 30%~35%。

（8）具备高功率承受力　电动车用的磷酸亚铁锂离子电池充放电倍率可以达到 15~30C，这非常合适电池动力车辆高强度的起动和加速工况。

2. 锂电池的充放电特性

（1）电池的容量　为更好地理解锂电池充放电特性，应先清楚电池的容量。所谓的电池容量，是指电池在特定条件下可以存储和放电的最大能量。

锂电池的容量通常以安培时（Ah）或毫安时（mAh）表示或测量，通常采用放电电流与放电时间的乘积来计算锂电池的容量，即

$$容量(Ah 或 mAh) = 电流(A 或 mA) \times 时间(h)$$

制造技术和化学成分是影响锂电池容量的最重要因素。此外，电池的尺寸和质量，以及其电荷和放电深度，在决定锂电池的容量方面也起着至关重要的作用。此外，环境和电池温度还会显著影响电池的寿命和容量。

（2）充电特性　锂电池的主要充电方式有恒压充电、恒流充电、恒流-恒压充电、恒功率充电、恒功率-恒压充电等。其中，恒压充电是在充电过程中电压保持不变而电流逐渐减小的充电方式，这种方式充电时间较长，且初期电流较大，可能对电池寿命产生一定影响，

因此，锂电池充电常用恒流充电和恒流-恒压充电两种方式。

1）恒流充电：恒流充电是指在充电时，采用固定大小的电流对锂电池进行充电，包括涓流、标准及快速充电模式。其中，快充注重效率，慢充则更有利于延长电池寿命。恒流充电操作简便且控制稳定，但存在过充过放风险，可能对电池造成损害。恒流充电方式的充电特性如图9-12所示。

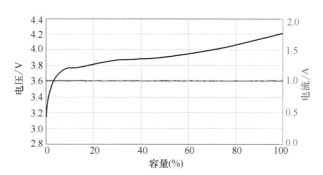

图 9-12　锂电池恒流充电方式的充电特性

2）恒流-恒压充电：恒流-恒压充电方式结合了恒流和恒压两种充电方式的优点。在充电初期采用恒流充电，随着电池电压升高，转为恒压充电，直至电流降低至设定值，完成整个充电过程。恒流-恒压充电方式的充电时间主要受恒流充电电流大小的影响，而充电容量则受恒流充电截止电压和恒压充电截止电流的影响。恒流-恒压充电方式的充电特性如图9-13所示。

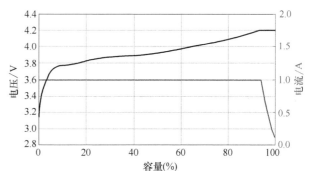

（3）放电特性　与充电特性相似，锂电池的主要放电方式有恒流放电、恒流-恒压放电、恒功率放电、恒功率-恒流-恒压放电、恒电阻放电、恒阻-恒压放电等方式。实际常用的放电方式为恒流放电方式。

图 9-13　锂电池恒流-恒压充电方式的充电特性

1）恒流放电：恒流放电是锂电池在使用过程中，电池的电流保持恒定不变，电压逐渐减小至终止电压，放电结束，其放电特性如图9-14所示。

2）放电能力：锂电池的放电能力（又称为放电倍率）是指电池放电时，电流与电池标称容量的比值，常用字母"C"表示。简单来说，如果电池的容量是1.5Ah，1C放电代表锂电池按照1.5A的电流恒流放电，2C放电则是以3A的电流恒流放电，以此类推。可以得出，放电能力的倍率越大，放电时间越短。例如，在1C的放电倍率下，电池将在1h内放完全部电量，而在2C的放电倍率下，则只需0.5h。因此，C值的大小直接反映电池的放电性能，高倍率电池具有更大的放电电流，适用于需要大电流但体积和重量受限的场合，如航模和无刷电动机等。

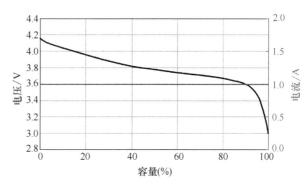

图 9-14　锂电池恒流放电方式的放电特性

9.3.5 工业车辆蓄电池的选择原则

在选择工业车辆蓄电池时,应综合考虑使用条件、工作时间、外形尺寸、环境温度等因素。

1. 根据工业车辆类型选择电池

手推工业车辆一般考虑充电时间和电池容量,而电动工业车辆除了要考虑充电时间和电池容量外,还需要考虑电池的尺寸和承载能力等因素。

2. 选择合适尺寸的电池

电池尺寸需要与工业车辆车身尺寸匹配,以确保电池能够完全嵌入车架底部,不会影响到车辆的行驶及操控。

3. 根据使用环境选择电池

工业车辆使用环境包括温度、潮湿度、振动等因素,需要根据具体情况来选择电池。

4. 根据经济性选择电池

铅酸蓄电池经济实惠,稳定可靠,维护简便,但体积重量较大,充电耗时较长,使用寿命相对有限;而镍氢电池和锂电池则具有能量密度高、重量轻、体积小、长寿命及短充电时间等优点,但价格较高。在选择时,应根据需要,综合考虑各项因素,选出最优性价比的蓄电池。

9.4 蓄电池工业车辆的总体设计

9.4.1 总体布置形式

1. 高位蓄电池布置

高位蓄电池布置形式下的蓄电池放置在工作装置、转向电动机上方,如图 9-15~图 9-17 所示。

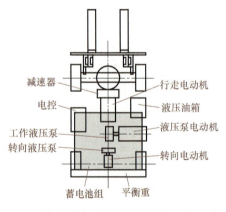

图 9-15 高位蓄电池布置方案俯视结构示意图

图 9-16 高位蓄电池布置方案实物图

2. 低位蓄电池布置

与高位蓄电池布置相反，低位蓄电池布置形式下的蓄电池与电动机底部平齐，如图 9-18 和图 9-19 所示。

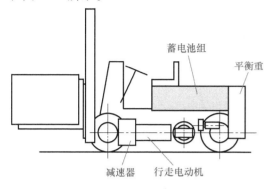

图 9-17 高位蓄电池布置方案侧视结构示意图

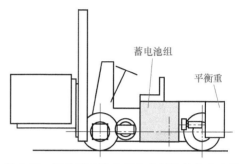

图 9-18 低位蓄电池布置方案侧视结构示意图

图 9-19 低位蓄电池布置方案实物图

9.4.2 牵引设计

蓄电池工业车辆驱动系统主要有集中驱动和分别驱动两种布置方案，其中，集中驱动又分为纵置（图 9-20a）和横置（图 9-20b）两种布置方案。集中驱动方案是由一台电动机通过减速器与驱动桥相连，驱动两边车轮。分别驱动方案是由两台电动机分别驱动两个车轮（图 9-20c），转弯时，两边车轮依靠电动控制系统实现差速。

蓄电池工业车辆传动系统的实际布置如图 9-21~图 9-23 所示。

1. 行走电动机功率

满载运行功率为

$$P_\mathrm{M} = \frac{f(G+Q)v_\mathrm{max}}{3600\eta_\mathrm{t}} \tag{9-17}$$

式中　f——滚动阻力系数，取为 0.02；

　　　$G+Q$——满载车辆总重（N）；

　　　v_max——满载最大车速，一般为 10~15km/h；

　　　η_t——传动效率，可取 0.85~0.90。

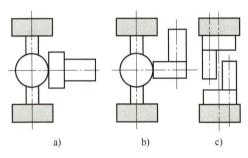

图 9-20　蓄电池工业车辆传动系统布置方案

图 9-21　蓄电池工业车辆传动系统同轴布置

图 9-22　纵置蓄电池工业车辆传动系统总成

图 9-23　横置蓄电池工业车辆传动系统总成

实际计算功率 $P_e = (1.5 \sim 2) P_M$，原因是上坡时功率增大。

2. 传动比

蓄电池工业车辆传动系统常采用固定的传动比，可采用的计算式为

$$i_0 = \frac{0.377 r n_v}{v_{max}} \tag{9-18}$$

式中　n_v——计算转速，可按额定转速的 1.5 倍选取。

3. 校核

根据实测数据改进产品。

9.5　蓄电池工业车辆电气控制系统

蓄电池工业车辆的电气系统除了要控制转向、工作装置和驱动电动机外，还要负责驱动电动机的调速，称为电控，比较复杂。现在蓄电池工业车辆控制系统种类较多，普遍采用集成化的脉冲调速装置，如进口的 EV100、MOSFET，优点是可靠性高，维修时可整片更换，缺点是价格比较高。

9.5.1　常用电气控制元件

1. 继电器

继电器是一种电控制器件，是当输入量（激励量）的变化达到规定要求时，在电气输

出电路中使被控量发生预定的阶跃变化的一种电器。它实际上是一种用小电流去控制大电流运作的"自动开关",故在控制系统中起着自动调节、安全保护、转换电路等作用。

2. 接触器

接触器是一种用途广泛的开关电器,利用电磁、气动或液动原理,通过控制电路来实现主电路的通断。接触器具有断电流能力强、动作迅速、操作安全、能频繁操作和远距离控制等优点,但不能切断短路电流,因此接触器通常须与熔断器配合使用。接触器的主要控制对象是电动机。

接触器的分类方法较多,可以按驱动触点系统的动力来源不同,分为电磁式接触器、气动式接触器和液动式接触器;也可按灭弧介质的性质,分为空气式接触器、油浸式接触器和真空接触器等。

3. 可编程序逻辑控制器

可编程序逻辑控制器(Programmable Logic Controller,PLC)是一种具有微处理器的用于自动化控制的数字运算控制器,可以将控制指令随时载入内存进行储存与执行。可编程序控制器由 CPU、指令及数据内存、输入/输出接口、电源、数字模拟转换等功能单元组成。

用于蓄电池工业车辆控制系统中的可编程序逻辑控制器常根据电动机驱动系统不同,而做成专用控制器,用于控制专门的机构,如用于驱动电动机的牵引控制器、控制工作装置柱塞泵的泵控制器等。

4. 变频器

变频器是应用变频技术与微电子技术,以改变电动机工作电源频率的方式来控制交流电动机的电力控制设备。变频器主要由整流(交流变直流)、滤波、逆变(直流变交流)、制动、驱动、检测和微处理等单元组成。变频器靠内部 IGBT 的开断来调整输出电源的电压和频率,根据电动机的实际需要来提供其所需要的电源电压,进而达到节能、调速的目的。此外,变频器还有过电流保护、过电压保护、过载保护等功能。

当蓄电池工业车辆采用交流电动机驱动时,变频调速是一种常用的调速方式。

9.5.2 CAN 总线

一般汽车、工业车辆在传感器与显示仪表之间、蓄电池与用电器之间直接通过导线连接,许多平行的导线扎成一束,称为线束或线把,由配套厂家根据车型提供,有正接地(搭铁)和负接地(搭铁)之分。接线方式则为螺栓或接线柱连接,导线较多,接线比较复杂,寻找故障比较困难。随着车辆上的 ABS、传感器、电控元件等自动控制电器越来越多,传统线束已无法满足要求。

总线是一项在计算机中被广泛使用的数据传输技术,分为数据总线、地址总线和控制总线三种。总线技术也是一种标准和接口技术。采用总线连接的优点是各被连接部件之间的接口是一致的,通过软件编程来实现通信。例如,现在计算机上广泛应用的 USB(Universal Serial Bus)接口,就是通用串行总线,各种设备均可一插即用。

CAN(Controller Area Network,控制器局域网络),总线技术是一种实时数据总线技术。CAN 是多主协议,全部电气部件及显示仪表和中心计算机都挂在 CAN 总线上。CAN 总线以报文为单位进行信息交换,报文中含有标示符(ID),它既描述数据的含义又表明报文的优先权。CAN 总线上的各个协点都可主动发送数据。当同时有两个或两个以上的节点发送报文时，CAN 控制器采用 ID 进行仲裁，ID 控制节点对总线的访问。发送具有最高优先权报文的节点获得总线的使用权，其他节点自动停止发送。

CAN 总线连接简单，完成一个部件的电气连接就像加挂一盏路灯那样方便。通过中心控制计算机，可以对整个电气系统的各零部件进行故障诊断和控制。使用 CAN 总线的缺点是成本较高，而且必须配备中心计算机系统，各种电气部件必须具有相应的 CAN 总线接口。对维修人员的技术水平要求高，但实际维修不过是类似于计算机维修中的更换板卡而已。

9.5.3 典型电气控制电路

传统的蓄电池工业车辆采用电阻调速，虽然价格较便宜，但是能量损耗较高，其电路图如图 9-24 所示。在串电阻调速的基础上，蓄电池工业车辆改进为晶闸管调速，系统调速性能和可靠性得到了提高。近年来，部分蓄电池工业车辆生产企业为了满足客户对车辆控制性能的要求，降低控制系统的设计难度，引进先进的成套进口控制模块（图 9-25），把整车控制系统集成为一个黑匣子，企业只需按照规定的接口接入模块，即可得到需要的控制性能，简化了控制系统，提高了整车的性能，但进口控制模块价格昂贵，占整车成本很大比例。

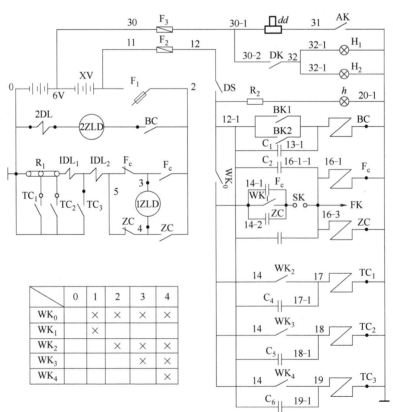

图 9-24 蓄电池工业车辆电阻调速系统电路图

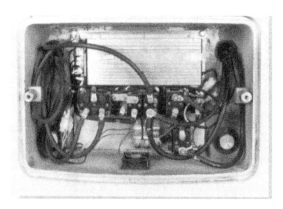

图 9-25 横置蓄电池工业车辆传动系统总成

习题

9-1 蓄电池工业车辆的优点和缺点分别是什么？
9-2 蓄电池工业车辆对电动机有哪些特殊要求？
9-3 试简述异步交流电动机的工作原理。
9-4 蓄电池工业车辆如何选择合适的电动机？
9-5 铅酸蓄电池和锂电池的特点分别有哪些？
9-6 蓄电池工业车辆如何选择合适的蓄电池？

第 10 章　典型工业车辆

10.1　特殊用途叉车

10.1.1　进箱叉车

1. 工作特点

进箱叉车又称为集装箱箱内作业叉车,通常指能够进入集装箱内部进行作业的叉车,如图 10-1 所示。这类叉车需要具备紧凑的尺寸和灵活的操控性,以便在集装箱内部狭窄的空间中高效工作。其具有以下特点。

1) 紧凑设计:进箱叉车通常采用紧凑的设计,以确保其能够在集装箱内部自由移动。

2) 灵活性:进箱叉车需要具备良好的操控性和灵活性,以适应集装箱内部的工作环境。

图 10-1　进箱叉车

3) 稳定性:尽管尺寸紧凑,但进箱叉车仍需保证良好的稳定性,以确保安全作业。

进箱叉车行走系采用四轮低压宽基轮胎驱动的闭式静压传动,操作舒适,传动效率高,经济性好;工作装置采用独立的操作控制,既能满足集装箱内掏装作业的需要,又合理地解决了箱外作业起升高度的问题;可利用自身动力上、下汽车,大大提高了叉车的伴随保障能力和整车机动性能。

2. 典型构造

进箱叉车的构造主要包括以下几个部分。

1) 动力部分:动力部分通常由电池和直流电动机组成,特别是在电动进箱叉车中。这样的配置使得叉车在集装箱内部作业时能够减少排放和噪声,更适应密闭的工作环境。

2) 底盘:底盘是叉车的基础结构,承载着叉车的重量,并利用坚固耐用的材料(如钢铁)制造,以确保足够的强度和稳定性。底盘包括框架、悬挂系统、驱动系统和制动系统,这些组件共同工作以提供稳定的操作平台。

3) 工作部分：工作部分主要由取物工具（如货叉）、门架、起重机构和液压控制系统组成。进箱叉车通常具有自由提升性能和方便的对位功能，以适应集装箱内部狭小的工作空间。例如，门架的自由提升高度和货架及货叉的侧移功能都是特别设计的。

4) 电气设备：电气设备包括电池、照明、警告信号装置等电气元件和线路。在电动进箱叉车中，高效的电池和电动机是关键，它们提供叉车所需的动力，并且需要具有良好的耐用性和充电效率。

此外，进箱叉车还有如下特殊的设计考虑。

1) 外形尺寸：集装箱内作业叉车的外形尺寸要适应箱内狭小空间作业的需要。根据我国标准的规定，集装箱各种箱型的外部宽度均为2438mm，高度有四种，分别为2896mm、2591mm、2438mm及2438mm以下。箱内作业叉车的最大外形高度应为集装箱门高减去过渡板厚15mm和叉车作业安全间隙80~90mm。此外，还应注意司机座椅的高度，使司机坐上后其头部不致碰到护顶架；在无护顶架的情况下，司机坐上后其头部高度不应超过门架高度。

2) 轴载和轮压：叉车进箱作业时，车轮将对箱底产生集中载荷。按照ISO对集装箱箱底检验的规定，其轴负荷为5460kg，每个车轮的平均负荷为2730kg。轮宽为180mm，接地面积为14200mm^2，轮距为760mm，则轮压限制在1.88MPa以内。因此，所选用的进箱叉车的轴荷和轮压均应小于上述限定值，而其起重量一般在2500kg以下，故箱内作业叉车通常均为2~2.5t级的小型叉车，以避免对集装箱造成损坏。

3) 门架的自由提升高度和货架及货叉的侧移：由于叉车在箱内作业时，其工作空间严格受限，故箱内叉车须具有自由提升性能和方便的对位功能。通常，箱内作业叉车的自由提升高度为1~1.5m，货架侧移量为左、右各100mm，货叉侧移量为150~200mm。

4) 防止污染和减少噪声：箱内作业叉车作业空间狭小，要求降低噪声和防止空气污染，使用电动叉车较为理想。使用内燃叉车，则需要安装发动机排气净化装置和消声装置。

3. 功能及用途

1) 集装箱内部货物装卸：进箱叉车的主要功能是在集装箱内部进行货物的装卸操作。由于其紧凑的设计和灵活的操控性，它能够轻松地进入集装箱，并在有限的空间内高效地完成货物的搬运和堆码。

2) 狭窄空间作业：除了集装箱内部，进箱叉车也适用于其他狭窄或受限的空间作业，如仓库货架之间的狭窄通道、小型仓储设施或车辆内部等。其小巧的体型和灵活的转向能力使叉车在这些环境中操作变得容易。

10.1.2 防爆叉车

1. 工作特点

防爆叉车是叉车的一种特殊型式（图10-2），它能在普通叉车禁止使用的爆炸性危险环境中作业，如石油、化工、制药、轻纺、军工、油漆、颜料、煤炭等工业部门，以及港口、铁路、货场、仓库等含有爆炸性混合物的场所。其主要有如下特点。

1) 电气系统防爆：所有电气元件均采用防爆设计，防止电火花的产生。

2) 防静电设计：通过接地装置和防静电材料，有效控制静电积累。

3）防火花设计：在机械部件的摩擦部位使用防火花材料，避免因摩擦产生火花。

4）防爆措施全面：包括防爆电池、防爆灯、防爆电动机等多种防爆措施。

防爆叉车与普通叉车的不同之处主要在电路上，对电路的要求很高，尤其是电动机，像行走电动机，转向电机，液压提升电动机在转动的时候会产生火花，在一些特殊的场合就会产生危险，所以进行了特别的防护、隔离，或者是密封的，进行了全屏蔽的处理。有的采用交流电动机，因为交流电动机在工作的时候没有火花，所以比较安全的。防爆叉车电线之间的连接，都做了特别的处理。

图 10-2　防爆叉车

防爆叉车采用特殊的防爆技术设计制造，用于特殊的爆炸危险场所，如国防、石油化工、危险品仓库等，其工作区域的危险等级是按照国家标准划分的。防爆叉车分内燃防爆叉车和蓄电池防爆叉车。防爆叉车的所有零部件在工作中不能产生任何有可能引燃爆炸性气体的火花和高温。内燃机的排气要经过特殊处理，电气开关要采取隔爆措施，甚至要防止货叉与货物之间的机械撞击产生火花，也要防止静电积累。总之防爆叉车的基本构造和工作原理与普通叉车相同，而关键是防爆技术，生产防爆叉车需要特殊的资质。

2. 典型构造

1）电气系统：防爆叉车的电气系统由蓄电池、电动机、控制器和电线等组成。由于防爆工作环境特殊，电气控制系统要进行必要的改进，防止静电、火花或电弧引起的爆炸事故。同时，在电缆接头处要采用特殊的密封处理，以达到完全防护的目的。

2）动力系统：防爆叉车的动力系统包括机械传动系统和液压传动系统。传动链条、轴承和制动系统都要进行特殊设计，以确保机械传动的平稳运行。液压系统中的油箱、油管和液压元件都需要进行特殊的材料选用和处理，以保证其密封性和防爆性能。

3）液压系统：防爆叉车的液压系统主要由油箱、油管、液压泵、液压阀等组成。为了增强液压系统的安全性，油路的各个接口都需要进行特殊的密封处理，并在系统上设置相应的压力传感器和流量传感器。同时，液压系统也需要进行防爆处理，防止静电、火花或电弧引发爆炸事故。

4）控制系统：防爆叉车的控制系统以 PLC（可编程序逻辑控制器）为核心，通过精确的控制技术实现对叉车运行的控制。控制系统为防爆叉车的运行提供精确的控制能力，同时，也是叉车操作员的安全保障。

综上所述，防爆叉车的结构形式需要在电气、动力、液压和控制四个方面进行特殊设计。这些措施能够有效保证防爆叉车在特殊环境下的工作安全，对工作人员的生命财产安全起到足够的保护作用。

国内外防爆设备的防爆方法主要有以下两种方式。

本质安全型：从电路的能量上加以限制，无论在正常还是短路的故障状态下，产生的火花、电弧和温度都不足以引燃易燃易爆气体，且所产生的温度不足以使易燃易爆物自燃。

结构防爆型：在结构上用隔离措施把电器和周围环境隔绝，常用的有隔爆型、增安型、正压型、充油型、充砂型、浇封型等类型。

目前用于防爆叉车的防爆类型主要是隔爆型。其防爆原理是将设备在正常运行时能产生火花电弧的部件置于隔爆外壳内，隔爆外壳能承受内部的爆炸压力而不致损坏，并能保证内部的火焰气体通过间隙传播时降低能量，不足以引爆壳外的气体。

3. 功能及用途

随着世界经济的发展，特别是石油、化工行业的发展和化工原料品种的不断增加，在生产、运输和仓储等环节存在爆炸性气体安全隐患的场所也在不断增加，为保证安全高效生产，具有防止爆炸功能的仓储运输车辆和叉车的应用已越来越受到世界各国的重视。

化学爆炸根据物质状态不同分为固体、液体和气体爆炸。防爆车辆主要是防止车辆在爆炸性气体环境中运行时发生爆炸。爆炸性气体环境是指在大气条件下，气体、蒸气、薄雾、粉尘或纤维状的可燃物质与空气形成混合物，进而可能被电弧或静电火花引燃而发生火灾或爆炸的环境。

1）工业生产领域：在工业生产中，防爆叉车的应用主要集中在石油化工、医药、食品加工、军工等领域。这些领域普遍存在易燃易爆物质，普通叉车的操作过程极易引发安全事故。而防爆叉车通过其特殊设计和多重防爆措施，有效降低了事故发生的可能性。

2）石油化工领域：石油化工行业中，易燃易爆气体和液体大量存在，普通叉车一旦出现电火花或静电放电，极有可能引发爆炸事故。防爆叉车的应用大大提高了这一领域的作业安全性。

3）医药和食品加工领域：医药和食品加工行业在生产过程中往往需要使用大量的有机溶剂，这些溶剂高度易燃。在这些环境中，防爆叉车能够有效避免因叉车操作引发的火灾和爆炸事故，确保生产过程的安全。

10.1.3 越野叉车

1. 工作特点

越野叉车又称为野战叉车（图10-3），主要用于城镇建筑工地施工、管道敷设、油田开发、山地林区作业等野外工程，也用于完成码头货场集装箱的装卸工作、部队随军装卸、搬运军用物资等，它具有良好的机动性、越野可靠性。

越野叉车具有以下特点。

1）具有良好的通过性和越野性。轴间不设差速器，采用大直径宽基越野轮胎，车辆最小离地间隙达300mm以上，离去角达30°以上。

图10-3 越野叉车

2）采用铰接车架。车架的摆角一般达±（30°~40°），转向系统简单，不需要昂贵的转向驱动桥，可以实现较小的转弯半径，操纵转向盘即可使车架水平摆动，货叉易于对准物料。小吨位越野叉车可采用整体式车架，单桥驱动、驱动桥带有差速锁。

3) 全轮制动。除小吨位叉车采用胀蹄式制动器结构外,大多数叉车采用钳盘式制动器,大吨位叉车也有采用湿式制动器的。驻车制动则以独立驻车制动最普遍。

4) 2~3t铰接式越野叉车前后桥通用。

5) 越野叉车的后桥与车架固定,而前桥可以相对车架做±(8°~12°)的垂直摆动。在车架和前桥间设置有支承液压缸,当叉车进行起升作业时,通过操纵液压缸使起升门架保持侧向垂直状态;在叉车行驶过程中,令液压缸上、下腔油路经阻尼孔串通,有利于改善车辆的运行平顺性。

6) 较大的轴距和轮距增加叉车的横向和纵向稳定性。

7) 具有良好的机动性。最大车速一般为30~40km/h,动力因数达0.65以上,行驶加速性好,且具有25°~30°的爬坡能力。

8) 具有较大的门架倾角。这是在不平地面上进行安全作业及行驶所必需的,一般前倾为10°~15°,后倾为15°。

9) 司机座偏前布置。为保证操作者进行装载作业时有较好的视野,司机座一般偏前布置。对铰接式叉车,司机座尽可能置于前车架上。按不同的作业要求,装设带有FOPS/ROPS(Falling objects Protective Structures and Roll-over Protective Structures,坠物保护和翻车保护)的护顶架式驾驶室。

10) 行走系统有机械传动(Me)、液压换档机械传动(HyC)、液力传动(T/C)及静压传动(HYD)等多种类型。所不同的是采用全功率匹配法,其最大负荷为满载爬坡工况。

2. 典型构造

越野叉车一般由发动机、底盘、工作装置和电气设备四大部分组成。

1) 发动机:越野叉车的发动机通常采用柴油发动机,在车辆行驶中提供动力。发动机通常位于车体前部或驾驶室下方,通过传动系统将能量传递到车轮。

2) 变速器:越野叉车的变速器可以根据不同的工作条件和载荷,调整车辆的速度和驱动力矩。变速器的主要组成部分包括离合器、齿轮箱和转向器。

3) 转向器:转向器是越野叉车的一个重要组成部分,通过控制车轮方向实现转向功能。转向器通常包括液压缸、转向机构、转向齿轮等部分,能够让车辆在狭小的空间或陡坡上灵活转向。

4) 液压系统:液压系统是越野叉车的关键部分之一,它可以控制车辆各部分的动作和位置,如升降、倾斜、伸缩等。液压系统主要由液压泵、液压缸、阀门、油箱等组成。

5) 驾驶室:驾驶室是越野叉车操作人员所在的位置,包括转向盘、操作杆、仪表板、座椅等部分。越野叉车驾驶室的设计旨在为操作员提供更加舒适和安全的工作环境,同时也可以降低噪声和振动。

6) 其他部分:除了以上几部分,越野叉车还有车轮、制动系统、电气系统等其他组成部分。

3. 功能及用途

1) 建筑工地:越野叉车在建筑工地中的应用较为广泛,特别是在高层建筑工地中。越野叉车能够轻松穿过泥泞、崎岖的地形,为施工人员提供大量材料和设备的运输支持。叉车由于具有承重能力强、操作灵活度高等特性,能很好地解决施工现场运输问题,提高建设效率和安全性。

2）采矿场：越野叉车在采矿场中的应用也非常广泛。采矿场的道路条件较为恶劣，使用普通叉车很难满足运输需求。而越野叉车可以在石头、土地和堆积物等复杂地形下操作，运输岩、矿、土等物资。此外，越野叉车还可以处理废弃物和提高生产效率。

3）港口码头：在港口或码头中，越野叉车也是必不可少的工具之一。越野叉车能够承受较高的重量，操作灵活。码头作业除了需要常规的物流服务，还需要搬运或处理钢材、集装箱等大件，越野叉车可以满足这种需求。越野叉车的出现可以大大提高货物的运输效率，降低人工成本的同时提高作业安全性。

4）园林景观：园林景观项目对景观设施搬运、场地整理、物资配送等都有诸多要求，在狭小空间、路面难以通行等条件下，越野叉车可以轻松应对，完成各种物资搬运作业。同时，越野叉车还可以对园林景观进行修剪、修整等工作，大大提高工作效率。

10.2 集装箱叉车

1. 工作特点

集装箱叉车（图10-4）是指一种集装箱码头和堆场上常用的搬运、装卸集装箱的专用叉车。作业时，集装箱叉车既可用门架顶部吊具起吊搬运集装箱，也可用货叉插入集装箱底部叉槽举升搬运集装箱。在码头和堆场中，集装箱叉车主要用于完成堆垛空集装箱等辅助性作业，也可在集装箱吞吐量不大（低于3万标准箱/年）的综合性码头和堆场进行集装箱装卸或短距离搬运。

图10-4 集装箱叉车

集装箱叉车按照货叉工作位置的不同，分为正面集装箱叉车和侧面集装箱叉车。侧面集装箱叉车类似于普通侧面叉车，门架和货叉向侧面移出，叉取集装箱后回缩，将集装箱放置在货台上，再进行搬运。其行走时横向尺寸小，需要的通道宽度较窄（约4m）。但侧面集装箱叉车构造及操作较复杂，操作视线差，装卸效率低。而正面集装箱叉车操作方便，是常用的形式，又可分为重载集装箱叉车、轻载集装箱叉车、空箱集装箱叉车、滚上滚下集装箱叉车等。

集装箱叉车具有以下工作特点。

1）考虑集装箱一般为满箱不满载，应使叉车起重量与各箱型最大总重量一致。

2）载荷中心距是指货叉前壁到货物重心之间的距离，多取集装箱宽度的一半，即1220mm。

3）为改善司机视线，司机室位置较高。

4）起升高度按堆码集装箱层数来确定。

5）为适应装卸集装箱的需要，除标准型货叉外，叉车配有顶部起吊或侧部起吊的专用吊具。

6) 为便于对准箱位和箱底的叉槽，整个货架具有侧移的性能，货叉也可沿货架左右移动约 100mm，以调整货叉之间的距离。

2. 典型构造

集装箱叉车由底盘、柴油机、液压系统、行走系统、起升系统、转向系统、插柱系统、盐雾喷涂等部分组成。

1) 底盘：集装箱叉车的底盘主要由前桥、驾驶室、后桥、燃油箱、蓄电池、排气系统、散热器、齿轮箱等组成。底盘是集装箱叉车的支承架，承担着整个叉车的重量。

2) 柴油机：集装箱叉车的柴油机是集装箱叉车的动力源，一般使用液压传动，控制方便、操作简单、可靠性高。

3) 液压系统：集装箱叉车的液压系统主要由液压泵、油箱、液压缸、油管、过滤器等组成。液压系统提供了集装箱叉车的动力转换和运动控制功能，控制叉车的升降和前后倾斜。

4) 行走系统：集装箱叉车的行走系统主要由轮辋、轮轴、轮胎、制动器、悬架系统等组成。行走系统是集装箱叉车实现运动的基础，通过行走系统，叉车能够在工厂内运动，完成装卸货物的任务。

5) 起升系统：集装箱叉车的起升系统主要由液压系统和起升杆组成。集装箱叉车可将货物从地面提起至货架或其他高处，实现货物的装卸。

6) 转向系统：集装箱叉车的转向系统是转向器、转向支架、转向机构等组成。转向系统是集装箱叉车实现转向的基础，能够让叉车在狭小空间内灵活转向。

7) 插柱系统：集装箱叉车的插柱系统由挂架、前后支柱、安全链等组成。插柱系统主要用于固定集装箱，在装卸操作时将箱体固定，防止因集装箱移动导致车身倾覆或人员受伤。

8) 盐雾喷涂：集装箱叉车的钢质表面需要经过盐雾喷涂处理，以保证叉车在恶劣环境下的使用寿命。

3. 功能及用途

1) 港口和船运：集装箱叉车的主要应用领域是港口和船运，在港口和船运领域，集装箱叉车主要用于装卸集装箱，提高港口的吞吐量，并保证港口和船运的运输效率。

2) 道路物流：集装箱叉车在道路物流领域主要用于货物的堆垛、转移和运输，在城市物流配送中也有广泛应用。

3) 制造业：集装箱叉车在制造业领域主要用于原材料和成品的运输与堆垛，提高生产效率和组织效率。

10.3 集装箱空箱堆高机

1. 工作特点

集装箱空箱堆高机（简称堆高机，如图 10-5 所示）是集装箱运输的关键设备，集装箱空箱堆高机广泛用于港口码头、铁路公路运输中转站、城市物流中心及堆场内，进行集装箱空箱的堆垛和转运,其具有堆码层数高、堆垛和搬运速度快、作业效率高、机动灵活及节约场地等特点。集装箱空箱堆高机的起重量一般不超过8t,常见为4t,结构类似于集装箱叉车,虽然起重量不大,但起升高度很大,行驶速度较快,采用特殊的空箱侧面集装箱吊具。目前,各大生产厂可生产起升高度达23m、堆码层数达9层的集装箱空箱堆高机。

图 10-5 集装箱空箱堆高机

2. 典型构造

集装箱空箱堆高机主要由动力系统、传动系统、转向系统、制动系统、工作装置、电气系统及液压系统等组成,其整体结构上与内燃平衡重式叉车相似。与叉车相比,集装箱空箱堆高机的工作装置具有起升高度高、装运对象的结构和尺寸单一、配置装卸集装箱专用属具等特点。集装箱空箱堆高机的工作装置一般由内门架、外门架、滚轮、集装箱专用属具、升降液压缸、倾斜液压缸、门架链条、属具链条、门架链轮、属具链轮等零部件组成。

(1) 门架结构 目前大型集装箱空箱堆高机的外门架高度可达13m,内门架完全伸出时堆高层数最多可达9层,内、外门架是其主要受力结构件。集装箱空箱堆高机门架起升高度较高,且必须具备一定的刚性,因此内、外门架均采用整体框架式结构,通常采用普通低合金结构钢焊接加工而成,外门架底部使用销轴安装在堆高机的驱动桥上。内、外门架为伸缩式结构,在内、外门架伸缩槽内设置滚轮,内、外门架可沿着伸缩槽滚道进行垂直伸缩。

(2) 门架升降系统 驱动内门架升降的动力是升降液压缸,其下端固定在外门架下端位置。升降液压缸活塞杆上端安装门架链轮,升降液压缸可推动门架链轮沿外门架外部的滑道上下运动。

门架链条一端固定在外门架的下部,另一端绕过门架链轮固定在内门架下部。当升降液压缸活塞杆带动门架链轮起升时,通过门架链条带动内门架以2倍于升降液压缸活塞杆的起升速度上升。

属具链条为双链条结构,安装在内门架顶端的内部。属具链条一端固定在外门架的上端内部,另一端绕过属具链轮固定在集装箱专用属具上。当内门架上升时,属具链轮推动属具链条运动,集装箱专用属具沿门架上的属具导轨移动,带动集装箱起升和下降,专用属具以2倍于内门架起升速度(4倍于液压缸起升速度)的速度升降。

(3) 门架倾斜系统 外门架的中部通过倾斜液压缸与集装箱空箱堆高机的机架连接,门架整体可以在倾斜液压缸活塞杆推动下前后倾斜一定角度。通常在集装箱空箱堆高机将集装箱举升后使外门架向后倾斜,以保证行驶平稳。码垛时外门架向前倾斜,以避免门架与集装箱发生碰撞。

(4) 专用属具 专用属具是为集装箱空箱堆高机装卸集装箱设计的专用工作装置,设有可相对伸缩的承载横梁,用于适应吊运不同长度的集装箱的作业需求。承载横梁两端设置转锁装置,转锁由锁紧缸及传动链条控制,可将集装箱锁紧在承载横梁两端的框架上。转锁装置的锁紧和解锁动作由设置在集装箱空箱堆高机驾驶室的按钮控制,并通过联锁保护装置实现互锁和自锁。专用属具的着箱状况、转锁装置的锁紧和解锁状态均由驾驶室内仪表盘的指示灯显示。

3. 功能及用途

集装箱空箱堆高机专用于空集装箱的搬运、堆垛、停放，主要用于物流集散中心、港口码头、运输公司等场所的空集装箱运输和堆垛作业。

1) 货物堆放：集装箱空箱堆高机常用于仓库、物流中心等场所，用于将货物从货架上取下来并堆放到另一个位置。它可以使货物更有效地堆叠在一起，节省空间并提高仓库容量利用率。

2) 生产线上的物料搬运：集装箱空箱堆高机可以将物料从一条生产线运到另一条生产线，将原材料输送给机器，或者将成品从生产线上取出并堆放在储存区。

3) 装卸货物：集装箱空箱堆高机常用于装卸货车，能够将货物从货车上卸下并堆放在仓库或物流中心内，也可将货物从仓库堆放区堆到货车上。

4) 冷库操作：集装箱空箱堆高机可以在低温环境下工作，用于冷库中的货物堆放和取出。

5) 货物存储管理：集装箱空箱堆高机配备了计算机控制系统，可以与仓库管理系统或物流管理系统进行连接，提供实时的货物存储管理功能。它可以记录每个货物的位置、数量和其他相关信息，以便有效地管理和控制货物流动。

6) 装配和分拣系统：集装箱空箱堆高机常用于装配线和分拣系统，可以将零部件从一个装配工作站运输到另一个工作站，或者将货物从一个区域移动到另一个区域。

7) 特殊行业应用：集装箱空箱堆高机也被广泛应用于汽车制造、物流和航空领域，它可以处理和存储车辆零部件、快递包裹、行李等。

10.4 伸缩臂式集装箱搬运车

1. 工作特点

伸缩臂式集装箱搬运车（图10-6）是一种在物流、仓储和搬运行业中广泛使用的设备，具有以下几方面特点。

1) 灵活性和机动性：伸缩臂式集装箱搬运车具有长臂伸缩和旋转功能，这使得它在狭小的空间内也能灵活操作，快速、准确地完成集装箱的搬运和堆垛。同时，它还能在不平坦或倾斜的地面上进行作业，表现出极强的适应性和机动性。

2) 长距离搬运能力：伸缩臂式集装箱搬运车的长臂设计使其能够轻松处理长距离搬运任务，无须多次移动叉车位置，从而提高了工作效率。

3) 高效性：这类搬运车通常具有较大的载重能力，能够一次性搬运多个集装箱，同时其操作速度也相对较快，从而可以大大减少搬运时间，

图10-6 伸缩臂式集装箱搬运车

提高工作效率。

4）安全性：伸缩臂式集装箱搬运车通常配备多种安全装置，如防滑装置、防倾覆装置等，以确保在搬运过程中的稳定性和安全性。同时，其操作系统也经过精心设计，使操作人员能够轻松、准确地控制叉车进行作业。

5）易于维护：伸缩臂式集装箱搬运车的结构相对简单，易于维护和保养。此外，其模块化设计使得零部件更换更加方便，进而降低维护成本。

6）智能化和自动化：随着科技的不断发展，现代伸缩臂式集装箱搬运车逐渐实现了智能化和自动化。通过配备先进的传感器、控制系统和导航技术，这些叉车能够自动完成集装箱的识别、搬运和堆垛等任务，进一步提高工作效率和安全性。

2. 典型构造

（1）主要结构

1）底盘：底盘是搬运车的基础部分，承载着整个车身的重量。它通常由坚固的金属材料制成，以确保具有足够的承载能力和稳定性。

2）伸缩臂：伸缩臂是搬运车的核心部分，负责将集装箱从一处搬运到另一处。它由多节臂组成，通过液压系统或电动系统进行伸缩和旋转。伸缩臂的长度可以根据需要进行调整，以适应不同距离的搬运任务。

3）货叉：货叉安装在伸缩臂的末端，用于插入集装箱底部的孔洞中，以便将集装箱固定并搬运。货叉通常由坚固的金属材料制成，以确保足够的承载能力和耐用性。

4）驾驶室：驾驶室是操作人员的工作区域，配备有座椅、转向盘、控制杆等操作设备。驾驶室通常位于底盘的前部或中部，以确保操作人员能够清晰地看到搬运过程。

5）轮胎：轮胎是搬运车的移动部分，用于在地面上进行行驶。轮胎通常由橡胶制成，具有足够的承载能力和耐磨性。根据使用场景的不同，轮胎的类型和尺寸也会有所不同。

（2）动力源

1）内燃机：对于大型或重型的伸缩臂式集装箱搬运车，通常使用内燃机作为动力源。内燃机具有功率大、转矩强、适用范围广等优点，能够满足搬运车在复杂环境中的工作需求。

2）电动机：随着环保意识的提高和电池技术的进步，越来越多的伸缩臂式集装箱搬运车开始采用电动机作为动力源。电动机具有噪声小、污染低、维护简单等优点，适用于室内或对环境要求较高的场所。

（3）控制方式

1）手动控制：传统的伸缩臂式集装箱搬运车通常采用手动控制方式，通过操作杆或手柄来控制伸缩臂的伸缩、旋转和货叉的升降。这种控制方式简单直观，但需要操作人员具备一定的技能和经验。

2）电动控制：现代伸缩臂式集装箱搬运车越来越多地采用电动控制方式，通过操作按钮或触摸屏来控制伸缩臂的动作。电动控制方式更加便捷、精确，并且可以实现自动化和智能化控制。

3）遥控控制：在一些特殊场合下，伸缩臂式集装箱搬运车还可以采用遥控控制方式，通过遥控器来远程控制伸缩臂的动作。这种方式适用于危险或难以接近的场所，提高了作业的安全性和效率。

3. 功能及用途

1) 港口码头：在港口码头，伸缩臂式集装箱搬运车可以高效装卸船只上的集装箱，提高物流效率。

2) 仓储物流：在仓库内部，伸缩臂式集装箱搬运车可以轻松地穿梭于货架之间，准确地将集装箱取出或放入，降低人力成本。

3) 建筑工地与工业车间：伸缩臂式集装箱搬运车也适用于建筑工地和工业车间的物料搬运，如搬运建筑材料或大型企业物资等。

10.5 伸缩臂式叉车

1. 工作特点

伸缩臂式叉车（又称为叉装机，如图10-7所示），是汽车起重机伸缩臂基本结构与传统叉车装卸功能结合的产物。伸缩臂式叉车由一个四轮驱动轮式底盘和一套能向前及向上伸缩的伸缩臂工作装置组成，它将叉车、装载机、高空作业平台、小型起重机甚至农用拖拉机的主要功能集于一身，是一种多功能搬运、举升设备。

图10-7　伸缩臂式叉车

伸缩臂式叉车是一种能在各行各业应用广泛的工程机械，具有如下优点。

1) 作业距离远，作业高度高。伸缩臂式叉车可以通过伸缩臂结构达到更远的作业距离，通过动臂的变幅达到更高的工作高度，传统的叉车无法做到这一点。因此，它可以在不移动底盘的情况下，对远离前轮的货物进行操作，如在物流仓库内进行非常高的堆垛和装箱作业，在道路上进行安装路灯作业等。这一特点拓展了伸缩臂式叉车的适应范围。

2) 可以逾越障碍物装卸物料。伸缩臂式叉车能够越过沟壑和穿越孔口来进行装卸作业。由于动臂可以变幅到负角度，因此可以对低于水平面的货物进行叉装作业。伸缩臂式叉车这一特点使其更加适合在越野条件下使用。

3) 具有宽广的作业视野。伸缩臂式叉车没有门架机构，而且驾驶室侧向布置，大大改善了司机的前方视野。

4) 具有良好的作业安全性能。伸缩臂式叉车轴距长，重心低，车架前部可安装稳定支腿，且支腿有对伸缩和降低的自动锁定功能，当遇到不平路面进行作业时，伸缩臂式叉车可在距作业地点较远的位置停车,打开稳定支腿,运用伸缩臂、变幅动作完成对货物的装卸作业。

5)可以装配多种属具,增加作业范围。伸缩臂式叉车的属具在伸缩臂的前端,有一系列可快速更换的附属装置,包括货叉、吊钩、铲斗、高空作业台、玻璃搬运器、夹抱装置、草料爪等。伸缩臂式叉车可以对不同的作业对象进行操纵作业。

2. 典型构造

伸缩臂式叉车从结构上可分为工作装置、转向装置、车架装置、动力装置、液压系统、操作装置和辅助机构。

1)工作装置:伸缩臂叉车的工作装置由动臂、伸缩臂、货叉和对应的动臂液压缸、伸缩臂液压缸、货叉调平液压缸组成,用来完成叉取装卸货物、升降堆码等各种作业。

2)转向装置:转向装置主要由转向盘、转向器和转向液压缸及其连接的液压管路组成,用来改变伸缩臂式叉车整机的方向,即向左或向右转向。

3)车架装置:车架装置为动力装置、工作装置和驾驶室装置等分布和固定提供一个可靠稳定的载体。

4)动力装置:动力装置由发动机、冷却系统和进、排气系统组成,由发动机通过联轴器驱动液压泵,为工作装置提供动力。

5)液压系统:液压系统由液压泵、液压阀、液压缸及连接的管路组成,液压泵作为动力源将原动机的机械能转化为液压能,由多路换向阀调节和控制油液,液压缸将液压能转化为机械能,作用在各个执行器上。

6)操作装置:操作装置由变速操作手柄和工作操作手柄及各种电器元件组成,完成伸缩臂叉车整机行走和各种作业动作。

7)辅助机构:辅助机构包括各种传感器、机罩、辅助阀、挡泥板、滤清器和散热器等,是确保伸缩臂叉车安全稳定运行的必要装置。

3. 功能及用途

伸缩臂叉车移动便利,操作灵活,能够在复杂的场地进行货物的堆、拆。

1)高空作业:利用伸缩臂伸得又高又远的特点,伸缩臂叉车可以进行大量的高空作业,在机场、电力、广告、路灯等大范围高空作业领域中应用较为广泛。

2)不平路面:由于伸缩臂叉车的稳定性与平衡性比较好,能够代替人工在不平的路面上搬运一些人工不易搬运的货物,还能在农业和垃圾处理等行业中使用。

3)建筑工地:在建筑工地中,也可以使用伸缩臂叉车的货叉与吊具搬运一些不常规的建筑材料,用它的车斗搬运一些散料或给塔吊喂料。

4. 特殊类型的伸缩臂式叉车

(1)越野型伸缩臂式叉车 越野型伸缩臂式叉车带一节或多节可伸缩或不可伸缩的、不可回转的铰接臂架,是主要在未经平整的地面或表层被破坏的场地(如建筑工地)上进行作业的起升叉车,如图10-8所示。

前伸距:两个平行的铅垂面之间的距离,一个平面与叉车

图10-8 越野型伸缩臂式叉车

前轮外径前缘相切，另一个平面与载荷质心从最高点到最低点所形成的弧线轨迹相切。

稳定器：为改善叉车静止时的稳定性而设置，是可伸缩或可旋转的机械支承装置。

横向调平装置：当叉车停在倾斜平面时，改变叉车车架与地面之间的横向倾角，以保证臂架在竖直平面内作业。

臂架：允许水平或垂直放置载荷或属具的铰接支承构件。

（2）越野型回转伸缩臂式叉车　越野型回转伸缩臂式叉车是一种高效、多功能的叉车类型，特别适用于复杂多变的作业环境，凭借其出色的越野性能、灵活的回转伸缩臂功能以及广泛的应用场景，成为现代物流和工业领域中不可或缺的高效作业工具。吊臂和货叉可360°自由旋转，极大提升了叉车的作业灵活性和效率。伸缩臂设计使得叉车能够根据需要调整作业半径，轻松应对各种距离的作业需求。

10.6　平衡重式集装箱堆高机

1. 工作特点

平衡重式集装箱堆高机的工作特点主要体现在以下几个方面。

1）稳定性强：平衡重式集装箱堆高机设计有平衡重，这使得它在搬运重物时能够保持良好的稳定性。平衡重通常位于车体的后部，用以平衡前端吊装的集装箱重量，防止机体在操作过程中发生倾覆，确保操作安全。

2）载重大：这类堆高机通常具有较大的承载能力，能够搬运和堆叠较重的集装箱，满足物流行业对重型货物运输的需求。

3）操作灵活：尽管体积庞大，但平衡重式集装箱堆高机在设计上注重操控性，使得操作人员能够灵活地进行集装箱的装卸、搬运和堆码工作。

4）高效率：由于具有强大的承载能力和稳定性，这类堆高机可以快速高效地完成集装箱的搬运和堆码任务，从而提高物流运作的整体效率。

5）多功能性：除了基本的搬运和堆码功能外，一些先进的平衡重式集装箱堆高机还配备侧移器、旋转器等其他辅助设备，增加了操作的多样性和便捷性。

6）安全性高：这类堆高机通常配备多种安全装置，如防倾覆装置、过载保护装置等，能够确保操作过程中的安全性。同时，对操作人员的培训也十分重要，以确保他们能够熟练、安全地操作设备。

7）适应性强：平衡重式集装箱堆高机能够在不同的工作环境中进行操作，无论是在室内仓库还是室外堆场，都能有效地完成集装箱的搬运和堆码任务。

2. 典型构造

1）动力系统：为堆高机提供动力，通常是由内燃机（如柴油发动机）组成，为整机提供足够的动力。

2）传动系统：将动力系统的动力传递到堆高机的驱动轮和液压泵等部件，实现堆高机的行驶和工作装置的动作。

3）转向系统：控制堆高机的转向，使其能够在狭窄的空间内灵活操作。

4）制动系统：确保堆高机在需要时能够迅速、安全地停车。

5）工作装置：工作装置主要由门架系统、升降系统、倾斜系统和专用属具组成。

门架系统：包括内门架和外门架，是堆高机的主要受力结构件。内、外门架均采用整体框架式结构，且为伸缩式，通过滚轮沿着伸缩槽滚道进行垂直伸缩。大型堆高机的外门架高度可达13m，内门架完全伸出时的堆高层数最多可达9层。

升降系统：主要由升降液压缸、门架链轮、门架链条和属具链条等组成。升降液压缸推动门架链轮沿外门架外部的滑道上下运动，从而通过门架链条带动内门架和集装箱专用属具的升降。内门架和专用属具的升降速度分别是升降液压缸活塞杆起升速度的2倍和4倍。

倾斜系统：通过倾斜液压缸连接外门架和机架，使门架整体可以在倾斜液压缸活塞杆的推动下前后倾斜一定角度，以保证行驶平稳和避免碰撞。

专用属具：为堆高机装卸集装箱设计的专用工作装置，包括可相对伸缩的承载横梁和转锁装置。承载横梁用于适应不同长度集装箱的作业需求，而转锁装置则通过锁紧缸及传动链条控制，将集装箱锁紧在承载横梁上。

6）电气系统：负责堆高机的电力供应和电气控制，包括蓄电池、电动机、控制器等部件，确保堆高机各项电气功能的正常运行。

7）液压系统：由液压泵、液压缸、液压阀等组成，为堆高机的工作装置提供液压动力，实现集装箱的升降、倾斜等动作。

3. 功能及用途

1）集装箱升降：堆高机的主要功能之一是升降集装箱，通过其强大的液压系统和专门设计的工作装置，它可以轻松、平稳地将集装箱从地面抬起或降至指定高度，这对于集装箱的装卸作业至关重要。

2）集装箱搬运：堆高机能够高效地搬运各种规格的标准集装箱，无论是在仓库内部还是在露天堆场，它都可以将集装箱从一个地点移动到另一个地点，满足物流和仓储作业中的运输需求。

3）集装箱堆叠：为了有效利用有限的仓储空间，集装箱经常需要被堆码起来。平衡重式集装箱堆高机能够精确地将集装箱堆码到预定的高度，确保堆垛的稳定性和安全性，从而提高仓库的空间利用率。

10.7 非平衡重式叉车

10.7.1 插腿式叉车

1. 工作特点

插腿式叉车是一种具有插腿的堆垛用起升车辆，一般制成三支点形式，有两插腿，货叉位于两插腿之间。作业时两插腿可以跨在货物外侧，由货叉叉取货物。插腿式叉车车型较小，通常采用蓄电池驱动，也有采用手动的。操作方式有步行操纵式和坐车操纵式两种，特点是车身短、自重轻、结构简单、回转半径小，可在狭窄通道内完成直角堆垛作业，多用于库房、载重汽车和集装箱内的作业场合。插腿式叉车的特点是叉车前方带有小轮子的支腿能与货叉一起伸入货板叉货,然后由货叉提升货物。由于货物中心位于前、后车轮所包围的底面积之内,叉车的稳定性好。插腿式叉车一般采用蓄电池做动力源,起重量在 2t 以下。

步驾式插腿式叉车:带有外伸支腿,货叉位于两支腿之间,载荷质心始终位于稳定多边形内,由一名以步行跟随车辆的操作者通过舵柄或遥控装置控制,带有或不带折叠式站板,如图 10-9 所示。

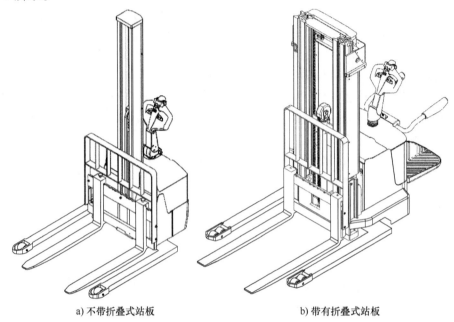

a) 不带折叠式站板　　　　　　b) 带有折叠式站板

图 10-9　步驾式插腿式叉车

乘驾式插腿式叉车:带有外伸支腿,货叉位于两支腿之间,载荷质心始终位于稳定多边形内,由一名坐在座位上(坐驾式)或站在操作平台上(站驾式)的操作者控制,如图 10-10 所示。

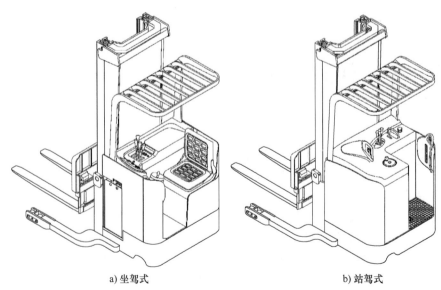

a) 坐驾式　　　　　　b) 站驾式

图 10-10　乘驾式插腿式叉车

2. 典型构造

插腿叉车主要由车架、货叉、液压系统、车轮、控制系统等部分组成。车架是整个叉车的主体部分，一般使用钢材加工而成，具有足够的强度和刚度。货叉也是叉车的重要组成部分，可以沿着车架上下移动，用以搬运和堆放货物。液压系统可以控制叉车的升降和倾斜，提高操作效率。车轮通常采用橡胶轮或聚氨酯轮，可以满足不同场地的使用需求。控制系统包括转向盘、制动器和加速器等，可以对叉车进行精准操作。

步驾式叉车的运行速度不应超过 6km/h。对于带有折叠式站板的步驾式叉车，当站板被放下且防护装置处于其保护位置时，运行速度才可超过 6km/h。站驾式叉车和带有折叠式站板的步驾式叉车的最大运行速度不应超过 16km/h。

叉车液压系统的设计性能应满足在液压油处于正常工作温度、门架垂直、满载的情况下，前 10min 内由于内部泄漏造成的载荷下降不超过 100mm。

3. 功能及用途

插腿式叉车的两条支腿向前伸出，支承在很小的车轮上。支腿的高度很小，可连同货叉一起插入货物底部，然后由货叉托起货物。货物的重心落在车辆的支承平面内，因而稳定性很好，不必设置平衡重。插腿式叉车一般用电动机驱动，蓄电池供电，起重量小，车速低，对路面要求高，但结构简单，外形小巧，适用于通道狭窄的库内作业场合。叉取货物并起升一定高度后，门架缩回，降下货叉，可把货物放置在叉车货台上。起升机构在车辆行驶时不受载。由于货物重心在前后车轮支承平面内，因而纵向稳定性很好。插腿式叉车适合装卸、搬运长件货物，如型钢、管材、木料等。插腿式叉车具有较高的承载能力和稳定性，但对货物的形状和尺寸有一定要求。

10.7.2 前移式叉车

1. 工作特点

与插腿式叉车类似，前移式叉车也有两条支腿向前伸出，如图 10-11 所示，但支腿的高度和前轮的直径明显大于插腿式叉车。前移式叉车的门架（或叉架）在装卸货物时可以向前伸出，搬运货物时缩回，兼顾装卸性能和行驶中的稳定性。前移式叉车也分为步驾式前移式叉车和乘驾式前移式叉车，其中，乘驾式前移式叉车又分为坐驾式和站驾式。前移式叉车起重量较小，往往采用电动机驱动。电动前移式叉车具有机动灵活、操纵轻便、无污染、低噪声等特点。

图 10-11 前移式叉车

前移式叉车具有平衡重式叉车和电动堆垛机的共同特征。当门架前伸至最前端时，载荷重心落在支点的外侧，此时相当于平衡重式叉车；当门架完全收回后，载荷重心落在支点内侧，此时相当于电动堆垛机。这两种性能的结合使得这种叉车具有操作灵活性和负载能力强的优点，同时体积和自重不会增加很多，最大限度地节省作业空间，大大提高仓库空间的利用率。

2. 典型构造

1) 货叉：一般货叉的水平段和垂直段做成一整体，称为整体式货叉。

2) 叉架：叉架也称为滑架，用于安装货叉或其他配套工作属具，并带动货物由滚轮以立柱为导轨一起升降。起重链条通过叉架提升货物，货物重量和货叉自重形成的力矩由叉架传递给门架，当链条带动叉架升降时，叉架带动属具以内门架为导轨做升降运动，并承受全部货物重量。叉架一般由两部分构成，前部是一套焊接框架结构，主要用途为安装悬挂货叉及其他属具，后部是两列装有导向滚轮的滚轮架，与前部框架焊接构成一体，由链条牵引，沿门架导轨升降。

3) 门架系统：前移式高位叉车的门架系统由内、中、外门架组合而成，它们均为框架结构，由左、右两根立柱以及上、下横梁组合焊接而成，结构中存在足够大的截面，用来承载货物和叉架的重量。出于对刚性的要求，各级门架后部均会焊接有中间横梁。例如，RT25.2型前移式高位叉车展开高度达12m，额定载荷达2.5t，全部展开时弯矩十分大，因此中门架在两边立柱连接处设计了加强板，而外门架除设计了加强板外还运用了空心圆柱式横梁，理论上大大加强了门架机构的抗弯能力。

4) 起重链条及滚轮：起重链条的功能是支承叉架和货物的重量，是一种带动叉架升降的挠性件。常用的起重链条分为片式链条和套筒滚子链条两种。片式链条结构简单，承载能力大，耐冲击，适用于大吨位叉车。套筒滚子链条传动阻力小，适用于中小型叉车。

蓄电池前移式叉车的基本参数宜优先选用表10-1规定的数值。

表10-1 蓄电池前移式叉车基本参数

参数名称	优先选用值
额定起重量 Q/kg	500,800,900,1000,1200,1250,1400,1500,1600,1800,2000,2500,3000,3500,4000,4500,5000
标准载荷中心距 D/mm	400,450,500,600,900
起升高度 h_3/mm	2500,2700,3000,3300,3600,4000,4500,5000,5500,6000,6500　7000,7500,8000,8500,9000,9500,10000,10500,11000,11500,12000,12500,13000
货叉长度 l/mm	800,900,1000,1070,1150,1200
系统标称电压 U/V	24,36,48,72,80,96,120

3. 功能及用途

前移式叉车是一种具有特殊机构的叉车，门架能够带动货叉前移，伸出到前轮之外叉取或放下货物，使车身不必进入货物棚内就能够完成搬运工作；在行走时货叉带着货物收回，使货物重心保持在支承面内，从而确保稳定性。与普通叉车相比，前移式叉车具有更灵活的操作性和更高效的货物搬运能力，能够充分利用垂直存储空间，提高货物搬运效率。

前移式叉车有如下典型应用。

1) 狭小的运输通道：前移式叉车适用于宽度较窄的货物棚或楼梯间，其车身结构小巧灵活，可在较小的空间内实现货物的搬运。

2) 高架仓库：叉车在高架仓库中的承载能力和搬运效率都是关键因素，考虑到高度和空间限制，前移式叉车常用于高架仓库内进行货物搬运。同时，前移式叉车的前置叉栓可以平滑地进出货物棚，不会损坏货架和货物。

3)超长货物搬运:部分前移式叉车可以增加叉长或货叉转角,进而轻松地搬运超长的货物,提高搬运效率。

4)特殊场合搬运:在制药、食品加工车间等对搬运环境要求比较高的场合,前移式叉车也是比较好的选择,由于其小巧灵活,可以在狭小的空间内满足特殊搬运要求。

步驾式前移式叉车的运行速度要求同插腿式叉车。

10.7.3 侧面叉车

1. 工作特点

侧面叉车主要用来装卸和搬运电杆、木材等长、大物品,如图10-12所示。侧面叉车的门架位于车身的一侧,既可以起升下降,也可以伸出和缩回,能够将货物放置在车体右半边的载物台上搬运。侧面叉车在装卸货物时为了保证稳定性,应伸出支腿液压缸。侧面叉车作业,有如下两个主要特点。

1)在出入库作业的过程中,车体进入通道,货叉面向货架或货垛,这样在进行装卸作业时不必先转弯再作业,这个特点使侧面叉车适合于窄通道作业。

图10-12 侧面叉车

2)由于结构上的一些特点,侧面叉车有利于条形长尺寸货物的装卸工作,因为长尺寸货物与车体平行,前进时可以不受通道宽度的限制。

2. 典型构造

侧面叉车主要由车身系统、动力传动系统、液压系统、转向系统、进排气系统、制动系统、起重系统、车轮行驶系统、电气系统、标牌及涂装等组成。

1)车身系统:车身系统作为侧面叉车的基础系统,是承载行走系统、起重系统等的基础,要求车架在举升、伸出等工作的任何状态下均具有较高的强度和结构稳定性。另外,车身系统还包括机罩、驾驶室等部分。

2)动力传动系统:动力传动系统是整车的心脏系统,是负责整车行走和所有动作的动力输出源,整机工作时表现的好坏取决于动力传动系统设计的匹配程度,因此动力传动系统应经过全面计算才能进行设计。动力传动系统主要包括:发动机、变速器、链轮箱、传动轴、驱动桥总成、轮辋及轮胎等。

3)液压系统:液压系统是实现侧面叉车所有动作的执行源,包括动力元件、执行元件、控制元件、辅助元件和液压油。

4)转向系统:采用横置液压缸转向桥,主要由转向桥体、转向液压缸、转向连杆、转向轮毂、转向节、轴承、主销等组成。侧面叉车转向桥比一般叉车的转向桥多了制动鼓部件。转向桥可运用四连杆优化程序进行优化,以最大转角误差最小化、最小传动角最大化、力传动比变化倍数最小化为目标函数,以获得最佳机构特性。

5)进排气系统:对于内燃机来说,发动机进气和排气系统设计的好坏直接关系到发动机动力的表现，进排气系统的压力均应大于发动机要求的最小背压，因此就要求管路布置尽量简洁合理，同时具有空气滤清器、消声器、废气处理单元等。

3. 功能及用途

1) 仓库：侧面叉车被广泛应用于各种仓库中，尤其是小型仓库。其侧身构造和能够斜向的搬运方式使其能够在狭小的仓库通道内搬运货物，从而节省空间，提高仓库容量利用率。

2) 超市：当超市增、减库存时，使用侧面叉车可以非常方便地搬运货物。叉车在小门户和小角落中也能轻松地搬运商品和货物并放置在相应的货架上。

3) 制造工厂：在制造业中，侧面叉车可以用来提高设备的效率，帮助生产者进行物流配送的自动化操作，将原材料和成品转运到指定的生产线上。

4) 集装箱场地：侧面叉车在集装箱场地、码头等场所能够快速、方便地将集装箱装卸下来，然后放置到相应的存储区域中。同时，侧面叉车还可以通过集装箱焊接的钢杆或隔板进行转运。

5) 物流快递：当物流公司快递员派送包裹时，侧面叉车能够非常方便地将包裹搬运到货车上或从货车上搬下来，提高了物流公司的配送效率。

10.7.4　侧面堆垛式叉车

侧面堆垛式叉车是一种能够在车辆运行方向的两侧进行堆垛和取货的高起升堆垛叉车。这种叉车的特点在于其灵活性和高效性，非常适合在狭窄的空间内或需要频繁进行堆垛和取货作业的场所使用。这类叉车的设计使得操作员能够在不转动叉车的情况下，直接在叉车运行方向的两侧进行堆垛和取货操作，这能够大大提高作业效率，减少转弯和调整的时间。

10.7.5　三向堆垛式叉车

三向堆垛式叉车是一种能够沿三个方向行驶的叉车，三向属具结构可视为由两个移动关节、一个旋转关节和连杆组成，可以前后行驶、左右移动和旋转。该类叉车的托盘装卸高度可达15m，可用于高密度货物存储，并可在狭小的通道内行驶。

10.8　手动叉车

手动叉车是一种高起升装卸和短距离运输两用车，如图10-13所示。由于不产生火花和电磁场，特别适用于汽车装卸及车间、仓库、码头、车站、货场等场合的易燃、易爆和禁火物品的装卸运输。

手动叉车具有以下特点。

1) 手动叉车是物料搬运不可缺少的辅助工具，托盘搬运最轻便，操作难度最低，任何人均可操作，具有升降平衡，转动灵活。

2）舵柄的造型适宜，带有塑料手柄夹，操作者可以用手方便地操纵起升、下降和行走控制杆，托盘车使用起来轻便、安全、舒服。

3）货叉由高抗拉强度槽钢做成。叉尖做成圆形，插入托盘时，使托盘免受损坏，导轮能使货叉顺利插进托盘。

4）坚固的起升系统能满足大多数的起升要求，并按标准要求镀锌。泵的液压缸装在重载保护座上，缸筒是镀铬的。低位控制阀和溢流阀能够确保操作安全，并可延长使用寿命。

图 10-13　手动叉车

5）车轮运转灵活，并装有密封轴承，前、后轮均由耐磨尼龙制成，滚动阻力很小，并有橡胶、聚氨酯或专用轮胎供选。

6）平时液压系统和轴承无须维护，但所有轴承均需备有加油孔以便在极端情况下加油。

10.9　氢燃料叉车

1. 现状

目前国内方面，国家及地方发布多项对氢能产业发展的扶持政策，在政府和企业的携手合作下，国内氢燃料叉车已实现多批商业化应用。2019 年，清大股份与深圳汽航院成立全国首个"燃料电池智能叉车联合创新中心"，着手燃料电池叉车领域的技术发展及发展战略研究。杭叉集团介入氢燃料电池专用叉车的研究与开发较早，2000 年在天津保税区专门成立天津新能源叉车有限公司，目前已形成 2~18t 全系列的产品，如图 10-14 所示。

2021 年 10 月 8 日，中国石化燕山石化氢能叉车加注示范站建成投用。投用后，示范站可为公司 37 辆氢燃料电池叉车加注氢气，成为目前国内一次投用数量最多的氢能叉车示范应用项目，将在生产辅助用车领域开创氢能应用新场景，引领氢能应用新突破。

图 10-14　氢燃料叉车

2021 年 10 月 28 日，安徽叉车集团核心控股子公司安徽合力股份有限公司首台 4~5t 氢燃料电池叉车亮相上海，实现国内该吨位级氢燃料电池叉车零的突破。此款叉车的燃料电池系统功率高达 25kW，峰值功率为 55kW。

2. 特点

目前来说，氢燃料电池的制造成本较高，技术仍不够完善。与传统叉车相比，氢燃料叉车在工作效率、环保性、节约时间、冷库作业适应性等方面具有明显优势，能够满足物流、仓储、冷链等多种场景的应用需要。

氢燃料叉车的排放只有纯水，能完全实现零碳排放；1~3min 即可完成氢气加注，连续工作时间可达到 8~10h；输出功率恒定，适合长期作业，且能适应 -30~50℃ 的工作环境，弥补了内燃叉车和电动叉车的短板。

3. 展望

氢燃料叉车前景广阔，国内外市场争相布局发展。未来，氢燃料叉车不仅在全生命周期上可与传统叉车竞争，借力氢燃料电池技术的发展，采购成本也将低于传统叉车，市场发展空间较大。国际市场方面，贝哲斯咨询调研显示，2022 年全球氢燃料叉车市场规模达到 24.24 亿元，预计至 2028 年，全球氢燃料叉车市场规模将达到 147.87 亿元。德国机械与设备工程协会 e.V.（VDMA）在《燃料电池技术对机械和零部件供应商行业的影响》一文中提出，预计到 2030 年，氢燃料叉车的市场份额将达到 10%~20%。

习题

10-1 进箱叉车（集装箱箱内作业叉车）的工作特点是什么？主要功能及用途是什么？
10-2 越野叉车的工作特点是什么？主要功能及用途是什么？
10-3 现代伸缩臂式集装箱搬运车在智能化和自动化方面主要有哪些措施？
10-4 伸缩臂式叉车的作业优点有哪些？
10-5 氢燃料叉车有哪些特点？

第 11 章　无人驾驶工业车辆

无人驾驶工业车辆（Driverless Industrial Truck）是指设计成自动操作来完成运输作业的机动车辆，并根据 GB/T 10827.4《工业车辆安全要求和验证 第 4 部分：无人驾驶工业车辆及其系统》要求配备人员探测装置等保护和保障措施。目前应用成熟的是自动引导车（Automated Guided Vehicle，简称 AGV）和移动机器人等。

11.1　自动引导车

11.1.1　工作特点

自动引导车也称为自动导向搬运车、自动引导搬运车，是采用自动或人工方式装载货物，按设定的路线自动行驶或牵引着载货台车至指定地点，再用自动或人工方式装卸货物的工业车辆。随着工业自动化、智能化进程的发展，AGV 逐渐成为物流行业、智能工厂及柔性制造车间物料流的重要支撑装备，可代替工人完成对各类货物的搬运工作，进而节约人力成本，减少人身伤害，提升工作效率。

AGV 只有按物料搬运作业自动化、柔性化和准时化的要求，与自动导向系统、自动装卸系统、通信系统、安全系统和管理系统等构成自动引导车系统（AGVS）才能真正发挥作用。AGV 具有以下特点。

1）运行路径和目的地可以由管理程序控制，机动能力强。而且某些导向方式的线路变更十分方便灵活，设置成本低。

2）工位识别能力强，定位精度高，具有与各种加工设备协调工作的能力。在通信系统的支持和管理系统的调度下，可实现物流的柔性控制。

3）载物平台可以采用不同的安装结构和装卸方式，能满足不同产品运送和加工的需要。因此，物流系统的适应能力强。

4）与传统物料输送系统在车间内固定设置且不易变更相比，AGV 物流系统的设置柔性强，并可以充分利用人行通道和叉车通道，从而改善车间地面利用率。

11.1.2　AGV 控制系统关键技术

AGV 在实际应用中都是以一体化控制系统的模式存在，其控制系统可分为管理控制层、传输层和执行层,如图 11-1 所示。从应用至今,技术不断革新突破。AGV 控制系统关键技术包括导航定位技术、任务调度技术、路径规划技术、冲突避障技术、多信息融合技术等。

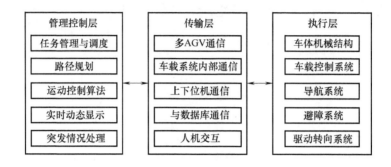

图 11-1 AGV 控制系统组成

（1）导航定位技术　导航定位技术是 AGV 相关技术的研究核心，AGV 须能够实时判断当前站点位置和目标站点位置，并根据任务指令信息到达目标作业点。

（2）任务调度技术　为了保证 AGV 控制系统的高效运行，控制系统需要对任务订单进行有效分解并制订与之相匹配的最佳调度策略，综合考虑每辆 AGV 的充电时间、空闲时间、任务执行数量、最优执行路径等多种因素，以实现任务的最优分配及现场资源的充分利用。监控决策层要结合整个控制系统的资源情况，实现订单任务的初步处理。

（3）路径规划技术　当任务订单分配好后，控制系统为 AGV 要执行的每一个子任务规划出一条行驶路径，使其能够顺利地从起始工位到达目标工位，同时保证行驶距离最短、时间最优，并在发生路径或节点资源冲突时能够有效避让。

（4）冲突避障技术　在一个标准的控制系统中通常会有多辆 AGV 同时工作，单辆 AGV 所处的环境时刻都在变化，这就增加了控制系统的无序性及复杂性，导致 AGV 之间对于节点和路径资源争夺的发生概率急剧升高，为任务调度及路径规划带来极大的不便。解决冲突的方法主要是交通规则法，可以预先制订一定的制度准则以缓解多 AGV 冲突压力，保证多辆 AGV 能共同完成任务。

11.1.3　AGV 定位方法

AGV 定位问题是与 AGV 的结构和环境紧密相关的，基于单一设备定位的方法主要可分为相对定位法和绝对定位法。目前主流方案都采用多传感器融合定位技术以提高定位精度和稳定性。

（1）相对定位法　相对定位法是通过 AGV 的加速度或速度信息，应用航迹推算法来推算 AGV 相对于初始位姿的相对位姿。相对定位法主要有两种方案，一是里程计定位方案，一般使用电动机编码器来测量车轮旋转速度；二是惯性导航方案，一般通过惯性元件测量加速度和角加速度。

（2）绝对定位法　绝对定位法通常会在空间中布设一个或多个发射基站和接收装置，AGV 上的接收装置接收来自发射基站的带有测量信息的不同形式信号（光、声、电、磁等），并对它们进行处理整合转换为 AGV 自身的位姿信息，或者直接反射回发射基站由发射端处理解算，进而实现 AGV 相对于导航坐标系的绝对定位。绝对定位方法主要有传统的磁带或色带导航、全球定位系统导航、激光导航、光学导航、主动或被动地标导航、电磁感应导航等方法，常见的 AGV 定位导航传感器如图 11-2 所示，它们的引导方式对比见表 11-1。

a) 惯性传感器　　　　b) 三维激光传感器　　　　c) 二维激光传感器

d) 单目相机　　　　e) 双目相机　　　　f) RGB-D 相机

图 11-2　常见的 AGV 定位导航传感器

表 11-1　导航传感器引导方式对比

导引方式	定位精度	柔性	成本	技术难度	成熟度	应用范围	发展前景
激光导引	高	好	高	高	较成熟	较广	好
GPS 导引	一般	好	高	高	较成熟	窄	一般
视觉导引	高	好	高	高	较成熟	较广	好
惯性导引	一般	好	高	高	较成熟	窄	一般
光学导引	较高	较差	低	低	成熟	较广	较好
磁带导引	较高	较差	低	低	成熟	广	好
电磁导引	较高	较差	低	中	成熟	较广	较好

11.1.4　无人驾驶技术的应用

无人驾驶技术是近年来发展最为迅速的科技领域之一，其应用领域也越来越广泛。无人驾驶技术在工业车辆上的应用标志着工业自动化和智能化的新纪元。这项技术通过融合传感器、人工智能、大数据分析、云计算和通信技术，赋予工业车辆自主执行复杂任务的能力，极大地提升了作业效率和安全性。

1) 在物流运输领域，无人驾驶技术使得工业车辆能够自动规划最优运输路线，实现货物的快速、准确搬运。这些车辆能够感知周围环境，自动避让障碍物，确保货物安全无损地到达目的地。此外，它们还能与仓库管理系统无缝对接，实现库存的实时监控和自动化管理。

2) 在仓储管理环节，无人驾驶叉车和搬运车的应用能够使货物的上架、拣选和搬运过程更加高效和精确。这些智能车辆能够识别货物位置，自动调整搬运策略，减少人工干预，降低操作错误率，同时提高仓库空间利用率。

3）矿区作业是无人驾驶技术的另一个重要应用场景。在矿区，无人驾驶运输车辆能够自动执行物料运输任务，减少矿工在危险环境中的暴露时间，显著提高作业安全性。同时，它们还能根据矿区的实际情况，智能调整运输路线和速度，提高运输效率。

4）工业园区内部物流也是无人驾驶技术发挥作用的领域。在园区内，无人驾驶车辆可以承担起物料和产品运输的任务，实现生产与物流的无缝对接。通过智能调度系统，这些车辆能够根据实时的生产需求和物流状态，自动优化运输计划，减少等待和空驶时间。

5）在危险品运输方面，无人驾驶车辆能够替代人在高风险环境下作业，降低事故发生的风险。它们能够稳定地运输易燃、易爆、有毒等危险品，确保运输过程的安全。

协同作业是无人驾驶技术的一个亮点。多辆无人驾驶工业车辆可以通过车联网技术实现信息共享和任务协调，形成高效的作业网络。这种协同作业模式能够提高整体作业效率，减少资源浪费。环境适应性是无人驾驶工业车辆的重要特点。无人驾驶工业车辆通常配备多种传感器，能够适应室内外、不同光照和天气条件的工作环境。这使得无人驾驶工业车辆能够在各种工业场景中稳定运行，满足多样化的作业需求。

随着技术的不断进步和成本的降低，无人驾驶技术在工业车辆上的应用前景广阔。预计未来无人驾驶工业车辆将在众多领域得到更广泛的应用，如智能制造、智能农业、智能建筑等，推动工业自动化和智能化向更高层次发展。无人驾驶技术将为工业领域带来革命性的变化，创造更高的经济价值和社会价值。

11.1.5 关键技术

环境感知、导航定位、路径规划和运动控制是支撑无人驾驶技术的4个主要方面，环境感知主要是通过安装在车辆上的各种传感器来采集车辆周围的环境信息，帮助车辆做出正确抉择；导航定位主要是通过 GPS 系统实时获得车辆的位置信息；路径规划是已知车辆起点和终点，规划出一条无碰撞最优路径；运动控制是控制车辆沿着既定路径进行运动。

1. 环境感知

机器视觉、激光雷达、超声波传感器等是核心组成部分，它们共同为无人驾驶系统提供环境感知能力。

（1）机器视觉在无人驾驶技术中的应用　机器视觉是人工智能正在快速发展的一个分支。与人的视觉器官一样，机器视觉系统可视为一个综合的传感器，其本质就是利用机器代替人眼来进行测量、分析和判断。机器视觉系统通过图像摄取设备获取外部图像并将其转化成图像信号，然后将图像信号传输给专门的图像处理系统，得出拍摄对象的像素分布、亮度、颜色等信息，再将这些信息转换为数字化信号。图像处理系统经过各种运算，提取出拍摄目标的特征，从而根据识别的结果信息来控制现场设备的动作。

机器视觉技术综合了机械工程、图像处理、传感器、视频处理和计算机软硬件等技术。一个完整的机器视觉系统包括光源、镜头、工业相机、图像采集卡、图像处理软件和系统集成等几部分。机器视觉可以提高生产的灵活性和自动化程度。在一些不适合人工作业的危险场合或人类视力无法到达生产所需的精密程度的场景中，机器视觉均可替代人工完成作业。

同时，在大批量重复生产过程中，使用机器视觉检测的方法可以有效提高作业效率。机器视觉是车辆实现无人驾驶的重要技术。通过机器视觉，无人驾驶车辆能够识别道路边缘，保持在道路中间行驶，同时能够识别交通标志和红绿灯信息，对行人的识别也十分有效，进而避免发生交通事故。

国内外很多学者对机器视觉在无人驾驶技术中的应用做了很多研究，中国矿业大学的章全利应用智能检测技术对基于机器视觉的单轨吊无人驾驶通过性进行了研究，东华大学的陈如意对基于机器视觉的无人驾驶中小型障碍物检测进行了研究，长春工程学院的张培森对基于机器视觉的工厂无人驾驶清扫车进行了研究，北京交通大学的马文华对基于机器视觉的无人驾驶列车主动障碍物检测技术进行了研究，以上诸多学者对机器视觉的研究为无人驾驶技术的发展做出了很大贡献。

（2）激光雷达在无人驾驶技术中的应用　激光雷达是无人驾驶车辆中常用的传感器，是获取车辆行驶位置及周围道路信息的重要媒介。激光雷达主要使用激光照射目标物体，主动照射有助于信号接收器在一切测量环境中对准发射源。传感器不受外部光源影响，可在夜间、地下、隧道等环境中使用。激光雷达能够进行信息采集与目标检测，并将多传感器采集的环境数据上传至云计算平台，实现无人驾驶车辆关键信息的获取与道路目标检测。

激光雷达通过连续不断发射激光获取目标物体的参数，以三维点的形式实现对环境的感知。由于数据点具有不均匀性，因此需要对数据进行预处理，实现数据的降噪和采样。

近年来国内对于激光雷达在无人驾驶技术中应用的研究有很多，吉林大学的谭勇基于欧式聚类的方法实现了对点云数据的处理；哈尔滨工业大学的肖大鹏采用组合滤波的方法提高了点云数据的处理效率与品质，并通过创建无人驾驶场景完成目标识别与定位；哈尔滨工业大学的杨旭基于统计滤波与数据去噪的方法提高了数据处理效果；武汉理工大学的蒋剑飞提出了一种合并式聚类分割的方法，用于实现车辆目标的分类与识别，具有良好的可行性和鲁棒性；兰州石化职业技术大学的张旭燕、郭建宏等人构建了一种基于激光雷达的无人驾驶车辆环境感知系统。

（3）超声波传感器在无人驾驶技术中的应用　超声波雷达具有成本低、运用灵活的特点，它在短距离低速度运行上有自己的独特之处，主要应用在倒车辅助、自动泊车等方面。因为激光雷达装在车顶之上，在车辆底部就会形成一个无法测量的圆形区域，所以激光雷达存在盲区，它主要用于远距离测量，对近距离测量的精度还不够。泊车时的精度需要达到厘米级，因此，要用善于近距离测量的超声波雷达来实现自动泊车。

中国矿业大学的孙继光教授对矿井车辆无人驾驶技术进行了研究，提到超声波定位具有受粉尘影响小、不受光照影响、不需在动目标上设置定位卡、系统简单、成本低等优点，但存在测距范围小、测量精度低、不能识别动目标身份、非视距定位误差大等缺点。因此，煤矿井下车辆和人员等动目标定位不宜采用超声波定位技术，但超声波定位技术可用于矿井车辆障碍物识别及测距。

2. 路径规划

在无人驾驶技术中，路径规划负责确定无人驾驶车辆从起点到终点的最优行驶路线。路径规划作为无人驾驶车辆的关键核心技术之一，是连接环境感知和运动控制的桥梁，其规划出来的路径质量好坏直接影响着车辆的行驶轨迹，是实现自动驾驶的基础，具有十分广阔的科研价值和商业应用前景。

根据无人驾驶车辆对环境信息感知程度的不同，将路径规划划分为全局路径规划和局部路径规划。全局路径规划需要掌握所有的环境信息，根据环境地图的所有信息进行路径规划。局部路径规划只需要由传感器实时采集环境信息，了解环境地图信息，然后确定出所在的地图位置及其局部的障碍物分布情况，从而选出从当前节点到某一子目标节点的最优路径。

目前国内外对全局路径规划算法的研究中，常用的有粒子群算法、A*算法、蚁群算法、Dijkstra算法等，而常用的局部路径规划算法有遗传算法、RRT算法、人工势场法等。

3. 运动控制

无人驾驶车辆的控制主要集中在对其运动的控制上，目标是提高车辆应对复杂路况的自适应调整能力，提升路径规划的准确程度，保证路面行驶时的安全性和高效性。无人驾驶运动控制的常用控制方法有PID控制、BP神经网络控制、自适应模型预测控制等。

PID控制即比例-积分-微分控制，是最常用的控制方法，当前国内外的很多研究都对改进的PID算法进行研究，从而使控制系统更加稳定、拥有更好的性能指标。

BP神经网络是基于反向传播而构建的多层、多节点的神经网络系统。BP神经网络具有较强的自适应调节能力，能够克服无人车辆控制中不确定性强、鲁棒性差的特点，可以在较高程度上优化算法的控制参数，提升控制的精确性及普适性。

自适应模型预测控制可视为一个以周围环境改变为参照，自动调节自身性能的自反馈控制体系，能够基于数字模型方法优化自身标定的工作状态。对于无人车辆这样的非线性不确定模型，自适应模型预测控制的动态调整特征有利于在简单的框架下对其实行鲁棒性控制，从而提高仿真模拟的准确性。

总体而言，工业车辆无人驾驶技术涉及利用多种传感器实时采集环境数据，通过数据处理和分析来理解周围环境，然后基于车辆动力学和环境模型进行精确的路径规划；接着通过运动控制算法来管理车辆的加速、制动和转向，确保车辆能够稳定且安全地沿着预定路径行驶；同时，系统还包括与工业环境其他自动化组件的集成，以及安全和冗余措施，以保障操作的可靠性和人员、设备的安全性。

11.2 移动机器人

美国麻省理工学院是世界上最早从事移动机器人研究工作的机构。在20世纪70年代末和80年代初，卡耐基梅隆大学成为知名的移动机器人研究机构，其人工智能安全实验室的赵鼎教授团队以开源自主连接和自动化研究车辆平台（Open CAV Platform）为基础，研发了一款自主导航移动机器人，如图11-3所示，该机器人搭载了高分辨率双目摄像头、激光雷达等一系列传感器，可以实现SLAM（即时定位与地图构建）、路径规划、室内外自主避障等功能，并能够通过安装的触摸屏进行实时人机交互。进入21世纪以来，移动机器人SLAM导航研究取得了突破性的进展。

随着我国对移动机器人产业的重视，国内涌现出很多移动机器人公司，并研发出了许多成熟的产品。图11-4所示为杭州海康机器人股份有限公司自主研发的LMR系列潜伏移动机器人，该机器人不仅可以实现自主路径规划、智能避障，而且其导航方式多样，可以通过二维码或 SLAM 实现导航功能，可以实现 360°全方位智能障碍识别、低矮障碍物检测、悬浮物检测等多种安全防护功能。

图 11-3　卡耐基梅隆大学的移动机器人　　　　图 11-4　海康 LMR 系列潜伏移动机器人

11.2.1　基于改进 A* 算法的全局路径规划方法

A* 算法是一种启发式搜索算法，具有搜索效率高、规划速度快等特点，已经广泛应用于全局路径规划的求解。A* 算法在整体的运行过程中会创建两个集合来表示整个环境中已被扩展且待遍历搜索的节点与已经被遍历搜索过的节点，这两个集合通常用"open_set"和"close_set"来表示。A* 算法在运行过程中，每次都会选取待遍历搜索集合中优先级最高的节点作为下一个待遍历搜索的节点。A* 算法的规划步骤如下。

1）在栅格法建立的地图中标注上起点与目标点，初始化"open_set"与"close_set"集合并将起点添加到初始化后的"open_set"集合中，设置起点优先级为最高。将起始点设置为当前节点"cur_node"。

2）对"cur_node"节点的相邻节点进行遍历搜索，如果相邻节点不可通过或已保存在"close_set"集合中，则跳过该节点，若相邻节点可通行且不在"open_set"集合中，将其添加到"open_set"集合中。转移"cur_node"节点到"close_set"集合中。

3）若"open_set"集合为空，表示完成遍历搜索，算法结束。若"open_set"集合不为空，选择"open_set"集合中优先级最高的节点作为当前节点"cur_node"。

4）判断"cur_node"节点是否为目标节点，若是目标节点则停止搜索，从"cur_node"节点沿父节点逐级回溯到起始节点，得到目标路径。若不是目标节点则返回步骤 2），直到扩展到目标节点。

A* 算法流程图如图 11-5 所示。

1. A* 算法的启发函数

A* 算法的启发函数决定了该算法在运行过程中的路径搜索行为。以 $f(n)$ 表示节点 n 的综合优先级，$g(n)$ 表示从起点到节点 n 的移动代价，$h(n)$ 表示从节点 n 到目标点的移动代价，则启发函数可以表示为

$$f(n)=g(n)+h(n) \tag{11-1}$$

A* 算法在搜索过程中总会选取综合优先级最高的节点作为下一个目标节点。

在 A* 算法的搜索过程中，启发函数会极大地影响 A* 算法的搜索行为，具体表现为：若启发函数中的 $h(n)$ 始终为 0 时，则当前节点的优先级只由 $g(n)$ 决定，此时的 A* 算法将会退化为 Dijkstra 算法；反之，当 $h(n)$ 相比于 $g(n)$ 过大时，则只有 $h(n)$ 会产生效果，A* 算法将会退化为广度优先搜索算法；若 $h(n)$ 小于等于当前节点到目标点的移动代价，则 A* 算法在搜索结束后一定可以得出最短路径，但相应地，$h(n)$ 的值过小将会造成搜索路径中满足条件的节点增多，进而增加算法的计算复杂度，导致算法响应速度降低。因此在使用 A* 算法进行路径规划时，可以通过调节启发函数的值来控制 A* 算法在执行速度与准确度之间找到平衡。

常见的启发函数有曼哈顿距离、欧几里得距离和切比雪夫距离。曼哈顿距离做算法的启发函数时，该算法可以在四个方向移动，切比雪夫距离表示的运动方向为八个方向，欧几里得距离的表示方法下机器人可以自由运动。

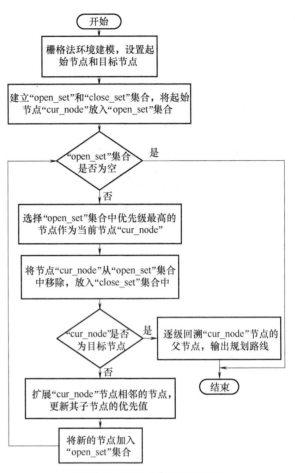

图 11-5 经典 A* 算法流程图

曼哈顿距离如图 11-6a 所示，起点 $S(x_i, y_i)$ 和目标点 $G(x_j, y_j)$ 之间的曼哈顿距离的表达式为

$$D = |x_i - x_j| + |y_i - y_j| \tag{11-2}$$

切比雪夫距离如图 11-6b 所示，其值为起点和目标点两点横坐标和纵坐标最大差值的绝对值，表达式为

$$D = \max\{|x_i - x_j|, |y_i - y_j|\} \tag{11-3}$$

欧几里得距离如图 11-6c 所示，其值为起点和目标点两点之间的直线距离，表达式为

$$D\sqrt{(x_i - x_j)^2 + (y_i - y_j)^2} \tag{11-4}$$

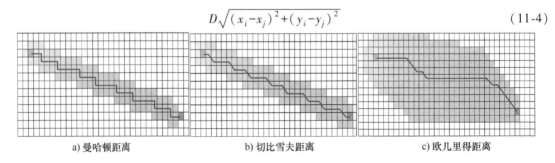

a) 曼哈顿距离　　　　b) 切比雪夫距离　　　　c) 欧几里得距离

图 11-6　A* 算法三种启发函数

2. 改进 A* 算法

A* 算法在搜索过程中每次向外拓展节点时，都需要根据当前节点所在的栅格搜索其附近的八个栅格，从算法的时间复杂度看，A* 算法的时间复杂度为 $O(n^2)$，n 为栅格地图中生成的所有栅格单元，因此当遇到起始点与目标点距离过远、障碍物较多的环境空间时，由于需要计算的栅格增多，A* 算法的计算时间将大大增加。因此需要对 A* 算法进行优化，来满足复杂场景需求。

（1）传统方法改进 A* 算法　一般有改进数据结构和改进启发函数两种 A* 算法的优化方法。通过使用哈希表或堆数据结构存储"open_set"和"close_set"集合中的节点数据，来提高数据搜索的时间，因为哈希表和堆查找的时间复杂度为 $O(1)$，相对于传统 A* 算法的节点查找方法，该方法的时间复杂度大大降低，因此可以在整个搜索过程中减少每一个节点的计算时间，如图 11-7 所示。

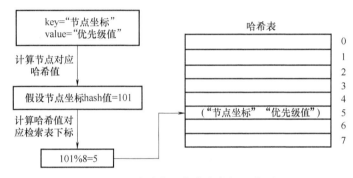

图 11-7　哈希表保存节点数据示意图

改进启发函数是另一种常用的改进方法，前面提到启发函数在 A* 算法的整体搜索过程中起着至关重要的作用，好的启发函数不仅能保证算法的准确性，同时也能使算法保持合适的运算速度。

在改进 A* 算法的启发函数时会引入障碍率 P，在算法的实际运行过程中根据障碍率 P 值的变化来改变启发函数中的 $g(n)$ 和 $h(n)$ 的权重值，使得改进后的 A* 算法能适应相对更加丰富的环境，迅速准确地得到全局最优路径，其表达式为

$$f(n) = g(n) + (1-\ln P)h(n) \tag{11-5}$$

$$g(n) = \sum_{(x_0,y_0)=(x_S,y_S)}^{(x_n,y_n)=(x_G,y_G)} \sqrt{(x_n-x_{n-1})^2+(y_n-y_{n-1})^2} \tag{11-6}$$

$$h(n) = \sqrt{(x_n-x_G)^2+(y_n-y_G)^2} \tag{11-7}$$

式中　$g(n)$——起始节点 (x_S, y_S) 到当前节点 (x_n, y_n) 的移动代价；

$h(n)$——当前节点 (x_n, y_n) 到目标节点 (x_G, y_G) 的估计移动代价。

（2）双向 A* 搜索法　传统的 A* 搜索算法在地图较简单时通常可以表现出较优异的准确性与实时性，但是当环境地图设置得比较复杂且需要较高的实时性时，A* 算法将无法满足这一要求。

移动机器人系统要求 A* 算法能够迅速地规划出一条全局路径进而为后续的局部路径规

划做准备，因此针对该算法在实时性方面的不足进行优化，将算法的整个搜索过程分为前、后两个部分，在从起始点开始向目标点搜索的同时，也从目标点开始进行搜索，进而能够在保证准确度的基础上提高算法在复杂环境中的响应速度。如图 11-8 所示，图 11-8a 表示双向搜索的过程，图 11-8b 表示了最终的搜索结果。

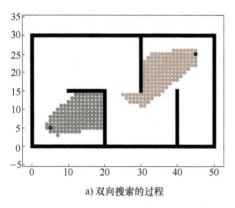 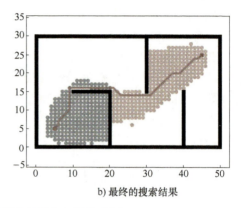

a) 双向搜索的过程　　　　　　　　　b) 最终的搜索结果

图 11-8　双向 A* 算法的搜索过程与规划的路径

在经典的双向算法的搜索过程中，搜索的目标分别是起始点与目标点，如此在整个算法的搜索过程中，当两个方向的搜索路线接近时会出现冗余判断，并且会对算法的计算速度造成影响。为了改进这一问题，可以在算法的搜索过程中不再将起点与目标点作为两方的目标节点，而是将两方的当前节点作为彼此的目标点进行下一轮搜索。

双向 A* 算法的路径规划步骤如下。

1) 初始化环境地图，依据环境地图创建栅格地图。

2) 确定起始节点与目标节点在栅格地图中的位置，初始化启发函数中的 $g(n)$ 和 $h(n)$ 的值。

3) 将起始节点添加到正向搜索的"open_set"集合中，将目标节点添加到逆向搜索的"open_set"集合中开始正向搜索。

4) 将"open_set"集合中优先级最高的节点取出作为当前节点"cur_node1"。

5) 根据当前节点进行路径搜索，更新正向搜索路径的下一个节点，判断节点是否在逆向搜索的搜索路径中，若存在则表示找到了当前最优路径，否则，将节点添加到正向搜索的"close_set"集合中。

6) 确定当前节点的下一个节点位置。以逆向搜索的"open_set"集合中的综合优先级最高的节点为搜索目标节点向当前节点的周围进行搜索，以确定当前节点的下一个最优节点，若找出的下一个节点在正向搜索的"close_set"集合中，则跳过该节点继续搜索；否则判断找到的下一个节点是否在正向搜索的"open_set"集合中，若不在则计算该节点的 $g(n)$、$h(n)$ 和 $f(n)$ 值，以确定综合优先值最大的节点为下一个最优节点。

7) 开始逆向搜索，逆向搜索的整体步骤与正向搜索基本一致。

8) 最终在算法执行结束时判断正向搜索与逆向搜索的返回值信息，若正向或逆向"open_set"集合为空，则表示未搜索到最佳路径，搜索失败；若返回成功，则将从正向搜索的"cur_node1"节点沿父节点回溯到起始节点得到的路径与从逆向搜索的"cur_node2"

节点回溯到目标节点得到的路径合并,而得到整体的最优路径。图 11-9a 表示单向 A^* 算法计算出的路径,图 11-9b 表示双向 A^* 算法计算出的路径。

改进后的 A^* 算法的具体流程如图 11-10 所示。

3. 改进前后算法对比

当 A^* 算法的启发函数不同时,相同地图环境也会得到不同的规划结果。因此分别使用欧几里得距离、曼哈顿距离、切比雪夫距离三种启发函数进行路径规划,得到最优路径。并针对得到的最优路径对相关数据进行对比分析,对双向 A^* 算法的优化情况进行评价。首先将启发函数设置为欧几里得距离,得到单向搜索与双向搜索的结果如图 11-11 所示。

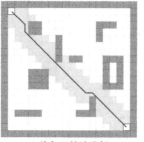
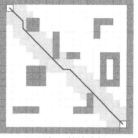

a) 单向A^*算法路径　　　b) 双向A^*算法路径

图 11-9　两种 A^* 算法得到的路径

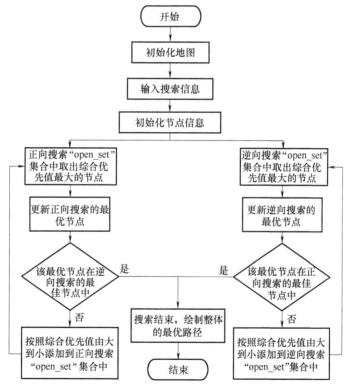

图 11-10　双向同步 A^* 算法流程图

将启发函数设置为曼哈顿距离,得到单向搜索与双向搜索的结果如图 11-12 所示。

将启发函数设置为切比雪夫距离,得到单向搜索与双向搜索的结果如图 11-13 所示。

为了进一步比较双向 A^* 算法与经典 A^* 的优劣情况,详细对比两者在三种不同启发函数下的路径规划结果,并比较分析在不同启发函数下单向搜索与双向搜索的路径长度、路径中的转角数量、算法的搜索时间、搜索的节点数量四个方面的数据,结果见表 11-2。

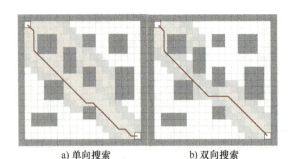

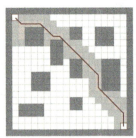

a) 单向搜索　　　　　b) 双向搜索　　　　　　　　　　a) 单向搜索　　　　　b) 双向搜索

图 11-11　欧几里得距离为评价函数的最优路径　　图 11-12　曼哈顿距离为评价函数的最优路径

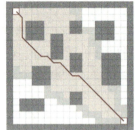

a) 单向搜索　　　　　b) 双向搜索

图 11-13　切比雪夫距离为评价函数的最优路径

表 11-2　经典 A* 与双向 A* 算法路径规划结果对比

启发函数	路径长度		转角数量		搜索时间		节点数量	
	经典 A* 算法	双向 A* 算法	经典 A* 算法	双向 A* 算法	经典 A* 算法	双向 A* 算法	经典 A* 算法	双向 A* 算法
欧几里得距离	25.8	25.8	7	4	1.266	0.531	219	146
曼哈顿距离	26.38	28.04	7	6	0.726	0.496	98	135
切比雪夫距离	25.8	25.8	8	8	1.486	0.979	300	189

仿真环境中环境地图为 20×20 的栅格地图，其中，障碍物占据的栅格数量为 72 格。通过对比双向 A* 算法与经典 A* 算法的路径规划结果发现，两者规划出的最佳路径的长度基本一致，且都能规划出符合要求的路径，在不同的启发函数之间，只有曼哈顿距离的启发函数路径长度稍长。且可以发现双向 A* 算法的运行时间基本在经典 A* 算法运行时间的一半左右，因此双向 A* 算法的运行效率更高。

此外，在使用相同的启发函数时，双向 A* 算法的路径中转角数量都小于等于经典 A* 算法，并且在以欧几里得距离为启发函数时，转角数量明显减少，这也在一定程度上表示双向 A* 算法得到的路径的路径平滑度有所提高。通过具体比较两种算法的运行速度，可以发现不同的启发函数下双向 A* 算法的运行速度分别提升了 58%、32%、34%，其中，以欧几里得距离为启发函数时的算法速度提升最多。最后比较两种算法的运行过程涉及的节点数量，在三种不同启发函数下分别减少了 33%、-37%、37%，其中，以曼哈顿距离为启发函数时，双向 A* 算法搜索过程涉及的节点数量反而有所增加。

最终综合路径长度、路径中的转角数量、算法的搜索时间、搜索的节点数量四个方面的数据分析可知，在相同的启发函数下，双向 A* 算法的算法运行效率、路径平滑度这两个重要指标都有显著的提高；除了以曼哈顿距离为启发函数的情况外，双向 A* 算法运行过程涉及的节点数,即算法运行过程所占用的内存量,与经典 A^* 算法相比也都有显著的优化。因此可知经过优化后的双向 A^* 算法具有明显优势。

11.2.2 改进 DWA 算法实现局部路径规划

1. 经典 DWA 算法分析

DWA 算法即动态窗口法,该算法主要针对局部路径规划,以使移动机器人能够在遇到障碍物时以更短的时间进行避障,并且在避障结束后迅速恢复为全局路径运行。它首先采集移动机器人在其下一运动时刻的所有线速度 v_t 与角速度 ω_t 并组成速度空间,通过预先设定好的评价函数模拟并评价所有速度在未来一定时间内的运动轨迹,最后从多组轨迹中找出评价最高的轨迹。得到目标轨迹对应的线速度 v_t 与角速度 ω_t 后,通过运动控制器将该速度指令下发给移动机器人的运行机构。图 11-14 所示为 DWA 算法的关键流程。

DWA 算法的核心在于能够依据移动机器人的加速性能和减速性能将速度搜索空间限制在一个动态窗口当中。由 DWA 算法的运行流程可以发现,影响该算法的主要参数为速度采样空间与多个评价函数。

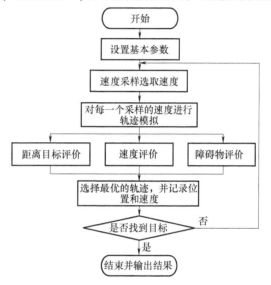

图 11-14 DWA 算法的关键流程

(1) 机器人运动模型分析 两轮差速移动机器人通过两个驱动轮驱动,并依靠两轮之间的速度差来实现转弯,如图 11-15 所示。v_1、v_2 分别表示移动机器人在转弯时左、右轮的瞬时转动速度,v_c 表示该移动机器人在此刻真实的运动朝向和速度,且由以上条件可以算出其瞬时角速度 ω_t。

(2) 速度采样空间 作为一种动态避障算法,DWA 的动态窗口是其实现动态路径规划的基础。DWA 的动态窗口是指移动机器人在运行的某一时刻,从设定的时间间隔内考虑某些限定的指标,从可行的速度范围中进行速度采样。DWA 算法主要通过在移动机器人运行过程中的每个时刻来采集下一时刻的所有可能线速度与角速度值,并通过模拟评分最终得到最优的路径轨迹,最终执行最优速度轨迹对应的速度。

如图 11-16 所示,在 DWA 算法中,速度采样空间限制主要来自移动机器人自身最小速度与最大速度的限制 V_s、移动机器人自身电动机性能的限制 V_d 以及移动机器人与障碍物之间距离的限制 V_a 三个方面。

在速度空间中定义 V_s 作为运动学约束空间,表示在移动机器人自身的最高速度与最低速度限制下,该时刻移动机器人所能取到的所有线速度与角速度的集合,可表示为

$$V_s = \{(v,\omega) | v \in [v_{\min}, v_{\max}] \wedge \omega \in [\omega_{\min}, \omega_{\max}]\} \quad (11\text{-}8)$$

定义 V_d 为电动机性能约束空间,表示移动机器人的加、减速度都被限制在一定的范围内,进行速度采集时需要考虑加、减速度值是否满足其限制条件,可表示为

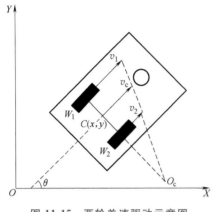
图 11-15 两轮差速驱动示意图

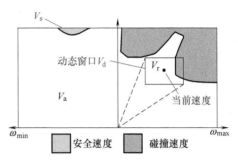
图 11-16 DWA 算法的速度采样动态窗口

$$V_d = \{(v,\omega) \mid v \in [v_c - \dot{v}_b \Delta t, v_c + \dot{v}_a \Delta t] \wedge \omega \in [\omega_c - \dot{\omega}_b \Delta t, \omega_c + \dot{\omega}_a \Delta t]\} \tag{11-9}$$

定义 V_a 为障碍物约束空间，表示在最大减速度限制条件下，所有能够使移动机器人在碰到障碍物之间便可停下的速度值，可表示为

$$V_a = \{(v,\omega) \mid v \leqslant \sqrt{2\mathrm{dist}(v,\omega) \cdot \dot{v}_b} \wedge \omega \leqslant \sqrt{2\mathrm{dist}(v,\omega) \cdot \dot{\omega}_b}\} \tag{11-10}$$

式中 $\mathrm{dist}(v,\omega)$——速度空间中的 (v,ω) 这一速度所模拟出的轨迹中上距离障碍物最近的距离。

（3）评价函数　在 DWA 算法的执行过程中，经过速度采样空间的过滤，最终可以得到多组满足条件的线速度与角速度组合。但移动机器人最终只需要其中一组作为其下一步的运动速度，此时就需要通过 DWA 算法中的评价函数根据运动学模型对所有满足条件的线速度与角速度进行评分，找到其中运动方向与目标一致、距离障碍物最远、避障时间最短的路径给予最高评分，最终评分最高的速度才会作为实际的运行速度被执行。

DWA 算法的评价函数定义为

$$G(v,\omega) = \sigma[\alpha\mathrm{heading}(v,\omega) + \beta\mathrm{dist}(v,\omega) + \gamma\mathrm{vel}(v,\omega)] \tag{11-11}$$

式中　$\mathrm{heading}(v,\omega)$——方位角评价子函数，该评价函数主要用来评价移动机器人在当前线速度与角速度下，所模拟生成的路径轨迹的最末端的朝向与当前位置到目标点之间连线的角度差，且当角度越小时，该评价函数的得分越高；

$\mathrm{dist}(v,\omega)$——障碍物距离评价子函数，该评价函数主要用来评价移动机器人在当前线速度与角速度下，移动机器人处于模拟轨迹的末端点时与障碍物之间的最短距离，距离越短说明此时移动机器人更有可能与障碍物发生碰撞，因此评价函数得分越低，反之，距离越长则该评价函数得分越高；

$\mathrm{vel}(v,\omega)$——速度评价子函数，该评价函数是为了保证所选轨迹能够快速到达目标点，主要用于评价当前轨迹末端的瞬时速度的大小，速度越高则得分越高；

α、β、γ——三个评价子函数的权重值，可以通过控制每个子函数的权重值来适应不同的避障需求。

在评价函数 $G(v,\omega)$ 中必须设定合适的权重值，综合方位角、障碍物距离与速度三个评价子函数来控制 DWA 算法的避障策略。当方位角评价子函数为主导时，此时的移动机器人将按照最接近目标点的轨迹运行而忽略障碍物与速度的影响，移动机器人最终会与障碍物发生碰撞。当障碍物距离或速度评价子函数为主导时，移动机器人将会只考虑无碰撞情况与最快到达的情况，最终将无法到达指定目标点。因此只有综合考虑三者，才能保证移动机器人能够在无碰撞的情况下以最快的速度到达目标点。

在评价函数 $G(v,\omega)$ 中，由于 $\text{heading}(v,\omega)$、$\text{dist}(v,\omega)$、$\text{vel}(v,\omega)$ 的量纲不同，因此需要对它们进行归一化处理，归一化处理的过程为

$$\text{normal}_{\text{heading}(i)} = \frac{\text{heading}(i)}{\sum_{i=1}^{n} \text{heading}(i)} \tag{11-12}$$

$$\text{normal}_{\text{dist}(i)} = \frac{\text{dist}(i)}{\sum_{i=1}^{n} \text{dist}(i)} \tag{11-13}$$

$$\text{normal}_{\text{vel}(i)} = \frac{\text{vel}(i)}{\sum_{i=1}^{n} \text{vel}(i)} \tag{11-14}$$

式中　n——所有的采样轨迹集合；
　　　i——当前轨迹。

2. 改进 DWA 算法

在实际导航中，由于需要移动机器人自主地从起始点移动到目标点，而且在实际环境中需要考虑动态障碍物的避障问题，因此单纯的全局路径规划或局部路径规划并不能满足导航的需要。作为一种局部路径规划算法，DWA 算法适用于在局部区域中进行避障，但是传统的 DWA 算法只将全局目标点作为参照，且在评价函数评分时仅对当前节点的下一步运行趋势进行模拟评分，因此存在前瞻性不足的缺点，规划出的路径容易陷入局部最优。因此可以首先通过改进的 A^* 算法提取出局部目标点，而对 DWA 算法的评价策略进行改进，以提高其避障成功率；其次通过设置局部目标点的更新频率，解决移动机器人经过每一个局部目标点时频繁减速的问题。

（1）改进 DWA 评价函数的评价策略　将模拟出的轨迹路线进行评分，选取出其中评分最高的两条路径作为预设轨迹记录其分数，并分别再次对二者进行速度采样与评价，获取二者中评分最高路线的分数，最后对两次评价的结果取平均值，将平均值最大的轨迹作为下一瞬间的实际轨迹。

（2）改进融合 A^* 与 DWA 算法　将改进后的 A^* 算法规划出的全局路径引入 DWA 算法，在规划出的全局路径中选择路径拐点为局部子目标点并将其加入到评价子函数 $\text{heading}(v,\omega)$ 中，并且为了保证导航的运行效率，添加预测时间评价子函数 $\text{time}(v,\omega)$，则有

$$G(v,\omega) = \sigma[\alpha\text{heading}(v,\omega) + \beta\text{dist}(v,\omega) + \gamma\text{vel}(v,\omega) + \delta\text{time}(v,\omega)] \tag{11-15}$$

式中　$\text{dist}(v,\omega)$、$\text{vel}(v,\omega)$——障碍物评价子函数和速度评价子函数含义同前；
　　　$\text{heading}(v,\omega)$——模拟轨迹的末端与局部目标点之间的方位角信息，在移动机器人移动过程中，当模拟轨迹探测到局部目标点后便会动态地对局部目标点进行更新；
　　　$\text{time}(v,\omega)$——移动机器人沿着模拟出的路径轨迹运行至轨迹末端所要经过的时间。

若只通过 vel(v, ω) 进行速度评价，则当遇到弯曲路径而距离增加时，即使速度较快也不能保证移动机器人快速到达目标点，即不能保证导航的运行效率，因此在 DWA 算法的运行过程中，可以通过更改 δ 值保证规划出的下一步路径具有较高的避障成功率与较快的运行速度，算法也能有较高的运行效率。

由于算法将全局目标点替换为了多个局部目标点，因此移动机器人在运行过程中需要频繁更换目标点。DWA 算法使移动机器人在即将到达目标点时提前减速以保证不会错过目标点，但如果移动机器人每移动到一个目标点就需要减速接近，则在整个导航过程中移动机器人需要频繁加减速，对导航的实现效率造成很大影响。

针对以上问题，对融合算法的实现流程进行改进，利用融合算法控制局部目标点的更新频率，保证移动机器人在接近局部目标点之前将下一目标点替换为当前目标点，进而保证移动机器人在 DWA 算法的整个运行过程中不会在局部目标点处频繁加减速。算法步骤如下：

1) 首先通过栅格法构建移动机器人所处的环境地图。

2) 在生成的环境地图中设定目标点与起始点，并通过双向 A* 算法规划出一条从起始点到目标点的全局路径。选择全局路径中的拐点作为局部子目标点进行保存。

3) 启动 DWA 算法，并选取首个局部目标点作为当前的目标节点。

4) 选取当前位置中符合速度采样空间的速度进行轨迹模拟评价，并保存评分，选取其中评分最高的两条路径再次进行模拟评价，最终计算两次评分的平均值，选择分数较高的作为实际轨迹。

5) 判断二次模拟得到的轨迹末端点是否到达当前目标点，若是，则更新下一个局部目标点作为新的目标点，经过所有局部目标点后移动机器人到达全局目标点。

算法实现流程如图 11-17 所示。

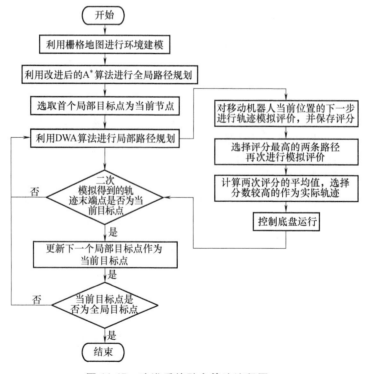

图 11-17 改进后的融合算法流程图

3. 算法仿真分析

(1) 参数设定　利用 MATLAB 软件进行试验验证。首先利用栅格法建立了一张规格为 20×20 的环境地图，为了保证实验的有效性，设置环境地图中障碍物所占栅格的比例为 18%，并将障碍物进行随机布置。栅格地图如图 11-18 所示。

如前所述，DWA 算法在进行轨迹评价时需要考虑移动机器人自身的性能限制，因此在试验开始前定义与移动机器人自身性能相关的参数，通过大量的试验测试，最终将评价函数的权重值 α、β、γ、δ 的大小分别设为 0.05、0.2、0.2、3.0，而且将移动机器人最大线速度设为 $v_{max}=1m/s$，最大角速度设为 $\omega_{max}=0.35rad/s$。

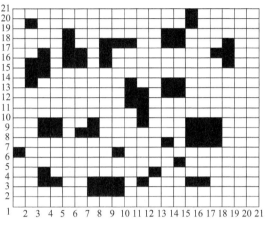

图 11-18　仿真试验栅格地图图示

(2) 动态避障仿真　首先在创建出的栅格地图中指定整个仿真过程中移动机器人的起始点和最终目标点，通过改进的 A^* 算法生成全局路径，并抽取全局路径中的路径转折点作为局部目标点。在目标点的选取上，首先选择路径拐点作为目标点，若路径拐点之间距离过大，则在拐点中间添加目标点以保证在此处出现障碍物时，实际路线也能与全局路线较吻合。并且在融合算法中增加控制局部目标点更新频率的代码，保证在移动机器人接近局部目标点之前将下一目标点替换为当前目标点，进而保证移动机器人不会在局部目标点处频繁加减速。图 11-19 所示虚线为全局路径规划出的路径，点表示选取出的局部目标点。

在建立了环境栅格地图并提取出局部目标点后，开始动态环境下的避障仿真。图 11-20 所示为混合算法静态避障仿真的过程。如图 11-20a 所示，灰色区域表示未知静态障碍物，在全局路径规划时该障碍物并未出现在地图中，当开始进行仿真试验时手动加入，以测试移动机器人对静态未知障碍物的避障能力。为当前算法模拟出

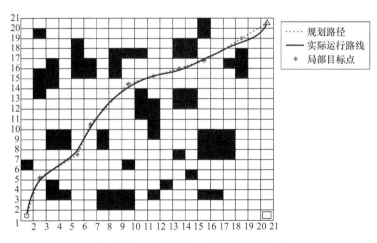

图 11-19　全局路径中选取局部目标点

的轨迹，此时模拟轨迹朝向避开障碍物的方向，说明该算法当前已经检测出障碍物并正在进行避障。结果表示在移动机器人遭遇未知障碍物并扫描到该障碍物后，便会根据 DWA 算法的评价与模拟结果找到避开该障碍物的最佳路线从而完成避障。而且由于改进了移动机器人的轨迹评价过程，在移动机器人到达局部目标点时，未出现减速或停止现象，机器人的运行

效率得到了提高。图 11-20b 表示移动机器人避开障碍物到达目标点后的运行图，实线表示其实际运行路线。

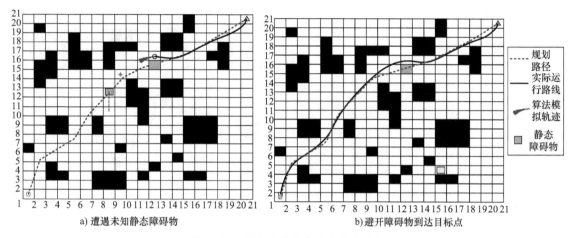

a) 遭遇未知静态障碍物　　　　　　　b) 避开障碍物到达目标点

图 11-20　混合算法静态避障仿真过程

图 11-21 所示为混合算法动态避障仿真过程。如图 11-21a 所示，带虚线的方块表示动态障碍物，虚线即为其运行路线，当前状态为算法已经检测到动态障碍物，并将下一步的轨迹设置为障碍物的左侧以避开障碍物。算法的实际运行结果如图 11-21b 所示，算法在避开移动障碍物后迅速地沿全局路径运行。

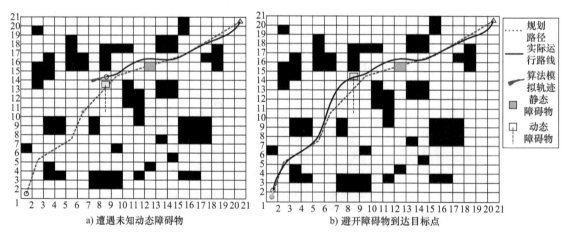

a) 遭遇未知动态障碍物　　　　　　　b) 避开障碍物到达目标点

图 11-21　混合算法的动态避障仿真

仿真表明改进后的混合算法将全局与局部路径规划相结合的同时，控制了局部目标点的更新频率，保证了移动机器人接近局部目标点之前将下一目标点替换为当前目标点，因此在整个算法的运行过程中，移动机器人经过局部目标点时未出现减速或停止现象。图 11-22 所示为算法在运行过程中移动机器人的线速度、角速度与姿态角度。

图 11-22a 所示机器人姿态角度变化反映机器人的方向变化过程，结合图 11-22b 所示角速度变化曲线可以发现，时间为 200 与 300 的位置表示算法在遭遇静态障碍物与动态障碍物的时刻。通过观察图 11-22b 所示机器人线速度变化曲线可以发现，在整个仿真过程中只出

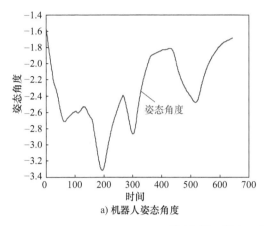 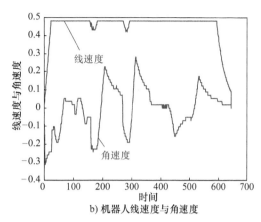

a) 机器人姿态角度　　　　　　　　b) 机器人线速度与角速度

图 11-22　姿态、角度与速度变化曲线

现两次减速过程，且都处于遭遇障碍物的区域，因此改进后算法的线速度变化在经过局部目标点时趋于平稳，表示在局部目标点未发生频繁的加减速情况。

在改进 DWA 算法时，由于只修改了全局路径中的关键点作为方向评价的子函数，并增加控制局部目标点更新频率的相关代码，而原来传统 DWA 算法中的障碍物评价子函数与速度评价子函数仍然保留，因此改进后的算法仍然具备对于障碍物的避障能力。

11.2.3　基于 ROS 的导航仿真和障碍物视觉识别

可以通过在机器人操作系统（Robot Operating System，ROS）仿真环境中搭建移动机器人模型，验证移动机器人在仿真环境中使用改进后的算法的导航实现结果。ROS 集成了大量的插件、工具、协议等，不仅提供了类似于普通操作系统所提供的所有功能，更提供了针对机器人控制与开发的功能，可以利用 ROS 提供的分布式代码构建与运行工具和库。

1. ROS 通信机制

ROS 按照软件实现的角度划分，由操作系统层、中间层和应用层组成。但从系统实现的角度来看，通常分为计算图、文件系统和开源社区三部分。其中，计算图部分表示 ROS 软件的功能模块是以节点（节点即为进程）为单位独立运行的，节点以拓扑的方式互联，构成了一个系统网络，即为系统的计算图。ROS 的文件系统部分主要包括实现 ROS 功能的相关功能包，如配置文件、程序代码等。开源社区主要包括 ROS 中能够获取到的一些开源资源，如 ROS Wiki 等开源社区。

在 ROS 通信机制中有以下四个最基本的概念：节点、消息、话题和服务。在 ROS 中，常用的通信机制主要有话题通信（发布订阅模式）与服务通信（请求响应模式）。话题通信是 ROS 中最常用的通信模式之一，话题通信基于发布-订阅模型，即一个节点发布消息，另一个节点订阅消息，实现每个节点之间的消息传输，保证不同模块之间能够进行数据通信。以激光雷达信息收集和处理为例，ROS 中有一个节点需要不时发布当前雷达收集的数据，导航模块中也有节点订阅和解析雷达数据。ROS Master 负责保管 Talker 和 Listener 注册的信息，并匹配话题相同的 Talker 与 Listener，帮助 Talker 与 Listener 建立连接，连接建立后，Talker 可以发布消息，且发布的消息会被 Listener 订阅。

服务通信也是 ROS 中常见的通信模式，服务通信基于请求-响应模式，它基于响应机制，即一个节点 A 向另一个节点 B 发送请求，节点 B 接收处理请求并返回给 A 响应结果。例如，某节点向相机节点发送照片请求，相机节点处理该请求并返回处理结果。与话题通信的使用场景相比，服务通信更适合需要时效性和一定逻辑处理的应用场景。服务通信的模型中，ROS Master 主要负责保管 Server 和 Client 注册的消息，并匹配话题相同的 Server 与 Client，帮助 Server 与 Client 建立连接，连接建立后，Client 发送请求信息，Server 返回响应信息。

2. ROS 仿真中的相关组件

（1）URDF 文件 URDF 文件是实现移动机器人仿真的关键性组件。使用该格式对机器人进行描述时可以通过 XML 语言对机器人的车轮、底盘、机械臂等车身结构，以及各个关节的自由度进行定义，最终通过语言解释器将该 URDF 文件转换为可视化的机器人模型展现出来。

（2）3D 动态模拟器 Gazebo Gazebo 是一款 3D 动态模拟器，主要用于对创建的 URDF 模型进行显示，同时可以创建各种复杂的仿真环境。Gazebo 不仅可以进行高度保真的物理模拟，并且提供一整套传感器模型，此外，十分友好的人机交互方式可以降低移动机器人仿真的实现难度。

（3）三维可视化工具 RViz RViz 是 ROS 的三维可视化工具。它的主要作用是将移动机器人运行过程中采集到的各种传感器信息进行可视化的表达。例如，可以在显示机器人模型的同时，将移动机器人装载的激光雷达所获取的点云数据与距离数据进行可视化的表达，将从相机中获取的图像信息直接以深度图或灰度图等的形式进行显示。

（4）在 ROS 中为改进后的 A^* 算法和改进后的 DWA 算法创建功能包 在 ROS 中，移动机器人导航时路径规划功能主要借助"move_base"功能包来实现。"move_base"功能包以订阅到的激光雷达、自身定位和地图服务相关数据作为参数，生成当前环境的全局代价地图（global_costmap）和局部代价地图（local_costmap），通过两张代价地图规划出当前环境下的全局路径和局部路径，然后通过基控制器（base_controller）将相关的路径信息转化为移动机器人的速度信息，最终实现移动机器人的自主导航。

"move_base"功能包提供了关于路径规划实现的配置文件，包括机器人自身的相关参数与运行参数，以及全局与局部路径规划相关算法的选择与实现工具。当将改进后的 A^* 算法和改进后的 DWA 算法作为 pluginlib 插件插入到 ROS 中时，只需要在"move_base"功能包中调用相应的插件就可以使用相关的算法。由于创建改进的 A^* 算法和改进的 DWA 算法的方法类似，此处仅介绍创建改进的 A^* 算法插件的具体步骤。

1）创建相应的工作空间并配置其环境变量。

2）在"include"头文件和"sre"源文件目录下添加改进的 A^* 算法的算法本体，以及其插件机制与对外接口函数。

3）使用该路径规划插件时只需要将生成的全局路径规划器添加到 ROS 中的"move_base"节点中，并动态加载该算法插件涉及的相关参数配置。

3. 移动机器人模型

移动机器人自主导航与避障功能的实现主要涉及环境信息的获取、路径规划的实现以及运行控制的实现三个方面。其中，路径规划的实现需要将改进的 A^* 算法与 DWA 算法通过

pluginlib 插件的形式接入到 ROS 的 "move_base" 功能包中，最后通过调用相关的算法插件，并通过 AMCL（自适应蒙特卡洛定位）和里程计计算的自身定位方法分别来协助移动机器人完成全局路径规划和局部路径规划。而环境信息的获取与运动控制的实现需要选择相应的硬件来完成。

通过给移动机器人安装激光雷达与摄像头来获取周围环境信息，并将数据传送给数据处理单元，数据处理单元在生成局部代价地图的同时，依靠 SLAM（即时定位与地图构建）技术完成全局代价地图的构建。在运动控制器中，机载的中央处理单元接收传感器信息，生成移动机器人的下一步移动信息，并将该信息以 "geometry_msgs/Twist" 的消息类型通过 "cmd_vel" 话题进行发布，运动控制器接收该信息后将该消息中的速度指令转换为运动执行机构能够识别的命令，并发送给运动执行机构（本部分内容使用直流减速电动机）。图 11-23 所示为移动机器人自主导航原理。

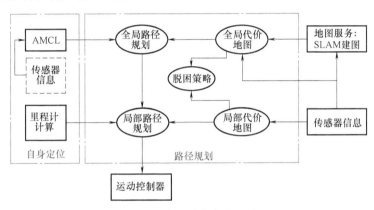

图 11-23　移动机器人自主导航原理

4. Gazebo 仿真环境

通过 Gazebo 来搭建移动机器人的仿真运行环境。在创建该运行环境时，将研究目标确定为室内货物堆码区，如图 11-24a 所示，在仿真环境中加入各种货物作为移动机器人运行环境中的固定障碍物，由激光雷达发出激光进行障碍物扫描。使用了 SLAM 后生成的全局环

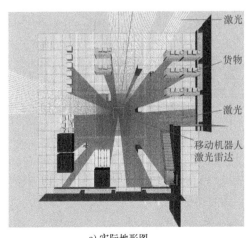

a) 实际地形图

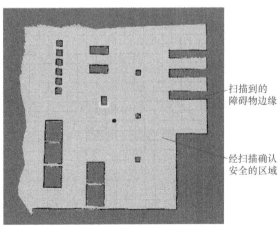

b) 保存后的全局地图

图 11-24　Gazebo 中生成的环境地图

境地图如图 11-24b 所示。

5. 代价地图

为了解决各种复杂障碍物的度量问题，导航功能包采用代价地图对障碍物进行统一度量。图 11-25 所示为代价地图的分层结构。代价地图采用多个独立的栅格化图层来维护障碍物信息，每个图层可以独立维护某个来源的障碍物信息，这些图层可以根据不同需求进行叠加，形成特定的障碍描述层。

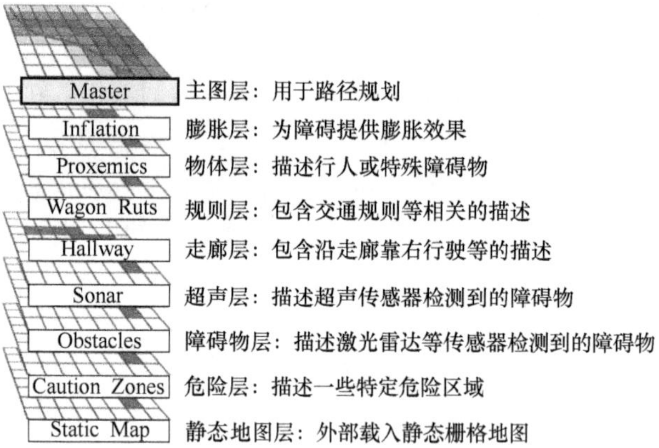

一般机器人导航地图主要由静态地图层、障碍物层、膨胀层组成，如图 11-26 所示。

静态地图层（Static Layer）：主要负责接收"/map"话题信息和加载地图文件。

障碍物层（Obstacle Layer）：主要负责接收雷达等探测的信息和实时监测环境障碍物。观测源可以是雷达、深度相机或超声传感器等，话题类型包括"LaserScan""PointCloud""PointCloud2"等。

膨胀层（Inflation Layer）：根据膨胀半径参数膨胀障碍物，使机器人运行更安全。

二维栅格地图中的栅格颜色不同，进而表示占用、空闲、未知三种状态，而代价地图在栅格地图的基础上给每个栅格一个代价值，代价值与机器人中心所在栅格和占用栅格之间的距离有关，给地图中障碍物设置一个膨胀值，障碍物膨胀半径范围以内的栅格都是机器人刚体不能触碰的，机器人所在栅格的位置到膨胀后的障碍物的距离越近，则代价值越高，如图 11-27 所示。

主图层：用于路径规划
膨胀层：为障碍提供膨胀效果
物体层：描述行人或特殊障碍物
规则层：包含交通规则等相关的描述
走廊层：包含沿走廊靠右行驶等的描述
超声层：描述超声传感器检测到的障碍物
障碍物层：描述激光雷达等传感器检测到的障碍物
危险层：描述一些特定危险区域
静态地图层：外部载入静态栅格地图

图 11-25 代价地图的分层结构

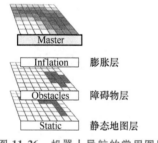

图 11-26 机器人导航的常用图层

图 11-27 代价地图

6. 移动机器人静态避障仿真

通过前面建立的移动机器人模型和工厂环境模型来模拟工厂环境中移动机器人在静态环境中的避障与导航能力。在仿真试验开始前先将路径规划相关的"move_base"功能包中的全局路径规划器和局部路径规划器的算法替换为自定义的改进 A^* 算法和改进 DWA 算法，并且通过起动键盘控制节点扫描。开始试验时，首先在 Gazebo 中起动机器人模型和工厂环境模型，接着在 RViz 软件中，订阅关于机器人姿态、地图、路径规划的话题，并通过可视化窗口进行展示。最后通过 RViz 中的 2D Nav Goal 功能为移动机器人指定目标点，移动机器人随即通过全局和局部路径算法进行相应的路径规划，最终生成全局和局部路径。图 11-28a、b 分别为使用经典 A* 算法和改进 A* 算法规划出的全局路径和局部路径，环境地图是由 SLAM 建立的环境地图通过对障碍物进行膨胀生成的全局代价地图。

通过分析两种算法所生成的全局路径可以发现，使用改进 A* 算法规划出的路线不仅避开了较为狭小的空间，而且转折点更少，且路径转折点处的路线更平滑。

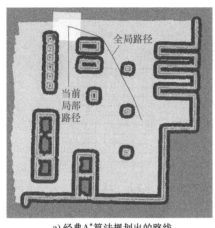 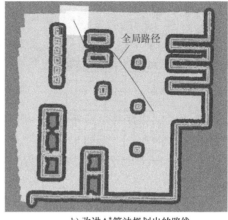

a) 经典 A* 算法规划出的路线　　　　b) 改进 A* 算法规划出的路线

图 11-28　静态避障时的代价地图和规划出的路径

移动机器人通过自身携带的传感器获取到的局部代价地图如图 11-29 所示，图 11-29a 表示移动机器人正按照规划出的全局路径运行，图 11-29b 表示移动机器人在移动过程中扫描到了仿真环境中存在的障碍物，由于膨胀区域的存在，移动机器人会在膨胀区域的边缘绕行。

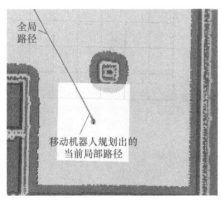 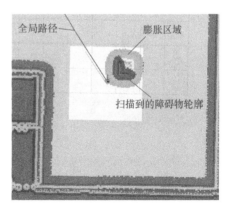

a) 移动机器人运行中　　　　b) 移动机器人扫描到障碍物

图 11-29　移动机器人获取到的局部代价地图

7. 移动机器人动态避障仿真

在进行移动机器人动态避障仿真之前，需要在环境地图中添加人的模型并设置其碰撞属性。如图 11-30 所示，后通过 RViz 中的 2D Nav Goal 设置移动机器人的目标点，移动机器人开始沿着规划出的全局路径运行，在 Gazebo 仿真环境中可以看到人的模型开始朝着移动机器人移动，但由于距离较远，因此在 RViz 的地图中尚未显示。

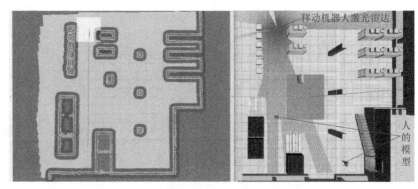

图 11-30 机器人开始移动状态

当移动机器人开始导航时,首先在 RViz 中加载构建好的全局代价地图,并且在移动机器人的周围区域生成由雷达信息构建的局部代价地图。随着移动机器人的运行,当人的模型接近移动机器人时,如图 11-31a 所示,移动机器人的激光雷达扫描到人的模型并在 RViz 的代价地图中显示出人的模型经过膨胀处理后轮廓。在识别到人的模型后,移动机器人立即重新规划出一条绕过障碍物到达目标点的路线。图 11-31b 表示移动机器人正在进行动态避障,图 11-31c 则表示避障完成后移动机器人按照重新规划的路线向目标点运行。

由仿真的结果可以看出,利用改进 DWA 算法引导的移动机器人在遭遇动态障碍物时,可以提前对其进行识别,并在其局部代价地图中进行显示。而且当其识别到障碍物出现在其将其通过的路径上时,会主动地对障碍物进行避障。

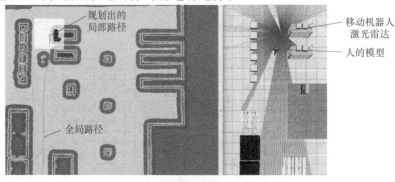

a) 移动机器人扫描到人的模型

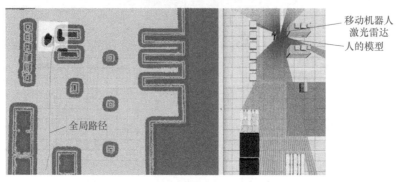

b) 移动机器人主动避开人的模型

图 11-31 移动机器人动态避障过程

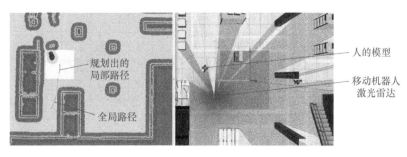

c) 避开人的模型后移动机器人继续朝目标点运行

图 11-31 移动机器人动态避障过程（续）

8. 视觉识别相机标定

相机标定是进行视觉识别的基础，也是重建三维环境的基础。由于不同相机中镜头畸变的程度不同，因此需要利用相机标定来校正各个镜头的畸变，校正完成后可以利用生成的图像重构具体的三维场景。标定相机的主要目的就是求出相机的内、外参数及畸变参数。计算机视觉最基本的任务就是从相机中得到图像信息并计算出空间中物体的位置与形状。

相机标定就是根据一组已知空间位置的点而使用数学模型推算相机模型参数的过程。相机标定一般分为传统标定法、自标定法和基于主动视觉的标定法。

此处试验使用最常用的张友正标定法来实现相机的标定。张正友相机标定法是介于传统标定法和自标定法之间的一种方法，它只需要用相机对某个标定板从不同方向拍摄多张图片，利用标定板上每个特征点与其像平面像点的对应关系，即每一幅图像的单应矩阵来进行相机标定，其标定流程如图 11-32 所示。

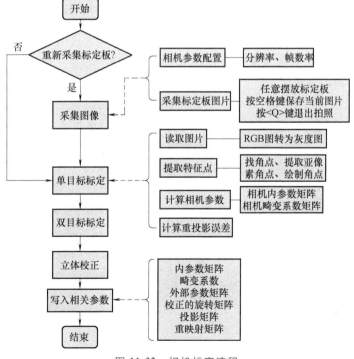

图 11-32 相机标定流程

1)利用标定靶得到标定靶上每个棋盘格角点像素的具体坐标(u, v),同时将世界坐标系布置于标定靶上。

2)由于标定靶中设置了世界坐标系,且其中每个棋盘格的尺寸也被预先测出了,因此可以通过计算得出标定靶中每个角点的实际物理坐标。

3)由计算得出的角点物理坐标与其对应的像素坐标得到相机的内、外参数矩阵及畸变系数矩阵。

在 ROS 中,对相机进行标定可以借助"camera_calibration"相机标定功能包,该功能包由官方提供,适用于 ROS 环境中单、双目相机的标定。进行标定前,需要准备棋盘格标定靶,并将标定靶置于白色背景中,并准备进行具体标定动作。

标定开始时,要起动需要进行标定的摄像头,并在 ROS 中设置相机标定功能包的参数,相关参数的设定与意义如下。

Size=8x6:Size 表示标定靶中内部角点的个数,例如,使用的是 7 行 9 列的棋盘格,去除最外一圈棋盘格后,内部角点共有 8×6 个。

Square=0.025:Square 表示标定靶中单个棋盘格边长为 0.025m。

Image=/usb_cam/image_raw 与 camera=/usb_cam:表示当前相机节点在 ROS 中发布的图像话题格式。

设置完相关参数后便可起动相机标定功能包,将标定靶置于相机的视野中,并变换角度直到所有内角点均被覆盖。

9. 摄像头模型与参数设置

首先需要在机器人模型文件中添加创建摄像头模型的相关文件,并设置其"link"与"joint"标签。接着为摄像头模型添加 Gazebo 插件以设置摄像头的相关参数,传感器的 Gazebo 插件也需要在 URDF 模型中配置。在"my_camera.xacro"文件中摄像头相关的标签一共有两个,一个用来设置其颜色,一个用来设置摄像头插件。同时设置插件的参数,包括命名空间、发布图像的话题、参考坐标系等。

10. 障碍物检测仿真验证

利用所建立的试验环境,针对其中的移动障碍物进行仿真检测试验。在移动机器人导航过程中同步开启障碍物目标检测功能。图 11-33 所示为移动机器人移动中的某一时刻,在当前状态下,移动机器人的摄像头识别到其前方有障碍物,并对障碍物种类进行识别,通过障碍物识别算法最终确认该障碍物为人,并将障碍物输出到窗口中进行显示。

图 11-33 障碍物视觉识别

习题

11-1　自动引导车（AGV）关键技术有哪些？

11-2　无人驾驶工业车辆的定位导航传感器主要有哪些类型？各有哪些优缺点？

11-3　何谓路径规划？路径规划的主要作用是什么？

参 考 文 献

[1] 徐格宁. 厂内机动车辆技术检验［M］. 北京：学苑出版社，2001.
[2] 胡宗武，石来德，徐履冰. 非标准机械设备设计手册［M］. 北京：机械工业出版社，2003.
[3] 陶元芳，郝君起，吴韶建，等. 基于三维可视化技术仿真叉车稳定性试验［J］. 中国工程机械学报，2010，8（4）：455-460.
[4] GRAMATIKOV I. Design of Hydraulic Systems for Lift Trucks［M］. Morrisville：Lulu Press，2011.
[5] 石小飞，陶元芳. 基于VC+ADO+Access的数据库技术在叉车总体设计中的应用［J］. 起重运输机械，2012（6）：42-44.
[6] 周盼，陶元芳. 叉车发动机与液力变矩器匹配多目标优化［J］. 起重运输机械，2012（3）：57-59.
[7] 胡海勇，陶元芳. 叉车动态稳定控制技术的研究［J］. 太原科技大学学报，2013，34（3）：203-205.
[8] 尤佳庆，陶元芳，王彦博. 3t叉车起升链条动态特性分析［J］. 机械传动，2014，38（5）：124-127.
[9] 师玮，陶元芳. 叉车发动机功率与传动方案及速比之间的相互影响［J］. 起重运输机械，2015（6）：59-62.
[10] 陶元芳，冯志远，刘亚倩，等. 叉车静压传动系统的设计［J］. 起重运输机械，2016（5）：49-54.
[11] 刘亚倩，陶元芳，冯志远，等. 增程式油电混合动力叉车方案设计［J］. 起重运输机械，2016（3）：11-12；80.
[12] 陶元芳，冯志远，刘亚倩. 叉车使用属具后额定起重量的计算方法［J］. 起重运输机械，2016（1）：23-26.
[13] 刘亚倩，陶元芳，冯志远. 叉车液力传动与机械传动的对比设计［J］. 太原科技大学学报，2016，37（6）：457-461.
[14] 陈学科，陶元芳，张宏. 蓄电池叉车最大合理起重量研究［J］. 起重运输机械，2018（8）：70-75.
[15] 全国工业车辆标准化技术委员会. 叉车设计规范：GB/T 43756—2024［S］. 北京：中国标准出版社，2024.
[16] 付建林，张恒志，张剑，等. 自动导引车调度优化研究综述［J］. 系统仿真学报，2020，32（9）：1664-1675.
[17] 朱云锋，蒋春，李海波. 叉车制动系统的检验方法及其制动力分析［J］. 机电工程技术，2024，53（6）：253-256，281.
[18] 戚海勇，梅磊，苏景明，等. 叉车车身覆盖件冲压成形工艺分析及回弹补偿设计［J］. 模具工业，2024，50（6）：28-32.
[19] 黄明强. AGV精确定位与运动控制方法［D］. 武汉：华中科技大学，2019.
[20] 张浩悦，程晓琦，刘畅，等. 基于全局稀疏地图的AGV视觉定位技术［J］. 北京航空航天大学学报，2019，45（1）：218-226.
[21] 左万权，钱东海，赵伟，等. 基于ICP算法的激光定位反光板匹配研究［J］. 自动化仪表，2020，41（6）：63-67.
[22] 曹斌. 基于动态匹配的激光导航AGV定位技术研究［D］. 杭州：浙江大学，2020.
[23] 熊璐，杨兴，卓桂荣，等. 无人驾驶车辆的运动控制发展现状综述［J］. 机械工程学报，2020，56（10）：127-143.
[24] 刘鹏. 惯性导航方式下的AGV定位方法及轨迹跟踪控制研究［D］. 武汉：武汉理工大学，2020.
[25] 惠钊. 基于磁导航的AGV叉车控制系统设计与研究［D］. 西安：西安科技大学，2019.
[26] 王强. 叉车式AGV室内精确定位与运动控制方法研究［D］. 成都：西华大学，2022.

[27] DOS REIS W P N, COUTO G E, Morandin O J. Automated Guided Vehicles Position Control: A Systematic Literature Review [J]. Journal of Intelligent Manufacturing, 2023, 34 (4): 1483-1545.

[28] 姚铭, 段金昊, 邵珠峰, 等. 单舵轮 AGV 叉车的激光雷达定位与路径跟踪 [J]. 清华大学学报（自然科学版）, 2024, 64 (1): 117-129.

[29] 陈风祥, 伍琪, 李元松, 等. 2.5 吨燃料电池混合动力叉车匹配、仿真及优化 [J]. 吉林大学学报（工学版）, 2022, 52 (9): 2044-2054.

[30] 王伟, 李凯, 司淑晴, 等. 固态氢燃料伸缩臂叉车动力控制系统应用研究 [J]. 建设机械技术与管理, 2023, 36 (6): 78-80.

[31] 奕青, 王伟, 裴有志, 等. 氢内燃机应用与推广的探索 [J]. 工程机械, 2024, 55 (6): 20-23, 7-8.